构式视角下的汉语动量组配认知研究

王艳滨 著

北京大学出版社
PEKING UNIVERSITY PRESS

图书在版编目(CIP)数据

构式视角下的汉语动量组配认知研究 / 王艳滨著. -- 北京：北京大学出版社，2024.3
ISBN 978-7-301-33665-6

Ⅰ.①构… Ⅱ.①王… Ⅲ.①汉语–词类–研究 Ⅳ.①H146.2

中国版本图书馆CIP数据核字(2022)第256241号

书　　名	构式视角下的汉语动量组配认知研究 GOUSHI SHIJIAO XIA DE HANYU DONGLIANG ZUPEI RENZHI YANJIU
著作责任者	王艳滨　著
责任编辑	唐娟华
标准书号	ISBN 978-7-301-33665-6
出版发行	北京大学出版社
地　　址	北京市海淀区成府路205号　100871
网　　址	http://www.pup.cn　　新浪微博：@北京大学出版社
电子邮箱	zpup@pup.cn
电　　话	邮购部 010-62752015　发行部 010-62750672　编辑部 010-62767349
印 刷 者	北京虎彩文化传播有限公司
经 销 者	新华书店
	720毫米×1020毫米　16开本　18印张　304千字
	2024年3月第1版　2024年3月第1次印刷
定　　价	68.00元

未经许可，不得以任何方式复制或抄袭本书之部分或全部内容。
版权所有，侵权必究
举报电话：010-62752024　电子邮箱：fd@pup.cn
图书如有印装质量问题，请与出版部联系，电话：010-62756370

本书系国家社会科学基金项目"构式视角下的汉语动量组配认知研究"(项目批准号:15BYY133)研究成果,同时受陕西师范大学优秀学术著作出版基金资助。

序 一

汉语量词是一项独具中国特色的语言现象,然而,国内外语言学界对于量词,尤其是动量词的认知研究相对有限。十多年前,我的博士生王艳滨选择了这一课题,较为系统地探索了这一复杂而又精妙的领域。她的博士论文是基于北京大学中国语言学研究中心语料库(以下简称"CCL语料库")和国家语委现代汉语语料库,对现代汉语中的13个专用动量词及其特殊用法进行了全面而深入的研究。在收集、整理和分析语料的全过程中充满了挑战。正是艳滨深厚的学术功底和坚韧不拔的毅力,使她克服了一个又一个困难,从而确保了研究的可信度和可持续性,同时也为未来的研究工作提供了宝贵的理论框架和参考数据。

王艳滨用了三年的时间,不仅圆满地写出了近20万字的博士学位论文,还在外语类核心期刊发表了3篇CSSCI论文,这样的成就着实难能可贵。她不仅深入探索了汉语中动量词的认知机制,还为我们理解Langacker(1987)自主-依存、事件域认知模型、转喻和图式构式等理论提供了更深刻的见解和可靠的数据。值得一提的是,仅仅毕业后两年,在2015年,她凭借这一研究成果申请到国家社会科学基金年度项目。这充分说明她的这一研究成果所具有的重要学术价值。

这本专著主要有以下显著特点,值得深入讨论。

1.新颖的理论视角。本书基于认知构式语法的理论框架,超越了以往研究中普遍采用的结构主义取向,从认知视角较为深入地研究了现代汉语动量词的分布情况和使用特征。王艳滨不仅很好地掌握了国内外最前沿的认知语法和构式语法理论,在此基础上建构了"EPM依存模型",还借鉴了量子力学中关于量子的非定域性思想,较好地解释了动词和动量词结合使用的认知理据,为该领域研究提供了一个全新的理论视角。

2.可靠的语料分析。该研究基于CCL语料库和国家语委现代汉语语料库,提取出现代汉语真实使用中的大量语料,对其进行了详尽入微的观察、统计、分析,为动量词的研究提供了诸多新视角,将这一领域的研究推进到一个新高度。

3. 深入的类型分析。本书基于全面的语料数据，较为深入地分析了汉语动量词（包括专用动量词和借用动量词）的实际运用情况（包括常规用法和特殊用法），解释其后的 EPM 机制，并对它们进行了合理的类型分析。如五分动量词的组配特征，四分专用动量词语义特征，五分借用动量词，六分动量词转喻机制等，为学界提供了可直接参考和引用的一手资料。特别值得一提的是，王艳滨还基于上述研究构建了一个较为完整的汉语动量组配体系。

4. 合理的结构布局。这本心血之作，结构安排合理，层层铺排，娓娓道来，以第二章文献综述为例，既有述，更有评，在详解前人研究的基础上能够敏锐地发现以往国内外此类研究在理论层次、研究方法和动量词界定等方面的不足之处，为本书的立意奠定了基础。王艳滨还进一步指出本研究所需解决的三大核心问题。整本书符合"起承转合"的结构布局，既有"承"也有"转"，有破有立，宛如涓涓细流，一气呵成，值得广大青年学者学习借鉴。

5. 综合的研究方法。本书另外一个显著特点是研究方法的综合性，描写与解释相结合；历时与共时相结合；定性与定量相结合。既重视质性研究在理论上的建构和发展，又重视数据方面的统计和分析。新文科就是要倡导"文史哲打通"，本书不仅融合了语言学专业的体验哲学、体认语言学和构式语法的相关知识，特别是在第九章还探究了动量组配的心智运作基础，通过量子的非定域性特征和量子塌缩原理，解释动量构式中"一动多量"和"一量多动"现象，这不仅为学科内更为学科间的融合和创新做出了榜样！

6. 一张皮的研究范式。吕叔湘先生早就指出我国语言学界普遍存在"两张皮"现象，外语界与汉语界各自为政，互不沟通。这些年虽有改善，但还远远不够，21 世纪国内外语言学研究还应在"变两张皮为一张皮"上下大功夫。王艳滨的博士专业研究方向为英语语言文学，但她将国内外认知语言学的研究成果与汉语语法研究相结合，大胆尝试用自建的 EPM 依存模型来研究汉语动量词，这是对"一张皮的研究范式"做出了有益的尝试。

在当今时代，中国正经历着前所未有的大变革，国际间的交流与合作更加密切。在这一背景下，语言研究显得尤为关键。正如习近平总书记所强调的，"一个没有发达的自然科学的国家不可能走在世界前列，一个没有繁荣的哲学社会科学的国家也不可能走在世界前列"。因此，我们需要不断在理论和实践之间寻求结合点，用发展中的理论指导发展中的实践，将文与理融合，将语言研究与数理科技相结合，以推动中国特色社会主义的进一步发展。若从这个角度来重新阅读王艳滨博士的新著，我们认为她正是以习近平总书记的号召为动力，努力探索学科前沿，为增强民族自信心做出了自己的贡献。

本书为汉语动量词的认知研究提供了深入而广泛的视角,为汉语语言学研究领域注入了新的活力。我期待这本书的问世,相信它将成为汉语语言学研究的一部重要参考资料,不仅为学者提供启发,也为未来的语言研究方向拓宽道路。

是为序。

王 寅

2023 年 10 月 22 日

于重庆歌乐山下川外寓所

序 二

获悉王艳滨博士的新作《构式视角下的汉语动量组配认知研究》即将付梓，十分高兴。她邀我为这一新作出版写几句话，我欣然命笔。

艳滨在东北读的英语教育专业本科；修读硕士、博士均在名校，专攻语言学。无论是语言学研究的理论还是实践，她都有着坚实的基础。2015—2020年，她在河南大学博士后流动站做语言学的博士后研究。这段时期是我国深入改革开放、开启全面建设社会主义现代化国家新征程的时期，而就语言学研究来说，正好经历了"认知革命"的洗礼，进入"后认知主义"时代。艳滨的《构式视角下的汉语动量组配认知研究》成果正好凝聚了这一时期的特点。

语言研究向来都是文史哲社会科学研究的重头戏。社会科学在国家综合国力上占有什么地位？2016年5月17日习近平总书记在哲学社会科学工作座谈会上的讲话中说："哲学社会科学是人们认识世界、改造世界的重要工具，是推动历史发展和社会进步的重要力量，其发展水平反映了一个民族的思维能力、精神品格、文明素质，体现了一个国家的综合国力和国际竞争力。一个国家的发展水平，既取决于自然科学发展水平，也取决于哲学社会科学发展水平。一个没有发达的自然科学的国家不可能走在世界前列，一个没有繁荣的哲学社会科学的国家也不可能走在世界前列。坚持和发展中国特色社会主义，需要不断在实践和理论上进行探索、用发展着的理论指导发展着的实践。"

现代语言学诞生以前，无论东方的中国还是西方的古希腊、古罗马都有语言研究的传统，例如在《墨子》一书中就有关于古汉语——用现在的话来说可称之为——名词、动词以及某些虚词的分类和用法的说明；在古罗马有瓦罗所著的《论拉丁语》一书，论及当时所通用的拉丁语的词源、词法和句法。

进入19—20世纪之交，西方出现了现代语言学研究，这是瑞士人索绪尔提出来的。当时的语言运用已经大大地不同于过去的语言运用，现代语言学的出现就是"用发展着的理论指导发展着的实践"。

索绪尔认为，语言是建立在结构关系基础之上的，这就是索绪尔所总结的语言的一个特征——结构,这就赋予了认识、分析语言的一个视角,所以后世就有"结构主义语言学"这个说法。索绪尔就是不孤立地看待语言的各种要素自身,而是根据它们的结构关系说明各要素的作用和运用,从而建立起其现代语言学研究的框架,后人就称它为结构主义语言学,虽然索绪尔本人并没有直接使用"结构"这个术语。总结语言的某个特征以赋予分析语言的一个视角,这是索绪尔研究语言的一个创举。"结构"的思想经由索绪尔在语言学研究中运用,再经过多人和多学科的发展与扬弃,已成为当代世界性的重要学术思想,是科学研究的一种方法论,为以后的语言学研究提供了一个可以模仿、可以复制的样板,后来者可以在此基础上做出新的发展。试比较之前我国和西方都有的"语文学"研究,例如我国自古代发展起来的语文学研究基本上是就语言的自身来谈论语言的运用,其研究的结晶就是文字学、音韵学、训诂学,古人称之为"小学"。这是古人一种最基本的人文科学的学术训练,由古字形看今字形,由古音辨今音,由古义论今义。这样的考察可能很深入,可以得到很多的认识,但这样囿于学科内封闭式的研究很难走得远,很难有大的开拓;尽管也取得了许多重要的学术成果,但终究只是封闭在同一个领域里打转,只就语言论语言,没有其他的参照系,没有同更大的外部世界交流,有很大的局限性。

索绪尔开启了现代语言学研究新学风之后的 20 世纪,迎来了世界范围的语言研究兴旺发达时期,我们发现所有这一时期涌现出来的语言学都表现了不囿于语言自身而都要依靠某些参照系来观察、分析语言的这一特点,这从语言学的名称就可以看出来:二三十年代美国流行的结构语言学、描写语言学,50 年代在美国兴起的生成语言学,60 年代在英国以及在英国以外的欧洲大陆滥觞的功能语言学,七八十年代以来首先在美国以后在世界各地广泛地流行开来的认知语言学。

什么是"认知"(cognition)?按字面上讲就是认识而知道;作为一个普通名词,英语词典、英汉词典对此都是这样注解的。Cognition 还是一个学科的术语。20 世纪四五十年代,主要是美国的一些电脑科学家以及脑生理学、心理学、语言学、逻辑学、数学等学科的学者兴起了对人的意识、心智跨学科的综合研究,形成了称之为"认知"的新兴学科。1978 年,一个资助这一研究的机构斯隆基金会发表了《斯隆报告》。《斯隆报告》把认知科学定义为"对智能实体与他(它)们的环境相互作用的原理的研究",而各有关学科都关注"心智的表征能力和计算能力以及这些能力在人脑中的结构和功能"。这就是认知科学最早对"认知"的经典定义。

近年来,认知科学发展出了"4E+S 认知"[embodied/embedded/extended/enacted+situated cognition(具身/嵌入/延展/行为+环境认知)]的理论新形态,而"4E+S 认知"正好清晰地勾勒出了主体与环境这两大元素,意识和心智就是在人作为智能主体其身体形态结构——主要指其神经系统、运动系统、感觉系统、行为系统——延展并嵌入到环境里而相互作用生发出来的。

进入21世纪,"4E+S认知"已经陆陆续续地从经典形态过渡到后认知主义形态,但认知的实质——智能实体同环境相互作用——没有变,只是相互作用其心智的表征能力和计算能力以及这些能力在人脑中的结构和功能的开拓与描述更为丰富、更为翔实而具体;而且从现在的认知领域的语言学研究的实践来看,由于受延展认知、行为认知、环境认知的驱动,对所涉及的有关认知材料的研究从基本是由研究的认知主体自主操控,发展为也包括按原生态自然条件做出实证的量性研究,这就大大增强了认知研究的可信度。而且从主要依靠认知主体的操控发展为也注意认知材料自然条件的出场,必然导致研究要将这一语言的人文科学研究同数理科技的运用结合在一起,同时材料原生态的自然条件一定带有鲜明的文化差异的特质。

艳滨的新作就是在这样的国情和学术环境下完成的。为此,她这一研究采取的就是"认知+"的策略。首先,通过国家语委现代汉语语料库和北京大学中国语言学研究中心语料库收集数据,进行分析,得出的结论更可信;其次,用量子思维探究"动"与"量"组配的心智机制,将物理学的量子力学首次引入动量词研究中。其实,认知科学本身就是跨学科的科学,在语言研究中采取"认知+"的策略应是题中之义;何况在科技兴国、创新强国的大潮下,人文科学的研究实不宜绝对游离于数理学科之外。

当前,中国正经历一个前所未有的时代。世界变革潮流更趋强劲,中国同外部世界活动日益密切、利益融合进一步加深,相互影响、相互交流、相互作用更加紧密;而中国经济、文化、社会飞速向前,民族复兴前景已然可期。"来而不可失者,时也;蹈而不可失者,机也。"我们要牢记习总书记关于"一个没有发达的自然科学的国家不可能走在世界前列,一个没有繁荣的哲学社会科学的国家也不可能走在世界前列"的判断,在语言学科的研究中不断在实践和理论上进行探索,用发展着的理论指导发展着的语言实践,在研究中做出文理交融的努力,就是这样一种用的探索。

是为序。

八五老叟　徐盛桓
2022年壬寅冬书于广州寓所

前　言

自 2013 年博士研究生毕业,已经过去十多年了,我人生中的首部专著终于要面世了。这本书虽尚存不足,但无论如何,是自己过去一段时间思考和实践的产物,所以还是希望将我的研究成果分享给广大的语言学研究者、汉语教育工作者及语言学学习者。

这本书旨在为读者提供深入理解汉语动量组配的认知框架,是在我的博士论文的基础上修改而成的,也是国家社会科学基金项目"构式视角下的汉语动量组配认知研究"(项目批准号:15BYY133)的研究成果。

本书以体验哲学和认知语言学中的"现实—认知—语言"原则为指导,基于 Langacker(1987)认知(构式)语法,构筑"EPM 依存"新理论框架,探索动量构式的认知机制,从而扩展认知(构式)语法在汉语研究领域的应用范畴,增强其解释力。本书将动词分为五大类,包括短时高频反复动词、整体累积动词、空间往返动词、动作强持续动词及瞬间点动词;同时将动量词分为三大类,即专用动量词、借用动量词和拷贝动量词。本书系统研究了动词和动量词的语义依存关系、依存规律,探讨借用动量词形成的六种转喻类型以及四种类型动量构式的句位依存关系。同时基于来自两个权威语料库而形成的小型汉语封闭语料,对动词和动量词的具体语义、句法分布进行了统计分析,对所建的理论模型进行了验证。

这本书适用人群广泛,包括语言学研究者、汉语教育工作者、研究生及本科生等。对于语言学研究者,本书提供了一个新颖的理论框架,深入研究了汉语动量组配的认知结构及语法特点,赋予了其丰富的理论知识及实践材料。对于汉语教育领域的工作者,这本书可协助其更深层次地理解、教授汉语动量词的使用及相关语法。对于研究生及本科生,本书提供了丰富的素材和案例,可以帮助学生更深刻地理解汉语动量词的认知及语法,为学术研究提供坚实的基础。

写作这本书是一项艰巨的任务,离不开很多人的支持和鼓励。我要向所有在这个项目中提供帮助和支持的人们表示由衷的感谢。首先,我要感谢我的两位恩师,他们对我的研究提供了深入的指导和宝贵的建议。他们的专业知识和耐心帮助使我不断完善这本书。诚挚地感谢他们在百忙中答应为我作序,感谢他们对晚辈的提携！我还要感谢我的研究生们,帮我查找资料,并做了部分校对工作。感谢编辑唐娟华老师的精心修改和校正！正是她一页一页地细读修改,一条一条地查证文献,才保证了本书的顺利出版！我还要感谢我的家人和朋友,他们在我写作过程中的理解、鼓励和支持是我前进的动力。

本书得到国家社会科学基金的资助,还得到陕西师范大学优秀学术著作出版基金的资助,在此我表示深深地感谢！其中部分成果已发表在《外语教学》《外语学刊》和《跨语言文化研究》等期刊上。

由于本人的学术水平有限,书中肯定存在一些问题和错误的地方,敬请读者朋友们批评指正。

王艳滨
2022年1月于陕西西安

目 录

第一章　绪论 ………………………………………………………… 1
　1.1 研究背景 ……………………………………………………… 1
　1.2 研究对象 ……………………………………………………… 3
　1.3 目标与方法 …………………………………………………… 7
　1.4 理据与意义 …………………………………………………… 8
　1.5 结构安排 ……………………………………………………… 8

第二章　国内外研究现状概述 …………………………………… 10
　2.1 国外研究综述 ………………………………………………… 10
　2.2 国内研究综述 ………………………………………………… 11
　2.3 以往有关动量词研究简评 …………………………………… 18
　2.4 相关理论的研究现状 ………………………………………… 19
　2.5 小结：以往研究之不足 ……………………………………… 23

第三章　理论分析基础 …………………………………………… 25
　3.1 Langacker 的自主-依存关系理论 …………………………… 25
　3.2 事件域认知模型 ……………………………………………… 31
　3.3 转喻理论 ……………………………………………………… 33
　3.4 图式构式理论 ………………………………………………… 36
　3.5 量子的非定域性特征 ………………………………………… 37

第四章　"自主成分"动词：与其组配的动量词分布概况 …… 40
　4.1 动量构式中动词的量性特征 ………………………………… 40
　4.2 基于动词分类的动量分布 …………………………………… 43
　4.3 自主-依存与无量动词 ……………………………………… 81

4.4 小结 ……………………………………………………………… 84

第五章 "依存成分"动量词：与其组配的动词分布与特征 …… 86
5.1 分析范围 …………………………………………………… 87
5.2 语料统计与分析 …………………………………………… 87
5.3 小结 ………………………………………………………… 148

第六章 动量构式自主-依存的转喻机制及类型 ……………… 151
6.1 转喻的参照点选择 ………………………………………… 151
6.2 动量构式中的转喻类型 …………………………………… 154
6.3 小结 ………………………………………………………… 170

第七章 动量图式构式分布类型与特征 ……………………… 172
7.1 全图式动量构式的分布特征 ……………………………… 172
7.2 半图式动量构式的分布特征 ……………………………… 178
7.3 零图式动量构式的分布特征 ……………………………… 190
7.4 单音节和双音节动词与动量词组配差异分析 …………… 191

第八章 自主-依存的动量构式句位分析 ……………………… 194
8.1 动量自主-依存之"句位依存" …………………………… 194
8.2 动量构式句位依存的表现形式 …………………………… 198
8.3 四种构式的句位"构式义"分析 ………………………… 206
8.4 小结 ………………………………………………………… 211

第九章 "动"与"量"组配的心智机制探源 ………………… 213
9.1 大脑的量子机制与意识加工 ……………………………… 213
9.2 量子的非定域性特征 ……………………………………… 215
9.3 量子坍缩与动量实现 ……………………………………… 223
9.4 小结 ………………………………………………………… 227

第十章 结论 ……………………………………………………… 228
10.1 主要发现 ………………………………………………… 228
10.2 研究展望 ………………………………………………… 233

参考文献 …………………………………………………………… 234

附　录 …………………………………………………………… 242

第一章 绪 论

本章主要描述动词和动量词组配构式的研究背景,介绍研究对象、研究目标与方法,说明研究理据与意义,最后概述本书主要内容的结构安排。

1.1 研究背景

量词一直被认为是具有语言标记性特征的词类,在第二代认知科学的背景下,其研究产生了很大的转折。量词不仅使语义表达更加准确、形象、鲜明,还能体现出人对事物认识的主观性。Denny(1976:125)认为:"名词与外部世界的事物密切相关,而量词则跟人与世界交往的方式关系紧密。"汉语量词包括名量词和动量词两大类,但由于人类的认知发展,动量词的出现晚于名量词;再者,由于动量词在数量上没有名量词多,在类型上不如名量词丰富,其组配方式和表意功能看似也没名量词复杂。于是,从客观和主观两方面造成了汉语动量词不如名量词研究充分、细致。正如孟琮等(1999:496)所说,"在汉语语法研究中,动词问题是个最复杂的问题",与其密切相关的动量词的复杂性亦是不容忽视的现实,两者的组配会涉及许多因素,因此,值得深入研究。

20 世纪 90 年代以降,动量词研究突破了单纯着眼于量词立类与分类的静态研究,走向动量词与动词的语义双选的动态研究。具有汉语鲜明语法特征的量词又引起了语言研究者的密切关注,现有研究已涉及语义本体、历史维度、功能维度和认知维度等多个视角。他们从动量词与动词的组合规律,动量词的来源及动量组配的动因溯源,动量词和宾语次序的功能解释,动量词产生的隐喻和转喻机制,某些动量格式的属性特征及某些动量词的语义概念化过程等角度,在宏观和微观两个方面对动量词进行了大量研究,为动量词研究及发展积累了丰富成果。但现有研究尚存一些不足之处。

第一,缺少理论构建。绝大多数汉语界研究者的侧重点在于对语言本体的语义研究,而缺少对语言背后的认知理据的探索或理论分析,更缺乏理论框架的构建。长于描写,短于解释,尤其是对动量构式(Verbal Classifier Construction,简称 CLv-C)的整体义与动量词形成的认知动因与机制探讨不够深入。

第二,缺乏动量构式整体义研究。大多数研究者或以动量词为主,进行单点的动量词描写和分类研究;或从动量词和动词的双点出发,分析两者的选择组合规律;近期对动量词多维度、多视角的研究不断增加,但从认知语法和构式语法视角,对基于动量词次类所形成的动量构式义的认知研究尚有欠缺。

第三,缺乏对动量构式基于封闭语料的全面分析。现有研究多以"个案剖析式、定性描写式"为主,很少有学者基于大量封闭语料对错综复杂的动词和动量词进行系统梳理,定性定量分析其认知动因及机制。

王寅(2012a:5)将"中国后语哲(PAPL)研究"归纳为四项原则:"(1)吸取西语哲(英美分析哲学和欧陆人本哲学)的丰富营养,学会其分析问题和解决问题的方法,但不可炒作它的老问题,也不能囿于重复阐释有关话题,要专注于'节外生新枝'……;(2)从日常社会生活中寻找具体的语言问题,从词语分析找入口,从'世界与人'的哲学大道理上找出口,在理论上作升华处理……;(3)必须让选题与风格多样化,大力倡导多路学者(哲学界、语言学界、逻辑学界、心理学界、人工智能学界等)联手协作,各自发挥自己的学术特长,为营造一个'百花齐放,百家争鸣'的新局面而奋斗……;(4) PAPL 研究当走'洋为中用,中西合璧'之路,既要阅读西方学者的学术论著,也要重视我国先哲的有关文献,大力开发汉语语境中的语哲研究新方向,努力实现西语哲的本土化。"据此,我们认为倡导西方理论本土化,让汉语界和外语界研究的两张"皮"融为一张"皮",才能更好地研究语言学理论。中国汉语语言学者善于从材料入手,对语言本体进行深入细致的分析,这是可取之处,但在理论建构方面缺少具有国际影响力的本土理论;而中国外语语言学者则长于对西方理论的学习,理论引介多,分析应用少。

从认知语言学的视角观之,"语言是思维的窗口,认知是现实与语言的中介,现实通过认知这个中介对语言发生作用,语言是认知发展到一定阶段的产物,同时,语言对认知和现实具有一定的反作用"(王寅 2007:8)。王艳滨(2012a:49)指出:"动量构式的出现与发展同样与人的生活世界相对应,并体现人们认知世界的方式。动量构式中的动量词有些是实存的,能在生活世界中找到对应,而有些则是经过人的体验抽象创造出来的,体现了人对世界的识解。"从认知语法的构式观看,Langacker(1987,2008)认为,一个音义配对体形成一个"象征单位",两个或两个以上的象征单位形成一个"构式",即≥2 的象征单位才可视为构式;从目前的研究看,运用构式语法理论分析的语言对象多为两个或以上的复合语言单位,因此,"构式语法实际操作的对象更接近于 Langacker 的构式定义"(刘玉梅 2010a:206)。进而观之,具有鲜明汉语特色的动量构式符合构式的原型组构规定,动量构式中动词、数词和动量词的组配规律,每个成分之间组配的语义、句法、功能基础,都具有构式的典型性特征,从单一层面难以对动量词形成的认知动因和机制以及其句法组配规则作出充分解释。鉴于此,本研究以 Lakoff 和 Johnson 的体验哲学和认知语言学中的"现实—认知—语言"原则为指导,以 Langacker(1987)认知(构式)语法为基础,基于自主-依存联结、事件域认知模型、转喻机制和图式构式理论,建构了理论分析框架。从语义、句法和功能等角度综合考察现代汉语动量构式形成的认知机制,力求对其背后的认知规律作出统一解释。

1.2 研究对象

本小节主要分为两部分:第一,根据构式语法理论,对动量词与动量构式进行界定,并厘清了研究范围;第二,对本研究采用的语料来源进行描述与说明。

1.2.1 动量"词"与"构式"的界定

动量词的研究范围一直是我国语言学界争议的问题,长期以来,未能形成统一的隶属标准。根据原型范畴理论(The Prototype Theory),隶属于同一范畴的成员是以家族相似性(family resemblance)的原则组织起来的,没有明确界限,不可截然划分。每个成员和其他一个或多个成员共有一项或多项特征,但几乎不存在所有成员均享的共同特征,原型范畴理论同样可以应用到语言学研究中。认知构式观认为(Langacker 1987,Goldberg 1995,Croft 2001)词、词组、词法、句法之间并非截然划分,而是形成了一个构式连续体(continuum of constructions)。根据原型范畴理论,词类的划分不再基于经典范畴严格的一分为二原则,而是有核心成员和边缘成员之别。量词的"类"标准提供的不应该是"量词或非量词"的问题,而存在从"典型"量词到"边缘"量词的"隶属度"问题。词类与词类之间的界限模糊,可以互相转换。这就是动量词为什么存在相对固定的专用动量词和开放的借用动量词的原因。在现代汉语中,专用动量词"次、回、下、把、遍、趟、场(cháng)、场(chǎng)、通、气、顿、番"是动量词中的典型成员,而器官、工具动量词中使用频率低的新生量词,则是边缘成员,如"踢一下、踢一脚、踢一皮鞋"就形成了从专用到借用再到临时借用的连续统。Langacker(1999:18,2008:6-7)认为,处于词法-句法连续体上任何一处的结构"在本质上完全具有象征性,将其描述成象征单位是十分确切的(being fully and properly described as symbolic in nature)"。这是本书将研究对象定位为"动量构式"的重要原因。

那么何为动量构式？这是以动量构式为研究对象的学者首先需要厘清的问题。为了研究的方便，本书沿袭传统的称法，把"动词+数词+动量词"组成的结构称为"动量构式"，而把其中的组成成分视为词层面的微成分，依然称作动量词。要研究动量构式，首先就要全面了解其组成成分，需要有一个大致的划分标准，以便共同关注什么样的动词可以有动量形式以及与动量词组配的动词语义分布问题。

量词是开放的系统，随着时代的发展，其成员不断丰富，从理论上讲，量词成员是不能穷尽的，动量词也是如此。动量词中有很多借用成员，尤其是借用工具名词的动量词。

本书界定的"汉语动量构式"是由动词、数词及动量词组合而成，并对动作的时间、频次和情状进行计量的表达方式。从语义上说，动词或动词短语提供一个动作事件，动量词对该事件中的动作进行"量"的表征，从而形成具有特殊标志性特征的动量义。汉语动量构式是动量词参与句法表现的固定心智表征方式，本书重点研究两种动量构式：补位构式"动词+数词+动量词"和状位构式"数词+动量词+动词短语"。

1.2.2 语料来源及检索情况说明

本书中所有分析均基于真实的语料，语料主要有三个来源：(1)两个语料库，分别为北京大学中国语言学研究中心现代汉语语料库(http://ccl.pku.edu.cn，以下简称"CCL 语料库")和国家语委现代汉语语料库(www.cncorpus.org)；(2)孟琮等主编的《汉语动词用法词典》；(3)微博及网络搜索。下面分别详述语料来源及检索过程。

1.语料库及检索过程。

我们先看一下来自两个语料库中的真实语料。其语料检索按照动词的单双音节分两个阶段进行。

第一阶段，以《汉语动词用法词典》中的 537 个单音节动词为检索词，对 CCL 语料库进行检索。单音节动词汇总表包括 537 个(包含"玩儿"在内)单音节动词，单音节动词汇总表和自建封闭语料序号一一对应。检索中发现的特殊情况说明如下。

第一，《汉语动词用法词典》中 11 个单音节动词没有与动量词组配的用法，且 CCL 语料库中也没有该动词的动量组配语料，具体动词如下：

(1) 朝　　(2) 当(dàng)　(3) 得(děi)　(4) 惦　　(5) 懂　　(6) 敢
(7) 没　　(8) 能　　　　(9) 是　　　　(10) 往　　(11) 象

第二，《汉语动词用法词典》中有两个单音节动词无动量词组配，但CCL语料库中有这两个动词和动量词的组配用法，这两个动词分别为：

(1) 280 抛　(2) 297 凭

第三，《汉语动词用法词典》中 30 个单音节动词有动量词组配，但这些动词在 CCL 语料库中没有与动量词组配的用法，这 30 个动词分别为：

(1) 40 挼　　　　(2) 52 成　　　　(3) 54 盛　　　　(4) 148 怪
(5) 156 害　　　 (6) 173 和(huó)　(7) 175 和(huò)　(8) 210 看(kān)
(9) 226 落(là)　 (10) 237 裂　　　(11) 258 抹(mò)　(12) 259 磨(mò)
(13) 261 挠　　 (14) 279 搒(pǎng)(15) 313 撬　　 (16) 348 赏
(17) 374 拴　　 (18) 430 褪(tùn) (19) 437 完　　 (20) 454 嫌
(21) 458 向　　 (22) 464 信　　　(23) 466 姓　　　(24) 468 绣
(25) 469 锈　　 (26) 474 哑　　　(27) 490 邮　　　(28) 500 在
(29) 504 铡　　 (30) 516 织

第二阶段，以《汉语动词用法词典》中的 703 个双音节动词为检索词，对CCL语料库进行检索。双音节动词汇总表和自建封闭语料序号一一对应。下面我们对检索中发现的特殊情况说明如下。

第一，《汉语动词用法词典》中 69 个双音节动词没有与动量词组配的用法，CCL 语料库中也没有这些动词的动量用法，这些动词分别为：

(1) 包含　　(2) 包括　　(3) 保卫　　(4) 成为　　(5) 呈现　　(6) 充满
(7) 促使　　(8) 当心　　(9) 当做　　(10) 到来　　(11) 等于　　(12) 粉碎
(13) 敢于　　(14) 感到　　(15) 给以　　(16) 记得　　(17) 加以　　(18) 具备
(19) 具有　　(20) 据说　　(21) 觉得　　(22) 考试　　(23) 可以　　(24) 懒得
(25) 没有　　(26) 密切　　(27) 抹杀　　(28) 谋害　　(29) 难免　　(30) 能够
(31) 譬如　　(32) 期望　　(33) 企图　　(34) 情愿　　(35) 缺乏　　(36) 认得
(37) 认为　　(38) 任凭　　(39) 舍得　　(40) 省得　　(41) 使得　　(42) 适合
(43) 属于　　(44) 率领　　(45) 贪图　　(46) 团结　　(47) 退还　　(48) 完毕
(49) 吸引　　(50) 希望　　(51) 显得　　(52) 相等　　(53) 谢谢　　(54) 养成
(55) 遗留　　(56) 以为　　(57) 引起　　(58) 赢得　　(59) 预料　　(60) 愿意
(61) 赞成　　(62) 占有　　(63) 值得　　(64) 主张　　(65) 着眼　　(66) 总计

(67)尊敬　(68)遵照　(69)作为

第二,《汉语动词用法词典》中有 27 个双音节动词无动量词组配,但 CCL 语料库中有它们和动量词的组配用法,这 27 个动词分别是:

(1)9 把握　　　(2)12 摆脱　　　(3)25 抱歉　　　(4)68 称赞
(5)89 促进　　　(6)126 对待　　(7)182 感动　　 (8)184 告别
(9)191 贡献　　 (10)236 寄托　　(11)253 健全　　(12)297 觉悟
(13)325 理解　　(14)354 明白　　(15)358 模糊　　(16)368 排挤
(17)391 飘扬　　(18)436 热爱　　(19)437 忍耐　　(20)439 忍心
(21)441 容纳　　(22)448 申请　　(23)494 讨厌　　(24)503 体现
(25)519 同情　　(26)570 消失　　(27)594 削弱

第三,《汉语动词用法词典》中 46 个双音节动词有动量词组配,但 CCL 语料库中没有和动量词组配的用法,它们分别为:

(1)1 爱好　　　(2)51 采纳　　　(3)61 拆除　　　(4)63 偿还
(5)72 冲突　　　(6)86 传染　　　(7)116 惦记　　　(8)129 夺取
(9)133 发愁　　 (10)164 服从　　(11)167 符合　　(12)172 复员
(13)204 害羞　　(14)212 互助　　(15)232 忌妒　　(16)251 建议
(17)281 解散　　(18)293 鞠躬　　(19)327 连累　　(20)360 拟定
(21)364 虐待　　(22)365 挪用　　(23)377 抛弃　　(24)379 赔偿
(25)380 佩带　　(26)384 批发　　(27)385 批改　　(28)390 剽窃
(29)393 聘请　　(30)400 欺负　　(31)404 乞求　　(32)410 牵连
(33)416 强迫　　(34)419 侵略　　(35)429 驱逐　　(36)474 衰亡
(37)544 委托　　(38)560 陷害　　(39)562 相同　　(40)571 小心
(41)621 优待　　(42)628 原谅　　(43)639 增长　　(44)667 支使
(45)693 着手　　(46)695 自习

另外一部分语料来自国家语委现代汉语语料库。在国家语委现代汉语语料库中,我们以 13 个专用动量词和 5 个借用动量词为关键词进行了穷尽式搜索,共得到 2768 条句子,以具体考察每个专用动量词的动词语义分布和构式义及五类借用动量词的分布(详见第五章分析)。

总之,本研究的语料主要选自上述两个权威语料库。我们之所以选用 CCL 语料库,是因为其收录的动量形式更全面,这样可以保证研究的信度;选用国家语委现代汉语语料库,是因其规模较小,有利于做到穷尽性统计。两者结合使用,这样有利于互相印证,确保研究的信度和效度。同时,我们也对个别动词进行了穷尽式搜索,保证两者在构式中语义分布统计的准确性、可靠性。

2.《汉语动词用法词典》。

我们将《汉语动词用法词典》中537个单音节动词和703个双音节动词的全部动量搭配按照动词的动量特征分类制成表格,形成词典封闭语料,用于第四章动词的动量分类,并在第七章图式构式对词典中所列动量词的出现频次进行了统计分析,进一步认识动量词的图式特征。

3. 微博搜索。

我们选择了三个动量词"圈""把""下",在微博中检索日常生活中使用的动词和动量词组配,主要用于第九章的分析,便于了解动量词的最新发展及其鲜活用法。

1.3 目标与方法

1.3.1 研究目标

本研究在分析现代汉语动量词现有研究的优势与不足的基础上,在认知构式语法理论背景下,以语言事实为切入点,试图构建对其作出合理解释的理论框架,并通过定性定量分析的方法对自建的小型汉语封闭语料中的现代汉语动量构式进行全景式分析,重点考察现代汉语动量构式中各构成成分间的语义关系、结构规律,尝试阐述现代汉语动量词的句法、语义、语用等特征,揭示其背后的认知机制。同时,本研究期望通过对现代动量词及其句法关系的探索,为汉民族的认知方式、词典编撰、语言类型、对外汉语教学等研究提供新的思路和参考。

本研究提出并试图回答以下三个问题。

第一,在事件自主-依存模型中,动量构式的动词和动量词的语义分布呈现出什么样态?

第二,动量图式构式的类型分布和句位依存的特征是什么?

第三,动量词形成的认知机制和心智基础是什么?

1.3.2 研究方法

本研究对自建的106万字的小型汉语封闭语料中的例句进行了穷尽式分析,在对基于18个动量词的动词在现代汉语动量构式中的语义分布进行定量分析的基础上,通过对语言事实的观察,在认知(构式)语法理论框架下提出理论假说,并依靠封闭语料的数据统计验证理论假设的合理性和有效性,从而使理论与实践紧密结合,以期合理解释动量构式中的动词和动量词的语义分布规律,两者组配机理及其认知动因机制与心智基础。其研究方法主要有三种。

第一,描写与解释相结合。对所收集的语料进行分类整理,以自主-依存模型中动词和动量词为双基点,分别详述与其组配成分的语义分布情况。按照动量词所提供的详述位,根据图式构式理论,描写三种类型的图式构式特征,并对其分布进行解释。

第二,历时与共时相结合。本研究主要对现代汉语动量词进行共时研究,但在分析动量词语义变化过程时,也采用了历时研究方法,考察其语义发展脉络。

第三,定性与定量相结合。定性研究,从理论出发,从较宏观的视角探究动词和动量词的组配机理;定量研究,基于语言事实微距动词和动量词语义、句法的组配特征。

1.4 理据与意义

首先,本研究是现代汉语动量词研究的一项新发展。综观文献,具有鲜明汉语特征的动量词研究虽然取得了较为丰硕的成果,但绝大多数都仅局限于描写语言的内部结构上,虽然少数也考虑到人的心理因素,但未能上升到人类认知机制和心智运作的高度和深度,也未有人从认知(构式)语法视角构建解释现代汉语动量构式的理论框架。据此,本研究在借鉴前人研究成果的基础上,基于认知构式语法提出 ECM 的自主-依存理论假设,以重新审视现代汉语动量构式,探索动量词形成与发展的认知规律。这是本研究的理论意义之一。

其次,现代汉语动量词更具有鲜明特征,而之前对其研究尚不充分。动量词的分类与句法语义关系问题一直纷争不断,没有定论,确定动量构式的分类与句法语义关系必须同时兼顾结构和意义。因此,全面考察现代汉语动量词可以进一步完善现代汉语语法。这是本研究的理论意义之二。

最后,现代汉语动量词是汉语量词系统中的一个重要子集,不但体现了语言的继承性和发展性,还反映了汉民族对现代社会政治、经济、文化等方面的体验和认知加工的结果,以及人们对"动作量"的认知方式和概念化能力。因此,本研究既可揭示汉民族对动量词的认知机制,也有利于探索汉民族认知世界的方式和范畴化、概念化能力。在这一点上,本研究具有一定的社会价值。

1.5 结构安排

本研究共十章,各章内容说明如下。

第一章为绪论部分，主要介绍本研究的背景、对象、目标与方法、理据与意义以及全书内容的结构安排。

第二章回顾现代汉语动量词研究的现状，探索前人研究的优势并分析其不足，并在此基础上，从认知构式语法的视角出发，提出本研究拟要解决的问题。

第三章为本研究的理论框架，首先介绍本研究的哲学基础，简述自主-依存关系理论、事件域认知模型、转喻机制及图式构式理论，并在此基础上构建现代汉语动量构式研究的理论框架——ECM的自主-依存模型。

第四章基于动词语义特征的动量词分布，把动词按动量特征分为五类，分析每一类动词的动量语义空位的特征，并对其所形成的构式进行统计与分析，运用自主-依存模型解释其形成的认知动因和机制以及在句法、语义和语用等方面的特征。本研究也论述了动量特征的典型与非典型之分。

第五章基于动量词语义特征的动词分布，按专用与借用动量词对其所形成的构式进行统计与分析，运用自主-依存模型解释每一动量次类畴形成的认知动因和机制，并分析其句法、语义和语用等方面的特征。

第六章阐述了动量构式语义自主-依存的转喻机制，把动量词形成的认知机制按动量过程的转喻特点分为六类，并对每一类转喻的特点进行分析与阐释。

第七章主要分析动量图式构式分布类型与特征，通过单音节和双音节动词在封闭语料中的统计分布，根据使用频次发现，专用动量词的图式抽象度最高，对动词的限制最小，然后是借用动量词，最后关于拷贝动量词的使用，单音节比较多，双音节几乎没有，大多是变体形式。

第八章重点论述了基于句位依存的动量构式分布，对动量构式在状位和补位的情况进行统计与分析，基于ECM的自主-依存模型解释其认知动因和机制以及在句法、语义和语用等方面的特征。结合语义依存，考察句位依存的实现方式，分析状位与补位动量构式的功能差异。

第九章探究动量组配的心智运作基础，主要是通过量子的非定域性特征和量子塌缩原理，解释动量构式中"一动多量"和"一量多动"现象，动量表达根据情景事件，快速选择合适表达，是量子的特征决定的。

第十章总结本书的主要研究及发现，并指出本研究的不足之处及未来的研究方向。

第二章 国内外研究现状概述

本章主要叙述前人对动量词的研究状况。2.1 节按研究内容横向分类叙述国外对动量词研究的情况；2.2 节按微观本体研究与宏观流派研究分为两大类，论述不同时期学者对动量词研究发展的动态；2.3 节对以往研究进行简评；2.4 节是对相关理论应用领域的回顾；2.5 节指出现有研究的不足之处。

2.1 国外研究综述

国外学者对量词（classifier）①的研究，从早期的零星研究，发展到目前已初具规模。关于量词的研究，最早可追溯到 1973 年在芝加哥语言学学会第九次地区分会上 Adams 和 Conklin 共同撰写的论文 *Toward a Theory of Natural Classification*。而比较权威的论述应为 1977 年由澳大利亚莫纳什大学的 Keith Allan 教授在世界知名杂志 *Language* 上发表的 *Classifiers* 一文。1986 年，由 Craig Colette 编辑，约翰·本杰明出版公司出版的 *Noun Classes and Categorization* 一书也对量词进行了相关研究。在量词研究方面影响较大的是俄罗斯学者 Alexandra Aikhenvald，她在语言类型学方面研究成果颇丰，2000 年由剑桥大学出版社出版的 *Classifiers: A Typology of Noun Categorization Devices* 一书已经成为量词研究绕不过的一部作品。最新的研究当属 2008 年 Senft Gunther 在剑桥大学出版社出版的 *Systems of Nominal Classification* 一书。此外，Li(2013)论述了汉语数量分类词句法情景的语义表达及分类词的语义功能如何在句法层面实现等问题。

目前对动量词的研究主要体现在对其本质与功能的认知。2017 年，国际期刊 *Linguistics* 专刊发表主题为"东亚的数量分类词"等四篇论文。Her(2017)从类型学视角，论述了量词的语序问题，主要谈的是关于名量词的语序问题。Simpson

---

① 陆谷孙(《英汉大词典》2007:342)把 classifier 译为量词。

(2017)详细研究了吴方言中有关光杆名词构式(bare noun construction)和光杆量词构式(bare classifier construction)在特定语境的使用情况。Wu(2017)分别从语义、语用和语法方面论述了汉语数量词在功能上不等于定冠词的问题。Zhang(2017)描述了汉语动量结构在前和在后的语义差异。海外的动量词研究,很多论文是中国学者发表的,总体来讲,国外的动量词研究不如国内研究成果丰富。

2.2 国内研究综述

量词在汉语体系中独成一类的时间较晚,其正名过程比较曲折,了解量词的发展历程,能使我们对汉语量词的次范畴之一"动量词"的演化及发展研究有更明确的认识。1898 年,马建忠在《马氏文通》中首次称量词为"计数的别称"。1924 年,黎锦熙在《新著国语文法》中认为"量词就是表数量的名词,添加在数词之后,用来作所计数的事物之单位"。王力则于 1943 年在《中国现代语法》中指出"凡名词,非指人物,只指人物数量的单位,或行为的次数者,叫做单位名词",这是首次提出"行为的次数"的说法,可以称其为"动量概念的雏形"。1948 年,高名凯在《汉语语法论》中称量词为"数位词",把动量词称为次数词,"表示动作次数的次数词",如"打了一下"等,这是第二次提及动量词的相关概念,并举例进行了说明。其后,吕叔湘(1953)在《语法学习》中把量词作为名词的一个附类,称为"副名词",表示事物或行为的单位,又称"单位名词"或"量词",此处表明量词也包括"行为的单位",进一步发展了动量的思想。陈望道(1980)在《陈望道语文论集》中把量词称为"计标","计标的对象,有动,有静;动的是事,静的是物。'走一趟路''读一遍书',计标'趟'和'遍'同时有两个对象:一个是动的事('走'和'读'),一个是静的物('路'和'书')"。这是第四次提及动量用法,并举例说明动量词后带宾语的情况。直至 20 世纪 50 年代,《暂拟汉语教学语法系统简述》一文正式给量词以明确定名并分类,称计量"行为动作"的是动量词,动作反复次数的多少称为"动量"。至此,动量词成为汉语量词体系中的一个重要部类的合法地位才得以正式确立。

2.2.1 动量词研究的本体研究:微观视角

我们通过对相关文献的分类整理,把现代汉语动量词的研究归结如下:
第一,动量词的界定及分类研究
对动量词的界定,学界主要有以下三种看法:

(1) 把动量和时量区分开来。动量范畴被严格定义为"指动作反复的次数"。多数学者都持此说。吕叔湘(1942)虽未明确给动量下定义,但从其行文可看出,他是将动量和时量区别看待的。朱德熙(1982)则明确说:"所谓动作的量,可以从动作延续的时间长短来看,也可以从动作反复次数的多少来看。前者叫做时量,后者叫做动量。"另外,由黄伯荣、廖序东主编的《现代汉语(增订五版)》(2011),由胡裕树主编的《现代汉语(重订本)》(2011)及由教育部中文学科教学指导委员会组编、沈阳和郭锐主编的《现代汉语》(2014)等,也分别论述了动量和时量的区别。

(2) 将时量包括在动量范畴之内。邵敬敏(1996)把时量词"年、月、日"等归为动量词。陈颖(2003)、刘街生(2003)和金桂桃(2007)等也都沿袭了这一看法。

(3) 将动量范畴扩展到动量、时量之外。郑良伟(1988)认为:"动量本身可分三类——'频度'('看了两次'),'时长'('看了两个小时')和'名量'('看了很多书')。"李宇明(2000:59)则认为:"动作量,是计量行为动作等的力度、涉及的范围、活动的幅度、反复的次数和持续的时长等的量范畴。"

第二,动量词的来源研究

关于动量词的来源(一般指专用动量词),观点如下:

(1) 动词说。太田辰夫(2003:154)认为,动量词产生的原因在于动量表达方式受时间表达方式的影响。表达时间时,数词总是带着名词,在类推的作用下,表达动量时数词也带上动量词放在动词的后面,于是动量词产生。并且他由此认为"下、遍、回、次等这样纯粹的动量词,可能全都以动词为前身"。郑桦(2005a:22)认为动量词的产生是词义引申的结果,她说:"动量词皆与动词密切相关,与名词无关,动量义只不过是由动词义引申出的一个义项。笔者认为,动量词其实就是词义引申而产生的结果。"例如,她认为动量词"回"是从动词"回"的"回转"义直接引申出来的;动量词"遭"来源于动词"遭"的"巡行"义。

(2) 多源说。大多数学者认为,不同的动量词有着不同的来源,如刘世儒(1965),杨伯峻、何乐士(1992),王绍新(1997),金桂桃(2007)等。如刘世儒认为动量词的来源不一,有的从动词发展而来,如"过、遍"等;有的从动词、经由名量词发展而来,即经过了"动词→名量词→动量词"的发展道路,如"通"等;有的从名词发展而来,如"次";有的从方位词发展而来,如"下"。王绍新分别介绍了唐代新生量词"场、遭、觉",认为动量词"场"是由名词"场"发展而来的,动量词"遭"就是从动词"遭"发展而来的,动量词"觉"是由去声的动词"觉"发展出来的。同时,他还论述了唐代处于成熟期的通用动量词"度、回"的来源,认为动量词"回"是由动词"回转"义发展而来的,而动量词"度"是由动词"度过"义引申而来的。

第三,动量词的语义特征研究

以下几位学者研究了动量词语义特征。

(1) 邵敬敏(1996)通过探究动词与动量词的选择关系,结合动词与动量词的语义特征,将动量词分为:①通用量词,②自主量词,③借助量词,④情态量词,并着重对情态量词进行了详尽的语义分析。他指出,动词与动量词之间的选择关系首先取决于动词内部的各个小类,也依赖于动量词本身的语义特征,还涉及动词的有关对象。他提出了句法结构中语义不自足的制约问题,并讨论了动量词与名词组合的种种复杂关系,从语义选择的角度对句法组合作出新的解释。

(2) 刘街生(2003)则认为,在[＋计事]和[＋计时]两个语义特征上,动量词与数词组合表达动作的量构成一定的序列,从左到右是一个[＋计事]语义特征减弱、[＋计时]语义特征增强的递变序列,从右到左则是一个[＋计时]语义特征减弱、[＋计事]语义特征增强的递变序列。

(3) 石毓智(2000a)把动词分为四类:①瞬间完成的动词;②既可瞬间完成又可持续类动词;③持续类动词;④具有强烈长期延续倾向且没有明确终点类动词。蒋宗霞(2006)借鉴此分类,分别考察了它们与计时动量词、计量动量词、借用动量词、自主动量词的结合情况。

(4) 周娟(2007)运用语义特征分析法,从动词和动量词双向选择的原则出发,系统揭示了各动量词小类与动词小类组配的规律和特点,并建立了动、量组合的流程系统。

(5) 甘智林(2008)从考察"下""次"在"V＋数词＋动量词"格式中与动词的组合关系入手,比较分析两者的语法功能,最后确定动量词"下""次"的语义特征,他认为"下$_1$"的语义特征是[＋计数],"下$_2$"的语义特征是[＋计时]和[＋广义动量];"次"的语义特征是[＋计数]。

(6) 田鑫(2014)主要对汉语动量词及动量短语进行了历时和共时研究:在历时层面,分别对来源于名词和动词的各11个动量词进行历时考察和分布比例统计;在共时维度,主要围绕与来源词本义联系较明显和不明显两个方面的使用情况进行论述。

第四,动量词的借用问题研究

(1) 刘世儒(1965)指出,魏晋南北朝时期已经出现了借用动量词,但借用范围以名词为限(如"拳""声"),且借用的数量也很有限;尚未出现借自动词的动量词(即拷贝动量词)。但据殷国光、南北(2010)考察,借自名词的动量词在汉代就已经出现了,如"上踝五寸刺三针"(《黄帝内经·素问》)。刘世儒(1965)、张美兰(1996)都认为同形动量词产生于唐代,如"跪拜阿娘四拜"(《敦煌变文集》)。张美兰(1996)还指出,唐五代时同形动量词仅限于单音节动词,复音节的同形动量词至明代才出现。

(2)刘街生、蔡闻哲(2004)则对现代汉语中,哪些名词可以借用为动量词这一问题进行了研究。他们认为,只有在特定范围内受事性弱、与动词的相互选择性联系强且表示基本层次范畴、充当工具成分的名词和极少一部分表示伴随成分的名词,才可以借用为动量词。

(3)周娟(2011)从聚合和组合两个角度对器官名词借用为动量词的语义条件进行探讨;而李湘(2011)从实现机制和及物类型看汉语的"借用动量词",对"借用动量词"的名实对应进行了考辨,厘清了"语素离析"和"工具转喻"两种实现机制的纠葛,论证了"借用动量短语"可能具有的核心论元地位。

第五,状位与补位动量短语的差异研究

(1)李晓蓉(1995)对状位动量短语进行了深入探讨,认为动量短语在动词前出现,是突破常规的,在句法、语义、时间范畴、否定范畴上均有一定限制,但其最本质的原因是"对比"。殷志平(2000)则认为动词前的位置并不是动量短语常规且典型的位置。他认为动词后做补语的量词是用来表示动量的,但是动词前用作状语的动量词却并不是用来表示动量,而是"从动作的数量角度说明动词结构的情状或方式的"。

(2)李宇明(1998)将"一量 VP"句式作为整体来考察,比较了"一量 VP"和"VP 一量",指出前者语义特点是强调行为动作快捷,带主观小量的色彩。李艳华(2006)进一步指出,用于状位的主要是借用动量词,包括表示工具器械、身体器官两种;谓语动词主要由述补、述宾结构构成,单个动词比较少见。此外,她还注意到"就"字常与动量短语共现,认为不含"就"的动量短语主要表示动作行为的快捷;含"就"的包括"主观小量"的评价,表示一下子达到某种程度结果,更加强调结果。

(3)杨娟(2004)借鉴张旺熹(2009)对汉语特殊句式的研究,认为补位和状位的动量短语分别对应人类的两种认知结构——功效范畴和对比范畴,是功效范畴和对比范畴在句法结构上的表现。

第六,动量短语与宾语的次序研究

(1)把影响动量词与宾语的语序因素归结于其中的某一个成分。

首先,归因于名词。吕叔湘(1980)、朱德熙(1982)指出,当宾语是代词时,数量结构在代词后(两位先生基本上是将时量和动量成分放在一起考虑的)。朱德熙(1982)同时指出,指物的宾语往往后置,如"看了一会儿电影""进了两趟城""喊了一声爸爸"等。方梅(1993)认为决定动词后动量成分和名词性成分次序的主要因素是名词性成分的指称性质(有指/无指、定指/不定指)以及名词性成分传达的是新信息还是旧信息这两个方面。

其次,归因于动词。马庆株(1984)则发现,指人名词、处所名词同动量词组合,语序两可,而当宾语为谓语的目的、结果、工具或主体时,名词后置。

最后,归因于动量词。王静(2001)提出"个别化"概念,认为在动词后出现的名词性成分和动量成分,个别化程度越高,离动词就越近,并列出了两个"个别化"等级关系序列。

(2) 把影响动量词与宾语的语序因素归结于句法格式。

动量词产生之初,如果句中有宾语,动量短语一般位于宾语之后。如石毓智、李讷(2001)认为,宋以前没有"动词+时间词(包括行为次数词和延续时间词)+宾语"的用法,即宋以前没有"看了十几年书"或者"去了一次京城"之类的用法;元、明、清时期,这种用法仍然很难见到。金桂桃(2007)则指出这种句法位置最早出现于唐代,如"月照何年树,花逢几遍人"(卢纶《题兴善寺后池》),只是当时这种用例还较为少见。吴怀成(2011)则认为动量词与宾语之间的语序选择问题是由现代汉语对古代汉语的句法格式的继承和该格式自身演变的双重力量决定的,根据不同的语用目的而选择不同的语序。

2.2.2 动量词研究的流派意识:宏观视角

第一,动量词的历史维度研究

最近,历史认知语言学研究(王寅 2012b,王艳滨 2012b)被引介进入我国的语言学研究领域,那么从历史维度对动量词的研究如表2.1所述。

表 2.1 动量词历时比较研究

序号	作者	题目	年份	内容
1	刘世儒	《魏晋南北朝量词研究》	1965	动量词所表示的语义范畴的体系渐渐形成。
2	王绍新	《从几个例词看唐代动量词的发展》	1997	从"场""遭""觉""回""度"等几个动量词入手,分析唐代动量词的发展。
3	张美兰	《近代汉语语言研究》	2001	《五灯会元》时期的动量词比南北朝有较大进步,处于古代汉语到现代汉语的转折阶段,现代汉语动量词系统的构建,从《五灯会元》一书开始便形成了稳定的系统。

续表

序号	作者	题目	年份	内容
4	李爱民	《〈金瓶梅词话〉专用动量词研究》	2001	通过对"遍""遭""回""番"等动量词进行分析,提出动量词分为个体动量词和集体动量词。
5	陈练军	《试析〈居延新简〉中的动量词》	2002	分析了"下""周""通""发"在《居延新简》中的使用情况,认为动量词在汉代尚处于发展初期,还未形成完整的体系。
6	李建平	《唐五代动量词初探》	2003	动量词在唐五代时期进一步发展成熟,出现了五个新兴动量词"场""巡""遭""顿""件"。
7	陈颖	《苏轼作品量词研究》	2003	讨论了"次""回""度""会""合"等动量词在宋代的发展。
8	袁仁智、王莉娟	《谈谈〈元曲选〉中动词动量词的语法特征》	2004	对《元曲选》中动词动量词的考察发现:(1)《元曲选》中的"一V"式或"V一V"式中的"一"不能省略;(2)同形动量词大量涌现;(3)"V一V"式还没有虚化为"VV"式。
9	郑桦	《动量词的来源》	2005a	动量词的产生与动词密切相关,是由动词演化而来,动量义只不过是由动词义引申出的一个义项,动量词的产生其实就是词义引申的结果。由此也可证明词义的演变也是诱发词汇语法化的重要原因之一。
10	郑桦	《动量词的流变》	2005b	上古汉语中没有动量词,表动作的量,通常是把数词直接放在动词的前面,不用单位词,表示今天"数量+动"形式的是"数+动"形式。动量词产生于先秦至魏晋南北朝时期,发展于唐时期,稳固于元、明、清时期。
11	金桂桃	《宋元明清动量词研究》	2007	对宋、元、明、清时期动量词的实际面貌进行了较为全面的描写和分析,并结合它们在宋以前的发展概况,完整地展示出它们发展的历史脉络及规律。
12	周娟	《动量词"番""通""气"的语义差异及其历时解释》	2010	动量词"番""通""气"都表示动的持续,但在情态和色彩义上却存在差异。它们都可从语源上找到解释的依据。

续表

序号	作者	题目	年份	内容
13	姚伟嘉	《动量词"番"探源》	2010	对汉魏两晋南北朝文献中的动量词"番""反""返"的使用情况进行考察,以探其源。
14	金桂桃	《汉语动量词的产生》	2011	汉语中大多数动量词产生于"动+数"式,少数动量词产生于"数+动"式;能够进入前一种格式并发展成为动量词的词,在语义上必须与需要计量的动词紧密相关。
15	王毅力	《动量词"顿"的产生及其发展》	2011	探讨动量词"顿"的产生及其发展轨迹、语法化的动因和机制,有助于了解汉语动量词的发展演变规律。
16	蔡燕	《现代汉语补位"一下"的语法化研究》	2016	对现代汉语中补位"一下"的语义、句法、功能的分布作定量统计与分析,探求其语法化演变的动因和机制。

表2.1可见,历史维度对动量词的研究,有的从某部作品出发,专门研究其中的动量词发展情况,如《五灯会元》《金瓶梅词话》《居延新简》《苏轼作品量词研究》或《元曲选》等;有的从某个动量词出发,研究其在某一时代的发展状况或演变进程;也有的从动量词的来源与发展,跨越几个朝代观察其历史脉络。总之,动量词历史维度的研究语料很丰富,描写很充分,但理论阐释不足。

第二,动量词的功能维度研究

自20世纪70年代以来,功能学派即以对乔姆斯基转换生成语言学的挑战为开端在国外蓬勃兴起并发展。该学派认为语言和语法受制于语言的意义和功能,主张通过功能来解释语言现象和语法现象。句法也并不像生成语法学家所声称的那样是自主的、任意的,而是有动因的,即往往由语义、功能、语用等句法之外的因素所促动(张敏1998)。受该学派思路和方法的影响,国内方梅(1993)首先运用指称理论和信息理论对动、量组合带宾语后动量词语与宾语的次序问题进行新的探索,同时指出,决定动词后动量成分和名词性成分次序的主要是N的指称性质以及它所传达信息的新旧特点。在其影响下,王静(2001)也从功能的角度对该问题进行探讨,使用了"个别性""个别化"的概念对其进行描述。秦洪武(2002)则尝试运用基于时间透视的界性理论或相对界性原理对"动词+时量短语"中时量短语的所指情况进行了深入的探索。

第三,动量词的认知维度研究

认知流派强调在动词与动量词组配或动量词演化过程中人类认知起到重要作用。最先将认知理论引入量词研究视野的是国外的一些学者,如 Adams 和 Conklin(1973)、Allan(1977),但他们既没有对汉语量词进行深入的专题研究,也大多只限于名量。至于对动量组合进行认知探讨,则是 21 世纪初从一些年轻学者开始的。他们的思路大体可分三种:

(1) 从动、量组合的整体考察出发,全面探讨动、量组配过程中人类认知所起的作用。例如邵勤(2005)从动词所表现的"动态过程"的认知研究出发,全面考察了隐喻和转喻机制对动量词产生和使用的影响。

(2) 从认知研究出发,对某些动、量格式的属性特征进行探讨。甘智林(2003)通过对名词、动词数量特征的认知分析以及动量词语义特征的深入考察,细致地分析了"V+数词(一)+动量词+N"结构的句法性质和语义特点;此外,刘街生、蔡闻哲(2004)考察"V+数+N"格式中 N 借用为动量词的条件,运用认知语言学的"距离象似性"原则和"原型范畴"理论进行解释。

(3) 从某类或某个动量词出发,对动量词的语义概念化过程进行研究。如:萧国政(2004)根据意义和功能,认为现代汉语的量词"把"可分为两类三种:个体量词"把",集合量词"把"和动量词"把"。量词的使用是一种范畴确认或语法归类,最初使用量词的对象的认知原型,在相当程度上制约着同类对象的量词选取;围绕动词"把"及其有关项所形成的意义,是制约量词"把"的类型和使用的重要因素。而牛保义(2010)从心智模拟概念化出发,研究量词"把"的语义概念化过程,他认为量词"把"的语义是对动词"把"所表示的动作(握或抓)的心智模拟;是对动词"把"所表示的动作的方式、结果和次数的概念化。张媛(2012)从认知语言学和心智哲学视角对动量词进行了一次跨学科研究的尝试。她认为动量词在心智中的层现过程可分为语前思维阶段、语言思维阶段Ⅰ和语言思维阶段Ⅱ,心智哲学和认知语言学理论为这一过程提供了理据。过国娇(2019)对工具类动量词的借用条件、句法语义特征以及历时演化过程进行了细致研究。

2.3 以往有关动量词研究简评

汉语动量词的过往研究呈现出几个结合,即"单点与双点"的结合,"描写与解释"的结合,"共时与历时"的结合,研究深度和广度不断加大,在各种研究进程上都产生了丰富的研究成果。然而,先前的研究并未解决所有的问题。

从国外动量词的研究来看,目前虽然在 2017 年 *Linguistics* 第 2 期专刊介绍量词的研究成果，但主要是从类型学、功能及句法中语序视角的研究，鲜有专门认知构式视角的研究。

从国内动量词的研究来看，动量词的研究大致可归纳为以下两个视角。

（1）从语言本体出发的微观视角。本部分主要运用描写语言学的相关理论，聚焦于对动量词的界定与分类，从动量词的来源、语义特征、借用问题等角度探析其产生原因和表意方式，又从句法结构角度探索动量词在状位和补位的差异及其和宾语的次序问题，旨在揭示语言自身的发展规律。

（2）从语言流派出发的宏观视角，主要体现在以下三方面。

首先，在动量词的历史维度研究中，各位前贤对动量词语义范畴体系的形成过程进行了细致的描述。分别从作品分析、单个动量词语义演变、动量词格式等方面提出了具有代表性的观点。但描写详细、解释过少，最近的少量研究才开始从语法化的角度解释动量词的语义演变规律，但未见从历史认知的角度进行阐释。

其次，在动量词的功能维度研究方面，功能语言学派学者从功能出发研究动量词语和宾语次序问题的方法，避免了以往从不同角度研究时结论的不确定性。但不同学者使用的指称术语及指称体系并不一致。

最后，从认知角度对动量词所做的研究不断增多，对我们的继续研究很有启发。以往对于隐转喻的认知机制主要聚焦于动量词的形成方面，未见从动量构式的整体视角审视其作用；对于个别动量格式已有一些个案探讨，但基于一定规模的封闭语料，对动量构式中动词与动量词小类的细致探讨还不多见；对于单个动量词的语义概念化过程只限于几个动量词的考察，缺乏全面的调查与分析，比较零散，不系统。

2.4 相关理论的研究现状

本部分主要通过阅读相关文献，了解所用理论在国内的引介和应用的情况，对目前研究提供方法借鉴，以期扩展几种理论在汉语研究的应用范围。

2.4.1 Langacker 的自主-依存理论的发展与研究现状

自主-依存理论在国内的研究自 2006 年至今，已发表相关论文 130 多篇。研究可分为几个阶段：第一，引介理论与初步发展期；第二，与汉语语言现象结合期。

徐盛桓（2007）、牛保义（2011）等发表论文，介绍自主-依存理论，并对该理论进一步研究发展。然后，该理论被大量应用于汉语研究，如牛保义（2008）研究英语轭式搭配；何爱晶（2008）探究汉语歇后语；李恬（2009）将其应用到仿体对应和双关;张立飞(2012)分析指称性"X的"结构;文旭和丁芳芳(2017)分析对称型汉语成语的自主-依存框架语义模式。此外,自主-依存联结还被应用于黑话、成语和一些修辞现象的研究,最近还应用于分析各类流行语构式。

2.4.2 事件域认知模型的发展与应用现状

"事件域认知模型"(Event-Domain Cognitive Model,简称 ECM),自王寅(2005)提出,在国内有许多学者运用该分析框架,分析汉语的语言现象。徐琦(2010)从事件域认知模型看"hand"的多义现象;王艳滨(2012a)运用事件域认知模型解释动量构式中动词和动量词组配的认知运作过程;刘伊娜(2015)将事件域认知模型、原型范畴理论和概念整合结合起来,建立"原型事件域整合模型",解释网络新称谓构式,如"XX哥""XX姐"等近年来网络时代催生出的新表达。ECM与ICM联系紧密,但更加突显动作的主体和事体,体现更强的类范畴关系。

2.4.3 转喻理论的发展与研究状况

转喻理论自从在认知语言学研究中提出以来,倍受欢迎,在汉语研究中更是成果颇多。本部分从时间维度主要梳理了认知转喻对汉语语言现象的研究。

张建理(2005)用转喻与隐喻解释汉语"心"的多义网络。施安全、金春伟(2009)在认知语用视域下研究间接言语行为。张天伟(2011)提出认知转喻的研究路径,并对张辉、卢卫中(2010)所著的《认知转喻》撰写了书评。陈香兰(2012)研究现代汉语疑问句意义偏离的语境观与高层转喻机制。董秀芳(2012)认为汉语中存在一种使用比较普遍的转喻模式:用领有者转指整个领属结构,比如用"他"来转指"他的X";或者用被领有者来转指整个领属结构,比如用"手"来转指"X的手"。黄洁(2013)用隐喻和转喻理论研究汉语名名复合词。吴淑琼(2013,2014)用转喻研究汉语动结式非典型内在致事和汉语反义词共现构式。杨文滢(2015)从认知转喻视角考察汉语古典诗词之高频意象"凭阑"的美学运作与英语翻译,指出"凭阑"是一种符合理想化认知模式基本特征的事件转喻,从而解释其成为经典诗词意象的认知动因;研究发现转喻的概念生成机制可以揭示"凭阑"意象言简义丰的认知理据;并从概念转喻的体验性、突显性与完型性深度探讨意象的可译性。刘庚、卢卫中(2016)以《生死疲劳》的葛浩文英译为例,研究汉语熟语的转喻迁移及其英译策略。陈香兰、高著浩(2016)基于语料库研究单字"词"意义延伸中的转喻机制。王艳滨(2016)基于小型自建封闭汉语语料,对动量转喻类型进行了分类研究。陈香兰、禹杭(2018)基于历时语料库研究量词"套"的演变及其转喻机制。刘梅丽(2018)基于概念转喻理论、构式语法和关联理论,以"很+N"构式为例,分析语法转喻解读所涉及的认知和语用因素,并提出语法转喻解读的认知语用模型。廖光蓉(2019)将汉语转喻搭配超常分为六大类(12小类):转喻+后缀"们"、转喻+表不定量/程度的形式单位或反之、(数)量词/序数词/指示代词+转喻、转喻+宾/补、转喻+"不"+转喻,以及性质形容词转喻用于被动语态,对其典型性进行探讨。魏在江(2019)在体认语言学视域下研究汉语成语的转喻机制。黄曼、廖美珍(2020)用隐喻-转喻连续统解释汉英习语变异构式的理据。马应聪(2020)用隐转喻分析含方位词"上""下"的空间汉语四字格成语。徐盛桓(2021)研究对偶性与转喻的理解和表达。

2.4.4 图式构式理论的发展与研究现状

伴随着构式语法研究热点的形成,关于图式构式的研究也逐年增长。近年的研究热点有以下几方面:图式构式历时扩展;主观极量图式构式;频率对图式构式的构建作用。作为历时构式语法研究的重点,图式构式历时扩展近年来逐渐成为学界研究的一个热点。彭睿(2019:1)认为:"长期以来,学界对图式性构式及其历时演变特征和规律的认识是粗浅而模糊的。这个问题在早期历时构式语法研究中体现得十分明显。究其原因,主要是人们对图式性构式历时演变规律认识不够深入。"他重点讨论了图式性构式的历时演变的第二个阶段(称为"图式性构式历时扩展")有关的理论研究。吉益民(2016)研究发现,图式构式已经成为现代汉语表达主观极量的一种重要手段,并对具有主观极量表达特点的图式构式的建构机制、语义表达和语用功能进行了深入探索。其创新性在于以"主观极量"统称研究对象,并从主观性角度探寻构式语义。

构式语法发展至今,虽然流派众多,但都采用基于使用的语言模型。近年来,汉语学界逐渐重视频率对于汉语的影响。但是,对于频率在多大程度上对语言产生影响还存在一定争议。基于此,杨黎黎、汪国胜(2018)分析了意义相关但语境依赖度不同、固化程度也不同的三个图式构式,考察构式频率和其他因素的互动。强调频率对构式的影响表现在构式对语境的依赖度不同,固化程度也不同;构式内部结构的组合性也有差异。

此外,图式构式研究中,对个别图式构式的英汉对比研究也是构式研究的重点。以下列出四种构式对比研究:存在构式,双及物构式,致使移动构式和被动构式。汉语存在(现)句从20世纪50年代以来逐渐受到国内语言学者的关注,各方面的研究取得了丰硕的研究成果。田臻(2009)从汉语静态存在句中动作动词的出现及其语义偏离现象入手,认为该构式对动词有三个语义选择条件,从而为动作动词与该构式的"语义相容性"提供解释。同时,还分析了汉语动作存在动词的语义限制在英语中的适用性,发现汉语的上述限制条件在英语表达中也同样适用。此外,王勇、周迎芳(2012)对汉语"有"字句也进行了深入探索,通过历时上的梳理以及跨方言和跨语言的检视,基于原型意义的扩展模式,考察和论证"有"字不同意义和用法之间的必然联系。作者认为,循着相似的研究思路,我们可以解释更多类似的一词多义现象背后的规律。

双及物构式是一种普遍存在的构式,语言研究者对它的探究热情经久不衰,他们从句法、语义或语用等不同层面展开了研究,取得了丰硕成果。张文(2015)则从历时角度,展示了汉语各个历史时期双及物构式可选句式情况,探讨了汉语给予类双及物构式句式选择的制约因素。从类型学角度探究双及物构式的并不多,基于此,成祖堰、刘文红(2016))运用跨语言比较的类型学分析方法考察英汉双及物构式,通过大量的语料数据从两个层面(语义、形式)的四个维度(生命度、指称、构式义方向、语序)对英汉双及物构式的类型特征进行考察发现,英汉双及物构式在这四个维度上存在等级序列。

英汉致使移动构式对比的相关研究从多个角度入手。潘艳艳、张辉(2005)则以英语致使移动句式为主线,对英汉两种语言中致使移动句式的语义、句法、动词配价等方面进行对比分析,对比两者的异同点及其认知根源。他们指出,正是由于英汉分属于不同的语系、不同的文化背景,有不同的语法和词汇系统,所以在表达致使意义时,必然有各自在语法和词汇上的特征。陈俊芳(2009)采用Kay 和 Fillmore(1999)的单层构式语法方法、采用最小递归语义(MRS)的表达形式,对英汉的典型致使移动构式进行认知对比,研究发现,英语民族对于致使移动事件的认知是单事件认知,而汉语民族对于致使移动事件的认知是双事件认知。张建理、骆蓉(2014)从二语习得角度展开研究,发现英语倾向于使用分析性较小、压制力较大的构式,而汉语则正好相反。实证调查显示中国学生容易受到汉语的负迁移而滥用分析性较大的英语构式。作者强调这一对比发现,对外语教学的事件意义,希望对如何引导学生了解英汉差异及其负迁移教学有所促进。

纵观被动句式的已有研究,学者们主要从句法结构、概念结构及类型划分等方面对英汉被动句进行过一些描述和阐释。如王炳炎(1999)从汉语的特殊句式出发,应用 GB 理论,考察英汉被动结构的差异,对英汉被动结构进行了对比研究。后来,刘芬(2012)对原型被动句到非原型被动句的演变过程进行研究,发现非原型被动句在句法或语义上偏离了原型被动句,主要表现为其句法成分主语和谓语动词的非范畴化。而近些年,随着网络流行语的出现,新型"被+X"构式引起了人们的广泛关注,刘倩(2014)、袁红梅、梁婧玉(2016)、季小民、陈新仁

(2017)、王雅刚(2019)均对此作了深入探索。

除了以上关于图式构式的研究之外,关于句法构式的个案研究也大量存在。如对"不要太X""比X还X""N中的N""有多X就有多Y""连A也/都B""'把'字句""NP+(状)+V起来+AP""P+V起来+VP$_2$"等构式的研究。这类研究大大地丰富了汉语图式构式的研究。

2.4.5 量子非定域性的研究现状

将量子的非定域性特征用于语言研究的目前并不多,但量子力学对于揭示大脑机能和身体体验起到了重要作用。徐盛桓、华鸿燕(2020)用量子理论的非定域性来阐释会话式含义的特点,并在此基础上分析了直陈式含义和会话式含义的异同。尽管会话式含义和直陈式含义都是蕴含的产物,但是会话式含义发生在问答结构 Question A-Answer B 中,是会话双方共同建构的,体现了问与答的不连续性。究其实质,会话式含义是话语主体头脑里量子纠缠的结果。李文竞(2020)以量子力学中叠加和坍塌原理为基础,证明当事件回指中先行语和回指语所在表达式均为事件的语言表达式时后者对确定前者具有可供性。可供性的基本原理是读者意向性干预之前回指语所在事件表达式的各种特征处于叠加状态,读者意向性干预之后叠加的各种特征坍塌为一种特征,该特征帮助读者获得确定先行语。徐盛桓、王艳滨(2021)运用量子思维考察语言表达中的不连续现象,包括词句内表达的不连续和语篇内表达的不连续。意识和语言运用都要以大脑量子活动为其一项生理基础,并受其约束,所以可以用量子力学理论研究意识-语言运用。将量子力学的理论具体化为一种思想认识来研究语言,我们称之为运用"量子思维"。用量子思维对语言运用中的不连续现象进行考察发现,语言表达的不连续是大脑里的量子纠缠的一种表现,可以体现为大脑量子活动与语言运用的镜像效应。基于上述研究,本研究运用量子的非定域性特征和量子坍缩原理,揭示动量词形成和组配的生理机制运作。

2.5 小结:以往研究之不足

诚然,以上这些研究深化了我们对动量词本体的认识,并体现了各个流派的研究方法,为后续研究的开展提供了借鉴。但对于动量词的研究,尚存在以下问题或不足。

第一,整体研究和理论建构较为薄弱。已有研究对动量本体的某些局部问题描写得非常细致,有个别研究涉及动词和动量词语义关系的全面考察,但侧重点在于对动量词本身的语义研究,而缺乏对语言背后的认知理据的探索,更缺少理论框架的构建,无法达成对整个动量构式的统一描写和解释。各个流派的不同学者带着不同的理论取向,并把各自的理论应用于动量研究中,缺憾是结论缺乏一致性,往往造成句法、语义脱离,顾此失彼。总的来说,不同流派的理论观点各自都有一定的解释力和合理性,但关键不在于持有何种理论立场,而在于动量构式的研究在局部研究比较充分的情况下,应该从整体认识,并且也呼唤一种可以解释其背后的认知方式的理论。而构式语法通过形义(功)配对的方式来探究句法与语义的接口问题,力求对语言各个层面作出统一解释,为动量词的研究提供了适时的新路径。

第二,研究方法滞后。现有研究多以"个案剖析式、定性描写式"为主,缺乏对动量构式基于封闭语料的全面分析。近年来,受语料库语言学的影响,虽有一些基于语料库的研究(如周娟 2007,张媛 2012),但也缺乏分别基于单音节和双音节动词,从词典和语料库两个方面入手,对动量语料较大规模的搜索与整理分析;同时缺乏基于语料对单双音节和动量词组配的差异作出合理解释的研究。

第三,对动量词的界定不一致,对其与动词的组合表述不统一。例如:

(1) 到目前为止,学界对动量词的研究范围与界定标准存在多种说法,无法统一,这可用原型范畴理论作出合理解释,动量词只存在典型与非典型之分,动量词的内部小类之间是一种延展关系,是一个语义上的连续统。

(2) 对动量词所组成的各种结构说法不一。如吕叔湘(1999)、朱德熙(1982)称其为数量结构;李宇明(2000)分别将动量词与数词"一"组合后在状位和补位的结构称为"一量 VP"和"VP 一量"句式;刘街生、蔡闻哲(2004)称作"V+数+N"格式;郑桦(2005)称其为"数量+动"形式;甘智林(2008)称其为"V+数词+动量词"格式。因此需要基于汉语的语言事实,用"构式"统一指称,避免术语混乱。

据此,本研究以 Lakoff 和 Johnson 的体验哲学和认知语言学中的"现实—认知—语言"原则为指导,以 Langacker(1987)认知(构式)语法为基础,基于事件域认知模型、转喻机制,建构了新的理论框架 ECM 的自主-依存模型,并结合量子的非定域性原则,拟解决如下三个问题。

第一,在事件自主-依存模型中,动量构式的动词和动量词的语义分布呈现什么样态?

第二,动量图式构式的类型分布和句位依存的特征是什么?

第三,动量词形成的认知机制和心智基础是什么?

第三章 理论分析基础

本章主要介绍研究涉及的相关认知语言学和心智哲学的理论,其中自主-依存理论和事件域认知模型用于分析动词和动量词的组配关系;转喻理论用于探讨动量词的成因;图式构式理论用于分析动量构式的三种类型;量子的非定域性为解释动量词形成的心智选择提供了生理基础。下面将分节详述。

3.1 Langacker 的自主-依存关系理论

3.1.1 背景概述

构式语法是在批驳转换生成语法基本观点之中逐渐形成的新兴语言学流派。构式语法学家认为,构式是不可分割的形义或形功配对体,是语言的基本组织方式。该流派力主从完形心理学(Gestalt Psychology)和整体主义(Holism)的角度来解释语言,通过形义(功)配对的方式来探究句法与语义的接口问题,力求对语言各个层面作出统一解释。

认知语法是构式语法大家族中的一个重要分支。主要代表人物 Langacker(2008:161)认为一个音义配对体就是一个"象征单位",可记作:$[[S]/[P]]_\Sigma$,其中 Σ 表示象征单位,S 表示语义单位,P 表示音位单位。两个或两个以上的象征单位即可整合为一个"构式",可记作:$[\Sigma_1] + [\Sigma_2] = [\Sigma_3]$。认知语法的主要任务是论述如何整合象征单位或构式形成更高一级的语言表达。Langacker 重点论述了象征单位如何整合成较大或更大构式的方法和途径。

Langacker(1987)认为以下四个要素至关重要。

第一,对应(correspondence)。一个组构成分中的次结构与另一成分中的次结构具有"共享次结构",两者就具有了对应关系。一个构式成分之间的配价关系就是通过组构成分次结构之间的同一或对应关系实现的。

第二,侧显定位(profile determinacy)。指要素成分中某一侧显部分在组配时所具有决定整个复合构式的性质和明示其语义的作用,这一要素成分就叫"侧显定位因子"(Profile Determinant)。

第三,自主与依存(autonomy and dependence)。"自主结构"是指那些不预设其他结构、本身语义相对完整、具有相对独立性的结构,而"依存结构"则预设着其他结构的存在。

第四,序列(constituency)。要素成分逐次结合以能形成精细化复合构式的顺序。

Langacker 提出的象征单位或构式如何整合成较大或更大构式的方法和途径,为考察语言结构背后的组构方式提供了新思路。

3.1.2 详述位

Langacker(1987:304)在论述自主-依存关系时,提出了"elaboration"[①],他把自主-依存关系中在依存成分中所包含的图式性突显的次结构称为"elaboration site",即"详述位""精细化空位"或"阐释位",可简称为"e-site"。它具有较高的图式性,需要由若干对应的具体词语填入,事实上"精细化关系"也是一种"图式-例示关系"。Langacker 提出的"详述位"这一术语,主要是为了阐述象征单位之间的联结,语法配价的内在整合关系。例如在动量构式"V+num+一辈子"中,"一辈子"所包含的图式性突显次结构提供了一个"e-site",构成了与"一辈子"组配的抽象动量图式,可由若干对应的具体词语填入,如"爱、打、恨、糊涂、幸福、工作"等,可从中选取一个填入,对其进行精细化描写,运作过程见图 3.1。

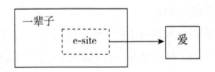

图 3.1 "一辈子"的详述位图式

3.1.3 何为"自主-依存"关系?

自主-依存关系本来是一对哲学范畴,用来指有联系的甲、乙两事物之间的一种不对称关系,自主结构 A 决定着依存结构 D 的形成和运作,依存结构 D 需要依附于自主结构 A 才能够存在。

---

① 王寅(2011)将其译为"精细化描写、精细化关系或精细化解释"。牛保义(2011)译为"阐释"。

3.1.3.1 Langacker 的自主-依存关系推导过程

Langacker(1987)提出的自主-依存关系理论主要强调了自主与依存结构之间的不对称性,其推导过程为:假设有两个语义成分 X 和 Y,如何决定 X 在概念上依存于 Y,首先假定 X 的语义次结构为 Xe,它对应着 Y 的侧显。X 对 Y 的依存度($D_{x\rightarrow y}$)实际和下面两个因素相关:

(1) 在 X 内的 Xe 的突显;
(2) Y 在多大程度上对 Xe 进行了精细化描写。

反之,推导 Y 在概念上是否依存于 X($D_{y\rightarrow x}$),首先需要识别出在 Y 内的语义次结构 Ye,它对应着 X 的侧显;决定 Ye 的突显;评估在多大程度上 X 对 Ye 进行了精细化描写。最后关键在于对比 $D_{x\rightarrow y}$ 和 $D_{y\rightarrow x}$ 的依存度大小,如果 $D_{x\rightarrow y}$ 大于 $D_{y\rightarrow x}$,那么 X 被认作是空位关系中的概念依存成分,而 Y 是概念自主成分。但是,很明显地把 Y 叫作概念自主成分,绝不会终止其在一定程度上对 X 的依存。因此,自主-依存是相对而言的。

为了更好地理解自主-依存的判定过程,我们以[UNDER]和[THE-TABLE]的空位关系为例详述。首先,考虑在[UNDER]内的次结构,它对应着[THE-TABLE]的侧显;此处次结构是[UNDER]的界标,因为射体-界标的关系而得到侧显。其次,该界标高度图式化,它在很大程度上由比它具体得多的语义[THE-TABLE]详述。基于这两点,[UNDER]明显依存于[THE-TABLE]。

[THE-TABLE]蕴含一个对应着[UNDER]侧显的次结构吗?基于我们对[THE-TABLE]语义结构的百科解释,当然存在着对应关系。桌子和其他物体存在着这种位置关系,因此,在桌子的概念中,这种图式性的位置关系可以被认为是相关的次结构。但这种位置关系没有侧显,因为定义桌子时,它不是必要元素。正是因为这种低突显度,[THE-TABLE]对[UNDER]的依存度小于[UNDER]对[THE-TABLE]的依存度。从平衡角度看,我们认定[THE-TABLE]是概念自主成分,而[UNDER]是概念依存成分。而[UNDER-THE-TABLE]在[FOOTBALL-UNDER-THE-TABLE]的空位关系中是依存成分,[FOOTBALL](详述了[UNDER]关系中的射体)是自主成分。从这两个例子我们可以看出,依存的方向性和侧显决定因子的选择是两个独立的参变量,在[UNDER-THE-TABLE]和[FOOTBALL-UNDER-THE-TABLE]中,相对于名词性述义,关系述义在概念上是依存成分,但是侧显决定因子都在前面。

3.1.3.2 自主-依存关系运作过程

Langacker(1987:300)发展了传统配价理论,并提出了"AD 联结",以其来解释象征单位如何整合成较大或更大构式。"A 结构"是指那些不预设其他结构、本身语义相对完整、具有相对独立性的结构,如元音相对于辅音来说是自主的,名词相对于动词来说也是较为自主的。而"D结构"则预设着其他结构的存在,本身语义相对不完整,一般要依附于其他结构才能存在,如辅音需要依附于元音,动词往往预设了动作的施事和受事,形容词预设某一名词成分的存在,副词附着在动词之上。自主和依存是相对的,有层级性的。例如"The little girl was playing the piano in her room"一句,在第一层级"The little girl was playing the piano"中,play 是依存成分,这一动词提供了两个详述位:施事和受事,由 the little girl 和 the piano 对其作精细化描写;在第二层级"was playing"中,was 和 -ing 是依存于 play 的成分,它们表示过去进行体;在第三层级"主分句"与"in her room"中,in her room 提供了一个详述位,在她的房间里做什么,由主分句填入;在第四层级"the little girl""the piano"和"in her room"中,the 和 in 都不能独立存在,它们都提供了一个详述位,分别由三个名词对其作精细化描写;在第五层级 little girl 和 her room 中,little 和 her 提供了一个详述位,由两个名词分别填入。

自主–依存关系的层级运作思路可参考图 3.2。

第一层级:

第二层级:

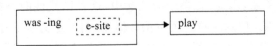

第三层级:

第四层级:

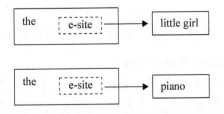

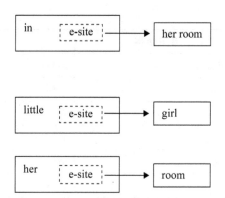

第五层级

图 3.2 自主-依存关系层级运作图

3.1.3.3 自主-依存关系的解释力

在将象征单位或构式整合成较大或更大构式的过程中,自主-依存关系发挥着十分重要的作用,它适用于语言分析的各个层面。王寅(2011:175)列表对比说明"自主和依存结构"的主要特征,并分析这两种结构在语言各层面的表现。

表 3.1 自主-依存关系的特征及其解释力

	自主结构	依存结构
特征 1	自主性:可独立存在	依附性:不能独立存在,预设含其他要素
特征 2	较为具体的实体	较为抽象的关系和过程
特征 3	意义相对稳定	不很稳定
特征 4	对依存结构作出精细化解释	其所含详述位须由自主结构填入
1. 音位层面	元音	辅音
2. 词汇层面	实体性名词①	介词、动词、副词、形容词
3. 词组层面	某一成分相对自主	另一(些)成分相对依存
介词短语	名词	介词
限定词+名词	名词	"a""the"等限定词

---

① 具有三维空间的实体性名词自主性较高,而表示关系类的名词则要预设含有其他成分,如表示亲属关系的名词,如"父亲、妻子"等,则预设了对应的次结构的存在,如"儿女、丈夫"等。

续表

	自主结构	依存结构
形名短语	名词	形容词
动名短语	名词	动词
动副短语	动词	副词
动介短语	动词	介词短语
4.分句层面	主语	谓语
	宾语	谓语
	中心语	定语等修饰语
	谓语	状语
5.句子层面	主句	从句
6.语篇层面	主题句、论点	支撑句、论据

王寅(2011:176)进一步说明:"上页图表所列特征是将自主结构和依存结构做了简单对比,若就两者之间的联结关系而言,它们还具有层次上的套叠性、功能上的不对称性、要素上的对应性、联结上的灵活性、运作上的原型性和调变性、语义上的整合性等特征。"从表 3.1 可见,自主-依存关系从"音位"到"语篇"遍及语言的各个层面,又为我们提供了一个能"对语言作统一解释"的有效分析途径。原型构式的组配机制为:表示关系性的依存结构与表示事体性的自主结构相联结。但也有一些非原型组配方式,动量构式就属于其中之一。那么,在动量构式中动词和动量词是怎样组配在一起的呢?下面,我们从 Langacker(1987)自主-依存关系推导过程入手,试图发现动词和动量词之间的组配关系。

依据这一分析判定动词和动量词的自主-依存关系,以"看一下"为例。首先,考虑动量词"一下"的次结构,它对应着"看"的侧显。其次,考虑结构是"一下"的例示,因为图式-例示的关系而得到侧显;此外,该图式高度抽象化,它在很大程度上由比它具体得多的语义"看"详述。基于这两点,"一下"明显依存于"看"。我们也可反向评估"看"对"一下"的可能依存性,"看"蕴含一个对应着"一下"侧显的次结构吗?基于我们对"看"语义结构的百科解释,当然存在着对应关系。但"看"本质上预设了"谁看""看什么",它蕴含了两个高度侧显的"详述位"做论元,其中一个为"施事角色",另一个为"受事角色"。但动词还会有一些其他特征,比如动作结果、计量、趋向等。因此,在"看"的概念中,这种图式性的计量关系可以被认为是相关的次结构。但这种位置关系没有侧显,因为定义"看"时,它不是必要元素。正是因为这种低突显度,"看"对"一下"的依存度小于"一下"对"看"的依存度。于是,可以判定"看"是概念自主成分,而"一下"是概念依存成分。

3.2 事件域认知模型

"事件域认知模型"是王寅(2005)针对 Langacker(1991,2002)、Talmy(1985,1988)、Lakoff(1987)、Panther 和 Thornberg(1999)等学者理论模型之不足提出的。ECM 的基本思路可见图3.3。

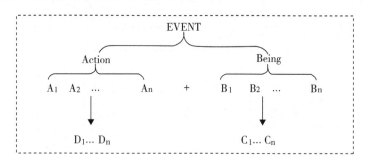

图 3.3 ECM 认知模型

人们是以"事件域"为单位来体验和认识世界的,并将其作为知识块储存于大脑之中,这完全符合人们的一般认知规律。人们在对许多具体事件体验和认识的基础上逐步概括出事件的抽象概念结构,并基于此逐步形成了语言中的种种表达。一个基本事件域 EVENT(简称 E)主要包括两大核心要素:行为(Action)和事体(Being)。一个行为,包括动态性行为和静态性行为(如存在、处于、判断等),是由很多具体的子行为或子动作(如图中的 $A_1, A_2 … A_n$)构成的。一个事体是由很多个体(如图中的 $B_1, B_2 … B_n$)构成的,事体可包括人、事物、工具等实体,也可包括抽象或虚拟的概念(儿童是在对具体事体认识的基础上逐步掌握抽象和虚拟的概念)。一个动作或一个事体又可分别带有很多典型的特征性或分类性信息 D 或 C。这样,一个事件域就可能包括若干要素,而不仅仅是施事者、受事者、作用力、场景等要素,而且这些要素之间还存在层级性关系。如:

在第一层级上,一个事件主要包括动作要素和事体要素;
在第二层级上,这两个要素又包括很多子要素;
在第三层级上,各子要素又各自包括很多具体信息,如特征和分类等。
我们也可借用认知语言学中常用术语"域"(domain)来表示由多要素和多层

级构成的包括一定范围的事件,强调了事件内部的层级性和复杂性(王寅 2005:18)。而 ECM 框定了一个动作的大致范围,对于动量构式而言,是对某一动作域内的动作进行计量,相当于图 3.3 中的 $D_1 \ldots D_n$ 中的一个特征。王寅提出的 ECM 有层次性,完全适用于研究汉语动量构式内部各成分之间的语义关系。

可依据 ECM 分析:我请他们到家里美美地吃了一顿猪肉炖粉条。

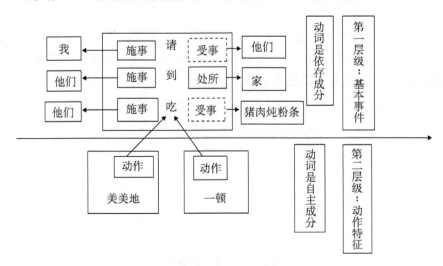

图 3.4 事件域模型中的动词自主-依存转换

图 3.4 表明事件域认知模型厘清了自主-依存关系中动词、动量词及动作对象的语义关系,为自主-依存关系的建构提供了语境背景。在 ECM 事件域模型中,我们发现,事实上,action 一般表示一种关系,大多应为依存成分,而 being 一般是人或物等实体,多为自主关系。因为动词更多地预示了动作的施事和受事,一般应该是自主-依存关系中的依存成分。在句子"我请他们到家里美美地吃了一顿猪肉炖粉条"中,有三个动词"请、到、吃",这三个动词均预示着动作的施事和受事。"请"的语义详述位分别是"谁请"和"请谁";"到"的语义详述位分别是"谁到"和"到哪";"吃"的语义详述位分别是"谁吃"和"吃什么"。而对上述动词的语义详述位进行精细化描写的名词或代词"我""他们""家里""猪肉炖粉条"相对独立,并不预示着其他成分的存在。在这一层级上,动词是依存成分,预示着施事和受事的存在。而另外两个成分"美美地"和"一顿",是动作"吃"的子特征,"美美地"预示着做什么美美地,而"一顿"预示着动词的存在,"地"和"顿"都是修饰动词的标志。在这一层级上,"美美地"和"一顿"是依存成分,预示着动词的存在。因此,要辩证、相对地看待自主-依存关系,在事件域认知模型中,第一

层级的动作和事体中,动作是依存关系,在第二层级的具体特征方面,对动作进行修饰的特征类词汇是依存成分。

3.3 转喻理论

在动量构式中,探讨借用动量词的形成机制。笔者首先介绍"转喻参照点"选择机制,详细阐释了"转喻与突显""转喻与 ECM"的关系;然后论述动量词的形成与"转喻参照点"选择的密切关系。我们发现,在同一 ECM 中动作过程的突显对象最易成为"动量转喻参照点",本研究还考察了在 ECM 中可做"转喻参照点"的要素、分析其可作为动量标记的原因。根据借用动量词的参照点差异分类,本研究拟将它们分为六种类型:

(1) 因果类转喻,如:跳、滚等;
(2) 伴随类转喻,如:圈、声等;
(3) 器官类转喻,如:眼、脚等;
(4) 工具类转喻,如:针、刀等;
(5) 时间类转喻,如:辈子、年等;
(6) 拷贝类转喻,如:淘一淘、看一看等。

如何计量动作的"量",这与对 ECM 动态事件过程的认识密切相关。对于在时间轴上发生的整个动作事件人们不可能面面俱到,只能根据表达需要,选取在这一过程中最突显的部分,作为动量标记表计量。本章从同一 ECM 的"转喻参照点"选择问题出发,论述动量词形成的转喻运作机制,并细致分析动量词形成的转喻类型,佐以翔实数据。

3.3.1 转喻的参照点选择

Kövecses 和 Radden(1998:39)把"转喻"定义为"在同一认知域或 ICM 中,一个实体概念,作为喻体①(vehicle),提供到达另一实体概念(即目标)的心智路径的认知运作过程"。这个定义强调两点:

(1) 转喻是在同一个域中运作;
(2) 它是通过"激活"和"指称"的方式实现其"通达"另一概念的功能。

3.3.1.1 转喻与 ECM

Kövecses 和 Radden(1998:39)明确指出,转喻须在"同一域"中运作,本节将

---

① 王寅(2001)将 vehicle 译为"喻体",本书采用了这一译法。

围绕这点展开详述。王寅(2005)提出的"事件域认知模型(ECM)",则可作为分析转喻认知的基础,即转喻需在同一 ECM 中运作,ECM 中的 action 和 being 及其下面的子特征,都可能成为激活另一相关事物或概念的参照点。如:

① 第36分钟,伊朗队10号阿里·迪艾在禁区线上正对沙特大门,劲射一脚,球飞入网中。

例①的 ECM 分析图如下:

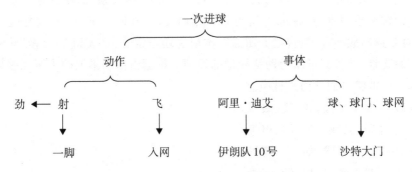

图 3.5 "进球"事件 ECM 图解

例①描述的是"一次进球"过程,通过 ECM 识解,我们首先区分出处于第一层级的相关进球动作和相关事体,而动作下面又包括两个子要素"射"和"飞",事体下面包括施事"阿里·迪艾",受事"球",与两个相关事体"球门"和"球网"。各子要素又各自包括很多具体信息。如:"射"前有状语"劲","射"后有动量补语"一脚";"飞"后面有动趋补语"入网";整个事件还有"时间""地点""方位"等状语。人名"阿里·迪艾"前有同位成分,"门"前有定指成分。整个运作过程中的各个点,都可能作为突显因子而选作参照点,激活整个事件。其中的动量构式"踢一脚",用名词性成分"一脚"来指代整个动作:抬起脚,用穿着球鞋的脚的某一个部位接触球的某一点,向球门的方向,用力将球踢起……如果把这个动作的每一个细节都交代清楚,语言就会变得无比烦琐,整个语言系统也因不堪重负而崩溃。因此,转喻对于事件的计量描述必不可少。

3.3.1.2 转喻参照点与突显

一个合适的转喻表达能很自然地激活我们要表达的另一个实体概念,确保直达目标。而"转喻参照点"的选择和另一概念——"突显"密切相关。我们自然倾向于选择那些对我们具有最大认知突显度的实体。

突显是知觉心理学的一个基本概念,突显的事物更容易吸引人的注意,更容易识别、处理和记忆。有关认知显著度的问题,Langacker(1999:199-200)认

为,如果不考虑其他因素,认知突显的原则通常是:

生命体＞非生命体　整体＞部分　具体＞抽象　可见的＞不可见的

沈家煊(1999:7)认为:"事物显著度的差异有一些基本规律,例如,一般情形下,整体比部分显著(因为大比小显著),容器比内容显著(因为可见的比不可见的显著),有生命的比无生命的显著(因为能动的比不能动的显著),近的比远的显著,具体的比抽象的显著。"

Ungerer 和 Schmid(1996:116)列举了一些典型常见的相邻或相近关系。如:

(1) +PART FOR WHOLE + (all hands on deck)
(2) +WHOLE FOR PART + (to fill up the car)
(3) +CONTAINER FOR CONTENT + (I'll have a glass)
(4) +MATERIAL FOR OBJECT + (a glass, an iron)
(5) +PRODUCER FOR PRODUCT + (have a löwenbräu, buy a Ford)
(6) +PLACE FOR INSTITUTION + (talks between Washington and Moscow)
(7) +PLACE FOR EVENT + (Watergate changed our politics)
(8) +CONTROLLED FOR CONTROLLER + (the buses are on strike)
(9) +CAUSE FOR EFFECT + (his native tongue is German)

3.3.2 动量"转喻参照点"的选择

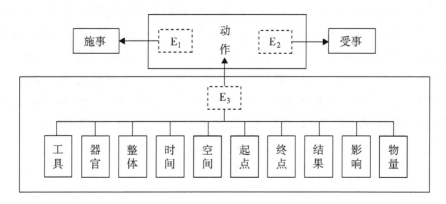

图 3.6　动量"转喻参照点"的选择类型

在同一个 ECM 中,可作为"动量转喻参照点"的概念实体必须在动作过程中具有突显性。笔者拟从以下几个方面加以论述:

(1)动作的"结果"和"影响"通常是动态的,在 ECM 中也很突显,可做动量

参照点;

(2)伴随动作的发生,有时会具有强烈而新鲜的动态结果,因此在动作过程中十分突显,可以作为动量标记;

(3)人们需利用人体器官实施某一动作,一个动作往往涉及相应器官的一个运动过程,人体器官在动作过程中十分突显,并与动作关系紧密,可作为动量标记;

(4)工具因其"可视""可动""强伴随性",可作为动量参照点;

(5)"时间"作为动量的背景,与动作相伴始终,是计量动作的自然标记;

(6)"起讫点"是动作单位得以成为离散单位的前提,可计量的重要因素,可做动量标记,尤其是终止点。

事实上,突显根据语境和交际需求也在不断变化,而动量词的形成涉及动作过程中的很多因素,我们把现有动量词分为六种转喻类型。

3.4 图式构式理论

图式构式理论在认知语言学中相关的研究很多,有关图式的理论和定义也很多,本章主要介绍其核心思想。

3.4.1 图式与例示关系

语义较为具体的词"marinate"(腌制),只能在有限的范围内使用。而语义较为宽泛的词"do",可以在更多的场合使用。图式-例示关系,经常表现为上下义关系,例如动物和狗、猫、牛、马等,动物是一个图式性概念,它具有下属概念的某种共同特征。在自主-依存联结中的详述位也是一种图式构式,如动量词"一眼"提供了一个动词详述位,这个图式就需要满足和"眼"有关的动词来填充,是例示动词的共同特征,同时,这些例示之间由于这一共同特征而具有相似性。

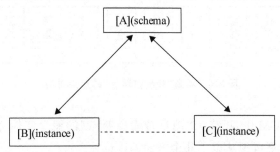

图 3.7　图式和例示关系表征图(Taylor 2002:125)

图 3.7 表明 A 是 B 和 C 的图式,B 和 C 是 A 的例示或对其进行详细化描述。例示符合图式的某种要求,但以更加详尽的方式充实图式。图式抽象出例示的共同特征。例示之间因相似而联系起来,图式 A 概述例示相似的方式。实线表明图式 A 和例示 BC 之间是图式-例示关系。虚线表示例示间的相似关系。

3.4.2 什么是图式构式

抽象这些表达式的共性,我们得到图式构式。图式构式是一个用来概括和抽象一些语法构式的音位或/和语义内在结构特征的图式。图式构式是一个复杂的象征结构。严辰松(2006)在借鉴西方构式语法理论的基础上对汉语构式单位及其类型进行了较为系统的分析和阐述,认为语言中各种规约化的"形式-意义/功能"结合体都是构式,构式存在于语言的各个层面上,包括语素、词(专指单纯词)、复合词、全固定习语、半固定习语、句型等。其中的语素、单纯词、复合词、全固定习语由于组成成分固定,不可替代,可称之为实体构式,而半固定习语、句型等由于组成成分可以替代,可称之为图式构式。

3.4.3 图式构式与动量构式

动量构式的图式指的是以动量词为分类标准,在动量构式中动词的图式化程度,即根据其语义的确定性程度,决定动词的准入范围。其实是在自主-依存连接基础上,对自主成分自主程度和依存程度的再考量。图式构式分为三种:全图式构式、半图式构式和零图式构式。

3.5 量子的非定域性特征

要想弄清楚量子的非定域性,我们要从定域性说起,接下来分别说明定域性和非定域性。首先,有关定域性的起源,量子力学研究的前驱爱因斯坦、波多尔斯基和罗森(Einstein-Podolsky-Rosen)三人于 1935 年合作发表论文;后来量子力学界常用他们三人姓氏的首字母 EPR 称呼他们这一临时组合以及他们的这个研究。他们最早给出了在研究中发现的经典力学所遵循的一条基本原则,他们将此定名为"定域性假设"。定域性假设表达如下:"由于在测量时两个体系不再相互作用,因而,对第一个体系所能作的无论什么事,其结果都不会使第二个体系发生任何实在的变化。这当然只不过是两个体系之间不存在相互作用这个意义的一种表述而已。"(吴国林 2006:90)后来量子力学所运用的非定域原则,就是对这一定域性假设的否定形式。

EPR 关于"定域性"的含义是从相互作用角度来认识的,这也是物理学界的一种共识。张永德(2006)等认为,一个相互作用物理过程,如果它的进行赖于时空变数并且只和当时当地的时空变数(至多包含无限小邻域)有关,就称它为定域的物理过程。定域性的英文是 locality,《牛津高阶英汉双解词典》(第7版)(2012:1187)解释为:"the area that surrounds the place you are in or are talking about(围绕所处或提及的地区,即指某一特定的地区)。"这与位置的可分隔性相联系。非定域性的英文是 nonlocality,由前缀 non 与 locality 构成,non 表示"非""不""无"的含义。non 区别出不属于主干所示类型的事物。从词义来看,非定域性表示与定域性的"非""不""无"这样一种性质,也就是说,"非定域性"应作"定域性"的"否定性"理解。非定域性表示没有"定域性"那样一种性质。

从理论角度来说,由玻色子运动所引起的细胞内量子信息转换的全局性系统是实现大脑动态的非定域性对称性的关键。没有量子场论的长距信息转换,大脑也就无法长时间保持导致意识出现的对称性的动态机制。不仅如此,吉布和雅苏还认为,具有非定域性的长距量子信息转换并不局限在人脑中,它还遍布于我们身体的各个生物器官内,实现着人的全身信息的流通。一旦细胞内的量子信息转换受阻,信息无法在身体内顺利互动,我们就失去了意识,这或许也就很好地解释了麻醉的作用。GHZ 定理、哈代定理和加比洛定理都得到了实验的支持,它们从等式的角度揭示了经典定域性与量子理论之间的不相容性,是对贝尔定理的重要推进,它们阐明,量子系统存在量子非定域性。我们称这种非定域性为贝尔非定域性。张永德(2006:117)还称之为关联非定域性或纠缠非定域性。90 年代之后,量子信息论利用贝尔非定域性进行量子信息的处理与传递,其中量子隐形传态、量子纠缠交换、开放目的隐形传态等关键实验取得了成功。Bennett 和 DiVincenzo(2000)在《自然》杂志上评述道,量子信息理论已开始将量子力学与经典信息结合起来,成为一门独立的学科,这意味着量子非定域性得到了现实的应用。

原初意识和反思意识形成的物质基础是量子的非定域性向语言表达的定域性转换的过程。利我的意向性可看作是量子从定域到非定域的过程。意向性表明,"意识和对象之间的关系是'构造'的过程,意向性不是消极地接受某物的印象,而是积极能动地将这些印象综合为一种统一的经验,从而'构造'对象"(《辞海》,5770)。"我"的意识就是"我"的所见所想,所谓"我"的烙印,就是"我"对于外界事物如何看、如何想,正是这个"如何"带有"我"的特点,使某一语言表达式的形成凝固了当时、当地、当事人的此刻意识。徐盛桓(2012:141)指出:"句子事件依赖性所依赖的'事件',不是指自然界、社会所发生的自在的事件,而是指说话主体的主体感觉所主观建构起来的'事件'。"

传统意识研究方法其自身在解释意识问题上也存在许多困难,它们并不能充分地解释意向性问题、感受性问题以及自由意志问题,甚至,由于它们将意识仅仅看成是脑内的神经元活动的结果,还遭受到延展心灵等理论的挑战,这些都敦促着人们寻求新的角度来重新审视意识问题。与此同时,随着人们对量子力学和意识问题之间关系认识的不断加深,越来越多的量子物理学家都从量子理论的角度来解释人脑内的神经生物活动。(陈向群 2017)Beck 和 Eccles(1992)指出,大脑中的神经传递分子在突触间隙内遵循着量子的不确定性机制。

Stapp(2009)也基于其心理物理角度来对感受性进行了解释,他将感受性质理解为对顶层编码的选择。Stapp 认为,不同的感受性特征信息是注册在大脑内不同神经编码中的,当我们体验不同的感受性时,就是对相应神经编码的启动,因而感受性就是对神经编码的选择行为。陈向群(2017:132)指出:"从本体论角度来说,意识的量子理论回答了意识之所'是'是什么,即意识本质上是量子的活动,具有整体性的特征。"意识怎样从所见所想到如何看、如何想?这里面涉及意识的物质性:量子的特点,即非定域性。我们认为非定域性中蕴涵了"域",定域是定位在某一域,而非定域强调的是不知在哪个域。但我们可以分析出可能存在共域和非共域两个方面。如果共域就是常规表达,如果非共域就是非常规性表达,那么我们就此可以将意识双重结构的几对概念进一步扩展,感知-感受;物理属性-心理属性;本体结构-摹状结构;事件-用例事件,再加上定域性-非定域性,这就可以从意识的本质层面说明上述四种概念得以形成的原因,同时可以解释语言层面的创新。

徐盛桓、陈香兰(2010:333)指出:"说感受质的来源现在仍无法说明,是指如何解释这样的意识活动的物质基础以及是否可以承认它们体现了大脑某种不同于通常辨识事物的特有的功能,这归根到底是身和心的关系的深层次问题。"但通过量子的非定域性特征,我们可以预测,意识活动的物质基础量子力学所证明的量子的非定域性,可以很好地解释意识感受的身心问题,不仅是大脑的作用,更是身体其他器官积极参与的结果。量子的这种特征为人们能快速恢复和失去意识,提供了物质基础。

第四章 "自主成分"动词：与其组配的动量词分布概况

本章以自主-依存连接中的自主成分"动词"为基准，考察与其组配的动量词依存程度的情况及分布。首先，根据"有界"和"无界"理论，确定只有"有界"动词才可以进入该构式与动量词组配。动词的语义特征在动量的体现是动作的"离散性"和时间的"持续性"，动作具有离散性的特征，才可以分离，动作才可以重复进行；而动作在时间上显现"弱持续"才能保证其高频反复。依据动词的"离散"颗粒度大小，离散的颗粒度大，则重复性减弱，"离散"颗粒度小，则重复性增强，对应着动作的"低频"反复和"高频"反复。动作的"离散"颗粒度大小直接和时间的持续长短密切相关，持续时间越长，"离散"颗粒度越大，而持续时间越短，"离散"颗粒度越小。依据动词动量"离散"颗粒度的大小，将动词分为 5 类。本章依次分析了与它们组配的 13 个专用动量词和拷贝动量词的分布情况，并通过语料分析其分布规律。最后，本章分析了部分动词不能进入该构式与动量词组构的原因。

4.1 动量构式中动词的量性特征

动词的量性特征是指对动词所表征的动作的"量"进行计量，包括动作的时间、频次和情状等。李宇明（2000：30）指出："'量'是人们认知世界、把握世界和表述世界的重要范畴。……'量'这种认知范畴投射到语言中，即通过'语言化'形成语言世界的量范畴。"据此，本研究关注认知范畴的语言表征，即语言中的"动量"形式，而动量构式得以存在的首要条件是动词要"有量"，"无量"动词无法进入动量构式。

4.1.1 动词的"有量"与"有界"

语言中的动词"有量"直接对应着认知世界中的"有界"，根据认知语言学的

"现实—认知—语言"的总原则,认知世界的"有界"对应着语言中的"有量",而认知层面的"有界"关系到如何与现实中的"有界"联系。有关"有界""无界"及其与动词的关系,以下学者进行过专门讨论。

Langacker(1987:190)认为"有界"动作和"无界"动作的对立跟"有界"事物和"无界"事物的对立具有平行性,详述如下:

第一,无界动作内部是同质的,有界动作内部是异质的;

第二,无界动作具有伸缩性,有界动作没有伸缩性;

第三,有界动作具有可重复性,无界动作没有可重复性。

而沈家煊(1995:370)认为:"在时间上,动作有'有界'和'无界'之分。有界动作在时间轴上有一个起始点和一个终止点,无界动作则没有起始点和终止点,或只有起始点没有终止点。"这种概念上"有界"和"无界"的对立在语法上的典型反映就是动词有"持续动词"和"非持续动词"之分。沈家煊又对Langacker的"有界动作"与"无界动作"的对立进行了解读。他认为:"1.无界动作的内部是同质的,有界动作的内部是异质的。把'我很想家'在时间上任意分割,取任一部分仍然是'我很想家'。相反,'我跑到学校'这一动作,只有在终止点才算跑到学校,其他时刻只是在跑或开始跑。2.无界动作具有伸缩性,有界动作没有伸缩性。'我很想家'在延续时间上增加或减少一些仍然是'我很想家','我跑到学校'在时间上增加或减少一些就可能不再是'我跑到学校'。3.有界动作具有可重复性,无界动作没有可重复性。我可以跑到学校一次、二次、三次……,n次,'我'很想家一般不能想几次。"

石毓智(2000b:37)则对三个体标记"了""着""过"进行了区分,三者的语法意义见图 4.1:

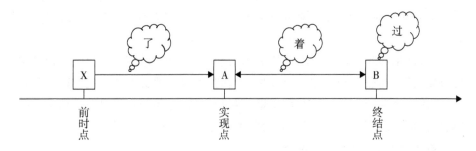

图 4.1 "了""着""过"的点区分图

从图 4.1 可以清楚地看出汉语"体"范畴的整体功能和明确分工。代表汉语"体"范畴的动态助词"了、着、过",一起刻画了一个动作从开始到结束的完整过程。同时,三个助词还有明确的分工:"了"表示动作从无到有的"实现过程","着"表示动作从产生到结束之间的状况,"过"表示动作的结束。

上述三位语言学家 Langacker、沈家煊和石毓智都围绕动词的"量性"与"界性"阐明了自己的观点,我们的研究可据此对动词的"有量"作出判断,"有量"动词的最低要求是"有界"动词。动词的动量语义特征体现在其动态性上,"了、着、过"还有一个共同的语义要求,即所搭配的词语必须具有动态性质。尽管都有这个要求,但是情况很不相同:"了"只要求所搭配的词语所指从"前时点"到自身实现之间有个动态变化过程,至于实现后是否仍是动态,它不作要求;"着"要求词语所指在处于现实状态之中必须是动态的;"过"则要求词语所代表的对象的终结点必须是动态的。

4.1.2 "有界"动词与动量自主-依存结构

陈平(1988)、周娟(2012)等学者从认知语言学的视角出发对动词的"界性特征"进行了研究,本书参考了周娟(2012)的分类,将动词的强式有界形式分为五种类型:

A. 动补结构:动词+完(掉/好……),如:看完;

B. 动词+了,如:看了;

C. 动词+趋向动词(+了),如:跑出去/跑过来(了);

D. 已经+动词(+了/过),如:已经来过了/已经写过了;

E. 动词+数量成分,如:看了半天/看了半小时。

而上述五种"有界"形式,直接在动量中体现的是"形式 E":通过给动词加上时间动量词,实现了动词的"有界"化。而"形式 B"则在动词后加上体标记词"了",这是对动词划界的重要方式,也可以把许多"无界"动词转化为"有界"动词。

具有动量形式的动词要求其所表示的动作在一维时间轴上必须是"离散的""可重复的"。离散的动作才可以计量,体现在语言上就要求动词是"有界"动词。笔者借用三个助词"着""了""过"协助判断动词的"有界"与"无界",孟琮等《汉语动词用法词典》中的全部动词可分为两类:"有界"动词和"无界"动词。

"有界"动词又可以分为两类:

(1)处在 A—B 点(参见图 4.1)之间的是典型"有界"动词,是"有量"动词的主力军,形式上就是可加"了、着、过"的动词;

(2)在 A 点左端和 B 点右端的动词都是"有界"动词的特殊形式,只能加"了"或"过",不能加"着",它们一般没有动量形式,但经过句法或"体"的调控,有些可以表动量。

"无界"动词包括两种：

(1)不具动态性的动词,只表示动作的状态,如"朝、在"等；

(2)不单独做谓语的动词,如"比 4①、变 2"等。

比例统计如表 4.1：

表 4.1　1315 个单音节动词义项的"界性"比例

	有界	无界	合计
数量	1256	59	1315
比例	95.51%	4.49%	100%

动词的语义特征对动量词的选用起到了决定作用,从动词入手分析动量词是动量构式自主-依存模型的根本。本章首先基于动量词考察了动词的语义分布情况,这种考察为本章基于动量词对动词进行的分类做了铺垫。

4.2 基于动词分类的动量分布

动词的动量分类决定其在自主-依存结构中动词的语义详述位,即其次结构的突显特征,从而形成了不同的"动+动量"组构规律。根据动词的"离散性质"和"时段持续"特征,可把动词分为 5 类：

表 4.2　基于动量特征的动词分类

分类	例词	动态	起点	讫点	持续	时限	动量标准
1. 短时高频反复动词	敲、踢	+	+	±	±	+	三或多下
2. 整体累积动词	飞、哭	+	±	±	+	−	一下或一遍
3. 空间往返动词	去、搬	+	+	+	+	+	趟
4. 动作强持续动词	等、熬	+	+	−	++	−	一会儿、半天
5. 瞬间点动词	死、回	+	+	+	−	+	不能用一直或不停

表 4.2 中的动词根据动词的"界性"理论,可以分为：有界同质和有界异质动

---

① "比"此处的意思为"比方；比喻",例：用小猫比老虎。其中数字 4 表示"比"在字典中的第四个义项。其余同理标注。

词,其中1、2、3、5属于异质类,而4属于同质类。

笔者通过对每类动词的动量形式标准、语义特征、语料库统计4类构式的分布情况,来分析每类动量构式的特点。

4.2.1 短时高频反复动词的动量分布

"短时高频反复动词"是可以和"两下、三下、几下"组配并与手脚或头部器官相关的动作动词。其语义具有如下特征:短时高频反复动词具有很强的可反复性,表示的单元动作可以无限反复,动词本身有内在的时间限制,单个动作在时间轴上占据极短的时段,动作之间的间隔也比较明显。但组合动作可以无限延续,动作反复性强,动量大,常和"下""次""遍"等连用。涉及动作过程中的人体器官和工具时,工具或器官角色也可借用为动量词,由于短时高频反复动词与器官动量词的依存度很高,"动词+器官动量词"也具有了"短时快速"的构式义。这类动词可以借助下列动词语义形式特征标准进行判定:+动量、+动态、±持续、+时限、±完成①。例如:

扯 打 闪 弹 探 舔 跳 摸 敲 踢 蹦 拍 拉 卷 掘
砍 挠 抽 喘 剁 拧 扭 切 弯 凿 抓 缩 抽 擦 抹
扇

基于对孟琮等《汉语动词用法词典》归类形成的词典语料统计,共发现78个动词为短时高频反复动词。这些动词与"X下"连用,其中X为数词,表示动作实际发生的频次数,即确切的量,可选用"一、二、三……"等。

下面以动词"舔"为例,分析其在自主-依存结构中,动词语义特征对与其组配的动量词分布情况的作用。

首先,"舔"在词典中与动量词的组配情况,见表4.3。

表4.3 《汉语动词用法词典》中"舔"②的动量分布情况

舔	用舌头接触东西或取东西	~三下儿	~了几次	~了几遍	~了一会儿/~了半天	~了一舌头

表4.3表明"舔"可以与专用动量词"下""次""遍"组配,并且还可以与表时间的动量词"一会儿"和"半天"组配,时间可长可短。另外,"舔"肯定与表示人体器官的"舌头"紧密相连,在动作过程中的突显度较高,因此,"舔"也可与借用器

---

① "+"表示具备这种特征;"-"表示不具备这种特征;"±"表示两种情况均可。其余同理。
② 参见孟琮等《汉语动词用法词典》,370页。

官量词"舌头"组配。

其次,考察"舔"在语料库中的分布情况。以"舔"为关键字,通过对 CCL 语料库的穷尽式搜索,共得到 805 个句子,通过人工去除不是动量的组配,总共得到有效句子 65 个。但笔者同时发现,可视为拷贝动量式"舔一舔"和"舔了一舔"的省略式"舔舔、舔了舔"的句子占了很大比例,共计 138 个,但本书只研究完整的"数词+动量"构式,因此不在研究范围之内。具体详见表 4.4:

表 4.4 与"舔"组配的 13 个专用动量词分布情况

分类	13 个动量词	数量	比例	备注
频次类	次	2	3.08%	
	回	无	无	
数时类	下	40	61.54%	
	把	无	无	
累积类	通	无	无	动词总数: 舔:65 条 舔+专用动量词: 45 条
	气	无	无	
	番	无	无	
	顿	无	无	
整体类	遍	3	4.62%	
	趟	无	无	
	场(cháng)	无	无	
	场(chǎng)	无	无	
	遭	无	无	

表 4.4 表明,在自主-依存结构中,与短时高频反复动词"舔"的依存度最高的动量词为"数时类"动量词"下",总计 40 条,其次为整体类动量词"遍"3 条,而"频次类"动量词"次"2 条,其余专用动量词与"舔"的依存度为零。这与"舔"作为高频反复动词的语义是一致的,也与表 4.3 动量词在词典中的分布一致,强调动作的迅速。但另一频次类动量词"回"具有的"往返义"体现了人从起点到另外某一点再回到起点的动作过程,是占据一定时间的"段"频次。这与"舔"的高频反复语义相矛盾,因此两者依存程度较低,目前的语料库没有发现该种用法。数时动量词"把"正处在转型期,它与"手"的依存度最高,与"嘴"的依存度为零。随着"把"的语义不断泛化,也可能存在可组配的情况。累积类动量词大都表达一定的情态意义,因此对动词的语义要求比较多,而"舔"的语义详述位中不存在这

些情态意义,所以语料库中没发现该类用法。整体类动量词中,除了动量词"遍"与"舔"的语义具有依存关系外,其余4个动量词与"舔"的语义详述位没有关系,因此也不能组配。

"舔"与13个专用动量词的组配共计45条,与其他动量词的组配有20条,共现四种构式,其分布详述如表4.5。

表4.5 动词"舔"的四种动量构式分布

分类	补位单纯式	补位宾后式	补位宾前式	状位复合式
数量	31	27	2	5
比例	47.69%	41.54%	3.08%	7.69%

从表4.5可见,"舔"所组构的动量构式做补语的比例远远高于做状语的比例,补位是这类动词的典型动量组配。例如:

① 蚊腿奔过去,舔了一下,咂巴咂巴嘴,又陡然一口咬下肉滋拉,猛嚼起来。
② 唐菲下意识地舔了一下嘴唇,这被她自己真心爱恋的嘴唇,她却从来不知道它们存在着方兢刚才指出的那个小缺点。
③ 东边,巧克力大厦滴着褐色的奶油蜜汁儿,馋得人人都恨不能上去舔它一口。
④ 桌上摊着剖开的榴莲,其中有一个男子汉吃光了果肉,意犹未尽,正一下一下地舔着手指,他完全沉浸在自己的味觉境界里,这才是真真的南洋人。

上述例句中,例①是"动词+一下"的"补位单纯式",例②是"动词+一下+宾语"的"补位宾后式",例③是"动词+宾语+一口"的"补位宾前式",例④是"一下一下+动词短语"的"状位复合式"。下面以动量词"一下"和动词"舔"为例,依次分析动量词在上述四种构式中的具体分布。

第一种构式:补位单纯式

"动词+数词+动量词"(V+num+VC),如:舔一下。

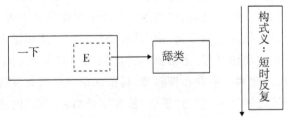

图4.2 "舔类动词"的补位单纯式

第四章 "自主成分"动词：与其组配的动量词分布概况

"补位单纯式"是指"动词+数词+量词"结构，动词后面不带宾语。和"短时高频反复动词"高度依存的为动量词"下"，并且不仅可以和数词"一"，还可以和≥1的其他数词组配，表示动作实际发生的频次。在"短时快速"构式义的统领下，"舔"与动量词也可以进入自主-依存构式中，并不带宾语。在 31 个补位单纯式的句子中，动量词的详细分布情况见表 4.6。

表 4.6　动词"舔"的补位单纯式分布统计

动量词	下	拷贝类	遍	时间	口	次	圈
数量	15	8	2	3	1	1	1

表 4.6 的数据分布情况显示，在补位单纯式中，"舔"与"下"的语义依存度最高，这完全符合"舔"作为高频反复动词的语义特征，"次"和"遍"也是词典中常见的与高频反复类动词组配的动量词。例如：

⑤ 我尝，反正我"不怕腥，"黑厨子急促地笑了一声，然后吐出舌头在大青鱼的尾巴上舔了两下，"不苦，尾巴上也不苦，"黑厨子对白厨子露出一张灿烂的笑脸。

⑥ 他唯一拯救自己饥饿的办法，就是在洗碗前将所有的碗都舔一遍。

⑦ 不是舔脚就是舔手，色迷迷的，村上人都恨死了那条老鲇儿。四丫被那老鲇儿舔了几次后，联想到姐姐的悲惨遭遇，发誓要除掉它，所以她就来找麻三了。

但"拷贝类""口"和"圈"仅在语料库中出现，词典中没有这些动量用法，这说明语料库的用法比词典更丰富、鲜活。其中，拷贝动量构式"舔一舔"①的比例最高，因为拷贝动量构式的突出构式义也是时距短，与高频反复动词的语义一致。还可形成同步成果构式"舔一圈"，因为与"舔"相关的人体器官嘴唇是个环状客体，为"圈"提供了语义依存的客体，使得两者语义对应起来，可以组配成构式。例如：

⑧ 店伙几乎还不相信，拿起一个来舔了一舔，凉凉的，甜甜的，再咬了两口。

⑨ "真倒霉，"杰拉尔德呻吟着，动着长了厚厚一层苦苔的舌头，在焦干的嘴唇上舔了一圈。

另外，对于器官动量构式，词典用的是"舔一舌头"，而在语料库中未见此类用法，通过百度搜索到一条例句，详见例⑩。语料库中用了"舔一口"，它们

---

① 孟琮等《汉语动词用法词典》对所有动词均未标出动量的拷贝式。

的侧重点有所不同:"一舌头"强调"舔"这一动作的实施必须用到"舌头"这个器官工具。而"一口"则是强调动作的一个过程单位,并且在上下文中暗含了舔的东西具体是什么。如:例⑪"舔"的是"酒",例⑫"舔"的是"李太太脸上的粉",例⑬这个用例"舔一口奶油"比较明显,是"补位宾后式"。具体详见下面的例句。

⑩ 被舔了一舌头,有点儿疼。(http://www.movshow.com,郁冈小黑猫,访问日期:2016年3月25日)

⑪ 我们四个人挤在窄小的机车驾驶室,用能找到的茶杯、铝饭盒和壶盖什么的盛酒。两瓶酒分四人,全倒个底朝天。我暗暗舔了一口,舌尖立即像被灼热的刀刃割一下,刷一下使我震颤到脚后跟[1]。

⑫ 咱们不希罕他的书记,"是不是?啊呀!不好了,真讨厌!"李太太脸上的粉给淘气舔了一口去,她摔下猫,站起来去照镜子。

⑬ "我把餐厅的门打开了,"小精灵说道,"里面摆着熬好的奶油,稠得和浆糊一样。你要不要舔一舔!我可得舔一下!""如果罪名由我承担,我得挨打,"猫说道,"那让我也舔一口奶油吧!"

"舔"与时间动量词组配,大多都用约数表示,不用确数,常和"一会儿"或"半天"搭配使用。因为"舔"本来就是一个随意的动作,一般不与具体的时间单位相匹配。例如:

⑭ 他一把抓来全塞进嘴里,……一粒一粒慢慢享受,最后用细细小手捏住第4粒三角小钙片,有滋有味地舔了半天。

上文有关"舔"的数据统计进一步表明,动词所能搭配的动量词和动词的语义是密切相关的,与动量词"下"和拷贝动量词"舔"搭配的句子有23个,占补位单纯式的绝大部分,比例为76.67%。通过第四章对动量词语义特征的分析,"下"是表示动作发生的时间短暂、动作迅速的动量词,拷贝动量词也附有"短时、轻随"的语义特征,所以两者都与高频反复动词的语义高度依存。另外,因为用舌头从嘴唇一边舔到另一边表示一个圆周过程,因此可用"遍"或"圈"。"舔"的时间量可长可短,和"确量"的依存度低。

第二种构式:补位宾后式

"动词+数词+动量词+宾语"(V+num+VC+O),如:舔一下嘴唇。

---

[1] CCL 语料库中作"根"。

第四章 "自主成分"动词:与其组配的动量词分布概况 49

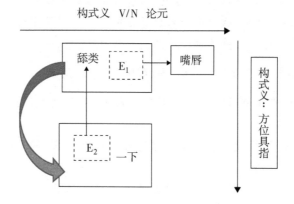

图 4.3 "舔类动词"的补位宾后式

在 27 个句子中,所选用的动量词分布情况见表 4.7。

表 4.7 动词"舔"的补位宾后式分布统计

动量词	下	拷贝类	口	遍
数量	22	3	1	1

这种宾语后置是相对于动量词而言的,其位置在动量词之后,这种用法很普遍。因为对于一个动词来说,最突显的语义次结构就是动作所涉及的对象,包括施事或受事,第二级的语义次结构就是动词的一些特征。笔者所研究的动量构式,就是动词的"量"特征 E_2。这类短时高频反复动词,最重要的特征就是动作可快速反复进行,一般不受生理器官的约束,有明确的动作起讫点,离散性强,持续时间短。所以,它的动量语义空位需要由具备这类语义特征的动量词对其进行精细化描写。而通过对动量词的语义特征分析,具备此语义特征的典型动量词是"下"和拷贝动量词。表 4.7 的分布情况可见一斑。请见语料库中具体用例:

在全部语料中,宾语为"嘴唇"的总共有 14 例,比例为 51.85%。还有一例也是和"嘴唇"相关的"唇边的水珠"。例如:

⑮ 想不到,呼墩子那牛蛋眼出溜一下就躲开了,躲得很快,他的目光躲闪着,还用舌头舔了一下厚嘴唇,这是一种慌乱的表现,他腰里也肯定有东西!

⑯ 他舔了一遍嘴唇,亲热地笑着对姑娘说:"他是跟你上那儿去的,宝贝儿……"

⑰ 瑞丰不敢轻易发表意见,只把一切所能集合起来的表情都摆在脸上,又

是皱眉,又是眨眼,还舔一舔嘴唇,表现出他的关切与注意。
⑱ 黑黝黝的山林中,随时都会窜出狰狞的野兽。渴了用舌头舔一下唇边的水珠,饿了却什么吃的都没有。

宾语为其他器官的情况,"舌头、手、鼻梁"各一。例如:

⑲ 呼二豹说着说着,眼发亮了,他直了直腰,望着众人,还不由自主地舔了一下舌头。
⑳ 她低下头,用手抚摸它的头。它吃力地伸出舌头,用尽最后的力气舔了一下她的手,就闭上了眼,死了。
㉑ 斑虎神情专注地听着,偶尔伸出舌尖舔一下鼻梁,它的那双前爪有力地按在地上,昂着头颅,双耳竖起,厚阔的胸部微微起伏。

其余宾语都是物,它们最典型的语义特征都是可用"舌头舔"的东西,"食品类"包括"酒、冰棍、甜面酱、粥"等。例如:

㉒ 他最后一次舔了一下酒。然后,他依旧把酒杯举在靠近嘴唇的地方,转向迈克微笑着。
㉓ "……找回五分钱,我爸全给我了。"群龙不无得意之色,说完舔了一口红果冰棍。
㉔ 说着,便把冰棍□到小墩子左手中,伸手从小墩子右手里取过那只碗,伸出舌尖飞快地舔了一下甜面酱。
㉕ 就在这时候,小家伙小心翼翼地用舌头舔了一下粥……哎呀! 他喘着粗气,眼泪马上流了出来。

接下来的是"器物类",比如"铅笔尖、(烧烫了的)铁棒、物镜"等硬物。例如:

㉖ 手微微哆嗦着,写几个字舔一下铅笔尖,写完一个字就跟旁边一张纸上的字对一对。
㉗ 阿拉伯古代游牧民族要证人作证前,先用舌头舔一下烧烫了的铁棒。倘若他不肯舔,便不能作证。

例㉘和㉙两例是隐喻用法,其中例㉘"用火苗舔一舔炉的内壁",火苗接触炉的内壁一伸一缩,和人的舌头舔东西很相似,这样,从"火苗的燃烧"这一物体运动域映射到"舌头的伸缩"这一身体器官运动域,发生了跨域隐喻,从而扩大了器官工具的范围。例㉙"舔"的宾语是创痛,仅此一例的宾语不是实物,而是表示人的情感的抽象名词,这其中也发生了隐喻,"舔"的宾语从"实物域"转至"情感域"。这两个例句表明通过隐喻,可以扩大"舔"的语义范畴。

㉘ 只是隔一段时间就抖下一根木炭,木炭即刻变成灰烬,或者用火苗舔一舔炉的内壁。

㉙ 我离开了那些嘈杂,只是为了更好地检视。还有,我要舔一舔创痛。我要好好地整理浑浑的思绪,把爱和恨的贮备好好咀嚼一遍。

在全部例句中,从动量词来看,"一下"频次最高,总共 22 例。此处,"一下"表示动作行为持续时间的短暂,而且整个构式也表明说话人的一种轻松、随意的语气。这完全符合高频反复动词的语义次结构,只有具备此类语义特征的动词才能对其进行精细化描写。

"补位宾后式"更全面地体现了动词与宾语、动词与动量词的语义依存关系。数词和动量词自然组合在一起,对于这类动词而言,动作都是在短时内完成的,而且不受条件限制地多次反复,可和任意数词组配。但对于"一"的认识就有两种情况:一种是表示短时动作的频次"一次",而不是"两次"或"三次"等;另一种情况是表示动作的时间短暂,常表示主观小量,表明说话人略带轻微或轻松的情感。

第三种构式:补位宾前式

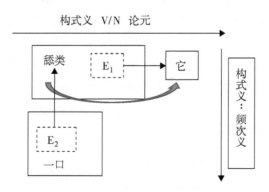

图 4.4 "舔类动词"的补位宾前式

这种构式在语料统计中非常少见,在 65 个带"舔"的动量构式句中只发现两例:

㉚ 野蛮人和半野蛮人,以不同的方式,使用他们的舌头。据巴利上校说,巴芬湾西岸的居民,用舌舔物二次,表示他们的交易完成,东部爱斯基摩人,也以舌舔交换物品。

㉛ 东边,巧克力大厦滴着褐色的奶油蜜汁儿,馋得人人都恨不能上去舔它一口。

把动量词置于宾语的后面,是关于动量词和宾语的语序问题,有学者专门进行过研究。上面两例说明:

(1) 构式"舔物二次",将"物"置于动词和动量词之间,根据距离象似性原则"语符距离象似于概念距离,概念之间的距离越靠近,在认知时就越容易将它们放在一起,而表达它们的语符也就越靠近"(王天翼 2011:76)。物离"看"更近,因而在横向上动名先组合,然后再和"二次"组合。

(2) 从音节押韵的角度看,汉语的"'双音构式'是现代汉语构词中使用频率最高、具有原型性效应的词法构式,在构词法中具有绝对先用权(preemption)"。(刘玉梅 2010:11),汉语在音律上双音趋势明显。因此,例㉜、㉝ 不符合汉语的表达习惯:

㉜ *舔二次物
㉝ *舔一口它

而"舔它一口",正好符合汉语的双音表达习惯,"舔它"+"一口",其中的"它"也可理解为一种语气的宣泄,此时"它"为虚指,满足音节的押韵。

(3) 从信息传递的角度看,根据句末焦点原则,新信息通常置于句末。例㉚强调巴芬湾西岸的居民交易完成的方式是必须"用舌舔物二次",而不是其他次数,突出数量的值。例㉛"舔它一口",此处的"它"指奶油蜜汁儿,是上文提到的已知信息,没必要置于句末。另外,从"补位宾前式"的整体构式义来看,旨在强调动作的频次,因此作为"已知信息的宾语"的语义就没有那么突显,特别当宾语是代词时,更无须后置。

第四种构式:状位复合式

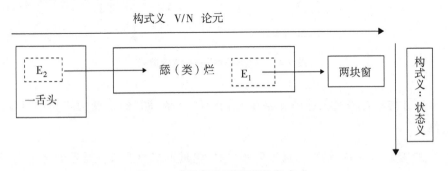

图 4.5 "舔类动词"的状位复合式

"动量词+动词短语"("动结式"或"动趋式")是动量词在状位的典型用法,动量词在"状位"有其特殊的构式义。通常情况下,"一 + 动量词"放在状位,表达"生动形象""动作迅速"的"状态义",而且还有意外之感。"舔"在"状位"的用法详见例句。

㉞ 他伸出又长又肥的舌头,沿着碗的内沿,吧唧一声舔过去,那碗里就像抹布擦过了一样干净。

㉟ 听见哥哥唱着来,热身子扑在冰窗台。听见哥哥脚步响,一舌头舔烂两块窗……

例㉞"吧唧一声舔过去",使用拟声词"吧唧"＋动量词"一声"两者实质是一种重复关系,很形象地表现出"用舌舔碗"的声音,"舔过去"的语义详述位中存在这样的声音,两者具有语义上的一致性,因此可以组配共现。

例㉟"一舌头舔烂两块窗"是同样的组配原理。首先,"舔"必须用到人体器官"舌头",用舌头舔窗子,结果导致窗户纸"被舔烂"了,生动形象地表达出这个动作过程,且有快速、出人意料之感。如果动量词放在"补位"则不合理。例如:

㊱ ＊舔烂一舌头两块窗。
㊲ ＊舔烂两块窗一舌头。
㊳ ＊舔一舌头两块窗。
㊴ ＊舔两块窗一舌头。

例㊱、㊲、㊳都是不合理的句子,其中前两例,因为在这里动量词"一舌头"本身就是占据了工具论元位置的补语,再加上另外一个补语成分"烂",导致位置冲突,因此不合语法。此类句式只能用光杆动词。但例㊳中,根据上下文,"窗"是已知信息,不必后置,所以只能说"舔两块窗一舌头",形成"补位宾前式",动量词置于句末,强调动作的"频次义"。但根据全文来看,更突显姑娘想见到哥哥的急迫心情,用"状位复合式"强调当时的情状。

㊵ 一下接一下舔过去,双手转动着大粗瓷碗,发出一连串狗舔食时一样吧唧吧唧的响声……

㊶ 蓦地,他感到脸颊被一个温湿而滞涩的软物一下一下地舔着。他知道这是什么,但他不清楚接下去会发生什么。

例㊵、㊶"一下一下地＋舔"这种动量的重叠式再加"地"副词标记的"状位复合句"中,这个动量词的"频次义"已经不重要,而"用舌头不断伸缩舔食东西"的"状态义"变得更为重要。突显当时的情景,所以它通常紧挨着动词,动词后加"着",表示正在进行的动作,对当时的情景有一种渲染作用,使语义表达更加形象、充分。虽然处于状位,但动量词对动词的语义指向一点也没有减弱,而且都在同一个 ECM 框架内活动。

在 5 个"状位复合句"中,"一下"有 3 个,占 60%,另外 2 个为"舔"的伴随结果动量"一声"与"舔"所使用的器官工具"一舌头"。

综观上述四种类型,由于"短时重复动词"的典型特征就是动作的单位时间持续短暂,因此,其动量的详述位就是具有"迅速义"的动量词。通过对语料的穷尽性搜索也发现了这一特征,短时动量词"一下"在四种构式中使用的比例要远远高于其他动量词。并且,"一下"是一个存在歧义的动量词,有时指具体的"一下"实指义,这种情况下多可以换成其他数词,例如"两下""三下"等,突显其"频次义";而有时突显"快速义","一下"是虚指,要根据具体语境判定。

在 1160 个动词义项中,具有"高频反复"的动词义项为 78 个,占总量的 6.72%,其后面通常可接如下动量形式。

(1)"下",表示确切的量,全部都可以用"三下"以上的"数词+动量词"形式,例如"剁三下、抽三下、踢三下、敲三下、舔三下"等。这是和动词的语义密切相关的,动作在现实中可以高频无限反复地进行,全部可以和"下"连用。

(2)"次"或"回",除了"涂"之外,它们都可以和"次"或"回"连用,"次"强调动作可以重复出现。如:

㊷ 几次松开了眉头。

"回"则不强调动作的重复,而强调动作发生的时间和次数。如:

㊸ 来过两回①。

(3)时间动量词,因为它们全是动作类动词,是实际发生的动作,可以在时间轴上持续,都可以和时间量词连用。时间可长可短,可以加"一会儿""几分钟""几个小时""几天"等。

(4)"借用动量词"的"工具类""器官类"等,这由动词本身的语义详述位决定。

(5)拷贝动量构式在短时高频反复动词中出现的比例也比较高。

4.2.2 整体累积动词的动量分布

"整体累积动词"是与人类的日常生活密切相关的普通动词,其语义具有如下特征:它们表示的动作可以一直持续下去,也可由若干个"离散"的单元动作累积而成,但单独使用时往往指持续的动作,分不出更小的动作片段。这种动作可

---

① 例句来自郭先珍《现代汉语量词用法词典》,语文出版社,2002 年,第 25 页。

以在任意时间点上终止,但理论上可以在时间轴上无止境地延续。动作内部具有"离散"性,但不明显,动量较大。这类动词可以借助下列动词语义形式特征标准进行判定:＋动量、＋动态、±持续、－时限、±完成。例如:

听 读 写 说 聊 谈 唱 吃 跑 走 滚 吵 骂 抄 笑
哭 喊 爬 吐 转 洗 喝 讲 念 数 剪 画 缝 补 扫
游 飞

基于对孟琮等《汉语动词用法词典》归类形成的词典语料统计,有 223 个动词为"整体累积动词"。在现实中,这些动词通常是以整体方式展现的动作,即使重复,也需要占据一定的时间,是"时间段"呈现,而非"时间点"呈现,故不会高频次地反复进行。这类动词多为动作动词,可以分解为单个的"离散"单位,表示一次具体的动作,但大多数动作都是整体的一次性动作,单位动作持续的时间可长可短,经常同"回、遍、下"等搭配使用。如果接"时间动量词",可以加"一会儿"和"一天、一上午"等长短皆可的"时间动量词",是占百分比最高的典型动量动词。如:

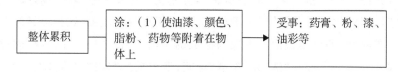

图 4.6　"涂"的整体累积义

整体累积动词"涂"的字典用例①:

㊹ 涂一下儿油

㊺ 涂过两次(遍)(底色)

㊻ 涂了一会儿

㊼ 涂了三个月

这类动词突显的语义次结构在于动作的"整体累积"性,并非高频反复,而重在对某事件的完成。因此,其常见动量形式为"动词＋一下""动词＋数词＋遍(次)",还可以表示动作事件的时间长短。下面以动词"洗"为例来分析动词和动量词的自主-依存关系。首先,分析动词"洗"的可能语义次结构。

---

① 用例出自孟琮等《汉语动词用法词典》,第 385 页。

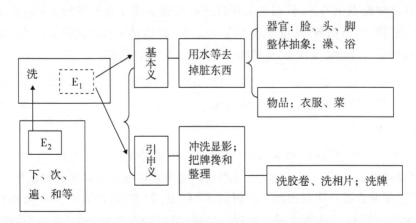

图 4.7 "洗类动词"的事件域语义详述位图解

图 4.7 是"洗"的自主–依存模型语义详述位解析图,主要分析基于动词语义所提供的"e-site"信息,并探讨与受事宾语的语义依存情况。从图 4.7 可见,动词"洗"的语义分为"基本义"和"引申义",分别为"用水洗身体或物品"的基本事件义和"用于照相或洗牌"的引申事件义。"洗相片"和"洗牌"这种语义组配是基于与"洗东西"的动作相似而发生隐喻形成的。由于"洗+$E_2$①"的语法固化度比较高,因此动量词常放在"洗"和"受事"中间,形成动量"补位宾后式"。这种动量构式的形成与"洗"所提供的"e-site"密切相关。

另外,"洗"的语义详述位可含"工具、时间",如"洗一水""洗一会儿、洗半小时"等。除了上述动量组配之外,"洗"还有一个专属②动量词"和(huò)",如"洗了好几和"。

下面我们基于语料库考察与"洗"组配的动量词分布,以发现与不同动量词组配过程中动量词"洗"的语义特征。我们主要从以下四个方面进行探讨:①重点分析 13 个专用动量词和"洗"组配的情况及原因;②"洗一"在 CCL 语料库中"补位单纯式"和"补位宾后式"中动量词的分布;③"洗"在国家语委现代汉语语料库中四种构式的分布情况,考察动量词在"状位"和"补位"的分布比例;④对比两个语料库中的动量词分布情况。

(1) 以"洗一"为关键词,对 CCL 语料库进行检索,人工排除那些"一"后面不是动量词的句子,并分别以"洗一+13 个专用动量词"为关键词进行搜索,其

---

① E_2 在此处指洗的对象,主要是动作的受事。
② "和"作为动量词专门计量两类事件:一是计量洗东西换水的次数;二是计量熬药的次数。

分布比例如下。

表 4.8　与"洗一"组配的 13 个专用动量词分布情况

分类	13 个动量词	数量	比例	备注
频次类	次	71	42.26%	
	回	11	6.55%	
数时类	下	45	26.79%	
	把	6	3.57%	
累积类	通	1	0.60%	动词总数： 洗：23036 条 洗一＋专用动量词： 168 条
	气	无	无	
	番	12	7.14%	
	顿	无	无	
整体类	遍	22	13.10%	
	趟	无	无	
	场（cháng）	无	无	
	场（chǎng）	无	无	
	遭	无	无	

表 4.8 的分布表明，"洗"作为整体累积动词，其与专用动量词组配的语义分布是不同的。

首先，从与"频次类"动量词的依存度方面来看，"洗一次"的出现频率远远高于"洗一回"。例如：

㊽ 由于缺水少电，厦门警备区守岛官兵长期驻守，一年难洗一次淡水澡，有时一天只能喝一杯带咸味的水。

㊾ 还有春爷每逢龙泉汤集日雷打不动要去洗一回温泉澡，各户须轮流出人跟班去给他搓背。

"次"的构式义为"频次经历"，对能进入自主-依存的动词限制条件为必须是"可反复动词"，"次"对动词的附加条件为动作要有前后界点；而"回"的构式义为"频次时间"，对动词的限制条件须为"有界动词"，而且附加条件是动词可能受其"回转义"影响。同理可证，对于"频次义"的表达，"回"所受限制要多一些，因此，与"洗"组配出现频次要低于"次"。

从与"数时类"动量词的语义依存度来看，"洗一下"的出现频率远远高于"洗一把”,因为“把”正处在转型期,受其先前用法的影响较大,仍然是与“手”相关动作的动词组配占主导,因此在语料库中统计显示频次低于“下”。

从与“累积类”动量词组配的构式来看,“洗一番”高于“洗一通”,因为“番”的构式义强调复杂动作的全过程,“通”强调动作的“混乱义”,又附加宣泄与狂猛的感情色彩。从自主-依存的角度看,“通”与“洗”的语义依存度低,根据人的认知体验,清洗东西需要一个完整的处理过程。因此,“洗一番”出现 12 次,而“洗一通”仅出现 1 次。

从与“整体类”动量词的语义依存度来看,5 个动量词中,只有“洗”和“遍”具有自主-依存的组配关系,其余 4 个动量词与“洗”是零依存。此处表明“遍”与“洗”的语义具有一致性,强调动作的整体过程性。

(2)13 个专用动量词与“洗一”组配形成的动量构式总计 168 条,占总数(342 条)的 49.12%,剩余 174 条与“洗一”的组配语义分布特征及“补位单纯式”和“补位宾后式”的分布详述如下。

笔者选用的 CCL 语料库“补位单纯式”中的 135 个句子,具体分布情况见表 4.9。

表 4.9 “洗一”补位单纯式的具体动量分布

洗+动量词	拷贝类	下	次	遍	番	回	通	时间
数量	61	25	19	13	8	7	1	1

通过语料库和词典的搭配进行比较,用法基本一致。包括“下”“次”“遍”和时间动量。例如:

(50) 我这样也对得起你了,你看我挺着大肚子,我也很累,我也想让人给我洗一下呢,可我没这个福气,我在这个家里从来就没得到一点好处。

(51) 比如这些学生们很讲究卫生,很爱洗头发,每隔一个星期,就到后院的井台上洗一次。

(52) 扫地、抹桌、买菜、煮饭,都是姐姐。高起兴来,打了井水,把家里什么都洗一遍,砖地也洗一遍,大门也洗一遍,弄得家里水漫金山,人人只好缩着脚坐在凳子上。

(53) 自从王常生死后,除了过年之前,她亲自监督着一个从娘家陪嫁过来的女佣人大洗一天之外,平常不许擦拭。

《汉语动词用法词典》中没有拷贝动量构式“洗一洗”、情态动量“洗一番”和

“洗一通”，另外，也没有“洗一回”的用法①。下面为 CCL 语料库中的用例：

(54) 沙曼道：“九少爷喜欢干净，所以现在你们最好先去找个地方把手脚洗一洗。”

(55) 母亲看见我们吃得快，吃得多，便这样的说了起来，要我们仔细的看一看，多多的洗一番。

(56) 山沟里有泉水，渴了就喝，热了就脱个精光，洗一通。

(57) 这两天小李一高兴，伤势也有些见轻，张大爷一天给他洗一回，还不知从哪里弄了点刀疮药。

词典中举了“洗两和(huò)”的例子，而语料库中未见此类用法，通过百度搜索到 1 条例句。

(58) 咸辣菜疙瘩先用擦床擦丝，再剁成细末，清水洗两和，淘去过多的咸卤，装平底盘备用。(http://www.hongxiu.com/diary/view，红袖沙龙，访问日期：2015 年 12 月 30 日)

在 CCL 语料库中全部“补位宾后式”的 64 个句子中，动量词分布情况见表 4.10。

表 4.10 “洗一”补位宾后式的具体动量分布

动量词	次	拷贝类	下	回	把	遍	时间
数量	32	14	7	4	4	2	1

表 4.10 的动量词分布显示，“洗＋受事”后，能进入该构式的动量词类型减少，缺少了表示情态的“通”和“番”。而增加了“把”，并且 4 个例句中“洗”的受事均为“脸”。如：

(59) 如果生活没有激情，那么找一位智者，聆听，然后洗一把脸，睡一个好觉。

因为对于一个动词来说，最突显的语义次结构就是动作所涉及的对象，包括施事 E_1 或受事 E_2，然后，第二级的语义次结构就是与动词紧密相关的一些特征。笔者所研究的动量构式，就是动词的“量”特征 E_3。这类整体累积动词最重要的特征就是动作需要以整体的状态呈现。如：

(60) 1850 年出版了《红字》而闻名的纳撒尼尔·霍桑，在拿起他的夫人的来信看之前，总要先洗一下手。

① 有关这一点，在孟琮等《汉语动词用法词典》(1999：6)开篇说明中有所交代，“次”和“回”只举其中的一个。

㉜ 由巴比龙公司提供一副扑克牌,从中挑出代表 10 个数码的 10 张牌,由公证人员洗一下牌,然后由巴比龙公司的两人抽牌。

例㉚"一下"是指把手洗干净的具体过程,而不是确切的频次数,只蘸"一下"就拿出来。所以,它的动量语义详述位需要由具备这样语义特征的动量词对其进行精细化描写。例㉜则更明显一些,"洗一下牌"中的"一下"是强调洗牌的整体过程,而非精确量"一"。通过对动量词的语义特征分析,具备此语义特征的最"典型"动量词是拷贝动量词。如:

㉝ 这时候,又一个妇女端一盆水来,叫她洗手,老孙太太在一旁说道:"洗一洗手,省得打碗。"

㉞ "我先去洗一洗脸。"她用那冻红的手指摸着脸蛋。

另外,"次"在语料中的高频使用,也进一步验证"洗"这类动词的语义整体性。如:

㉟ 在雨量较多的 7、8、9 月份,7 米深的窖井差不多可以灌满。平日里一个月才舍得洗一次衣服、一次澡,那段时间她每个月可以洗上两三次。

由于在"补位宾后式"中动词与宾语共现,"事件义"比"动作义"更突显,因此,与"洗"组配的动量词分布情况较其单独出现时发生了一些变化:

次＞拷贝类＞下

其余常见的与"洗"组配的动量词为"回""遍"和时间动量。如:

㊱ 炊事员开玩笑说:"做一回饭,就像①洗一回'桑那'浴。"

㊲ 不知为什么她不打算告诉章妩她的头发有油烟味儿,她不想让她的妈妈为了这次答谢再洗一遍头。

㊳ 日本一家旅馆有一件目前世界上最重的黄金物体,是一只凤凰形状的重达 3 百 13 磅的黄金澡盆,在里面洗一分钟澡得付 2 美元。

(3) 由于以"洗一"为关键词搜索,无法检索到补位宾前式和状位复合式的例子,为了确保语料统计的信度,尽可能做到在语料库中的穷尽性分析,笔者又以"洗"为关键字,在国家语委现代汉语语料库②中进行了穷尽性搜索,搜到 753

---

① CCL 语料库中作"象"。

② CCL 语料库规模较大,达 4.77 亿字(1.06GB),而国家语委现代汉语语料库语料仅约 2000 万字,比较而言,后者尚可穷尽性统计。CCL 语料库的不足是检索后无效语句过多,但国家语委现代汉语语料库的词条数有限,"类符"显示不足,本章主要使用 CCL 语料库,个别构式穷尽性考察使用国家语委现代汉语语料库。

个句子,通过人工排查其他不是动量形式的用法,动量形式总共37条,动量表达占4.91%。具体统计分析如表4.11。

表4.11 "洗"的动量构式在国家语委现代汉语语料库中的分布统计

分类	补位单纯式	补位宾前式	补位宾后式	状位复合式
数量	27	无	7	3
比例	72.97%	0.00%	18.92%	8.11%

表4.11显示出四种构式的分布情况,依然没有"补位宾前式",通过上文对于"洗"的语义次结构突显成分的分析,这一整体累积义动词一般不强调频次的多少,而根据句末焦点原则,补位宾前式强调动作的次数,因此"形义"矛盾,这种结构不存在。就其他两种"补位单纯式"和"补位宾后式"的分布来看,单纯式居多,这是由于"洗衣服"等表达方式已高度固化,再根据语境,无须列出洗的对象。"洗"在"状位"的比例并不高,这也符合整个动量构式的句法分布情况,补位动量构式是动量词的典型位置,有关句位依存的情况将在第八章详述。下面对其中四种构式的自主-依存运作过程详述如下。

第一种构式:补位单纯式

"动词+数词+动量词"(V+num+VC),如:洗一下。

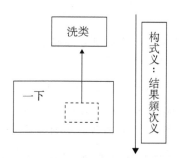

图4.8 "洗类动词"的补位单纯式

图4.8可见,动量词"一下"提供的详述位可以"洗类"动词填充,表示"结果频次"义。由于"洗"是整体累积类动词,"洗"表示的动作在理论上可以一直持续下去,也可以在任意时间点上终止。"洗"的过程虽由若干个离散的单元动作累积而成,但分不出更小的动作片段,是一个连续的整体过程。这种语义特征也会对与其组配的动量词产生限制,同时对数词的变化也会产生影响。

表 4.12 "洗"补位单纯式在国家语委现代汉语语料库中的具体动量分布

动量词	拷贝类	遍	次	时间	下
数量	9	6	5	4	3

"洗几次",动量词"次"的构式义为"频次经历",是最通用的动量词,基本属于"百搭"型,可以进入自主-依存联结。"洗"和"次"组配而成的构式总共5条,占"补位单纯式"总数(27条)的18.52%。例如:

⑱ 冷天所以着深色衣服,恐怕还是心理原因居多,还有一个原因,那是属于经济上的,不容易脏,可以少洗几次,省了肥皂、衣料和劳力。

"洗一洗",拷贝构式共计9条,拷贝构式符合语言的最大经济化原则。"洗一洗"中用动词"洗"本身代指动作过程,是基于认知转喻机制。这与整体累积类动词的"整体性"语义高度一致,因此,分布频次最高,占33.33%。例如:

⑲ 你用硼酸水给它洗一洗,再滴些眼药水。

⑳ 皮子厚走到姑娘身旁,搭讪着说:"玉姐,行行好,帮助我把这件衣服也洗一洗吧!"

"洗"和时间动量词"十年"和"一天一夜"组配,"洗"是持续性动词,因此可与"长时量词"组配。例如:

㉑ 哪有这么神奇的事呵,进门不到一分钟就出了奇迹,人比关在家里洗一天一夜还干净。

㉒ 这在小孩们算是一个幸福的机会,他们常集在帐子内唱灯影,或者当成堡垒,做着战争的游戏,但对成人也有好处,黄家一床细麻布帐子已经洗过十年了,可是每回晾晒时,几位老年人总还要称赞一回中江货色的结实。

"洗"与"遍"的自主-依存组配,"遍"的周遍义与"洗"的整体义匹配,所以可以组配成构式,"遍"总计6个,占22.22%。而"洗"与"下"的组配受"洗"的整体累积义影响,"下"在此处多用"一下",不表示具体的频次,而是约量。"洗一下"总计3个,占11.11%。例如:

㉓ 那次回来,我把你身上的衣服从里到外,剥下来洗了多少遍,可你身上还有那种味。

㉔ 周正张着大嘴笑,尤小钢纳闷地瞧瞧他,却发现他那双脏得像魔爪似的手霎间就变得无比清洁,好像刚用肥皂洗五遍。

㉕ 制作前,要先把蛤蜊壳外面的泥土洗净,再放在清水盆中浸泡两三天,每

天换一次清水,待其把泥土吐净,再洗一下就可制作了。

综上所述,与"洗"组配的"动量词"分布按频次高低排列:

拷贝类＞遍＞次＞时间动量＝下

通过上文分析可见,"整体累积动词"的"补位单纯式"的动量词分布与两者的语义密切相关,两者在同一ECM下组配。

第二种构式:补位宾后式

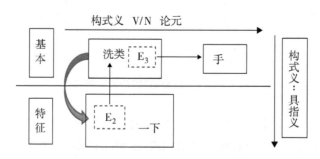

图 4.9 "洗类动词"的补位宾后式

图4.9可见,"洗"的详述位除施事性之外还有两个,其中E_2指和"洗"组配的动量词,E_3指"洗"的对象。在自主-依存运作中,不仅要考虑"洗"和"动量词"的语义一致性,还要考虑插在中间的动量词与后面的"对象"语义的对应性。

表4.13 "洗"补位宾后式在国家语委现代汉语语料库中的具体动量分布

构式	洗一把脸	洗一次澡	洗一次脸	洗一下手	洗一洗身
数量	2	2	1	1	1

⑯ 他洗了一把脸,把那双三接头皮鞋脱掉,扔在床底下,拿出了巧珍给他做的那双布鞋。

⑰ 圈里的积粪,拾掇得干干净净,又添了一层新土;圈墙上刷了一层石灰水;小猪息好像洗过一次澡似的:黑的是黑的,白的是白的,真是黑白分明……总的说吧,一切面目皆非!

⑱ 顾洪身上更觉得燥热,头脑晕胀,心里像压积得透不出气;摸摸自己的脸,迫切地需要有一盆清水来痛痛快快地洗一次脸。

⑲ 他看着彭斯点燃了雪茄,慢条斯理地拨着盥洗室的门说:"让我洗一下手,再一起谈谈,好吗?"

⑳ 每天下班的到窑路里去背垛,浑身给汗和泥湿透了,所以在上洞以后,必

得洗一洗身，才能换上衣裳。

第三种构式：补位宾前式

"动词＋宾语＋动量词"（V+O+VC），如：洗脸2次。

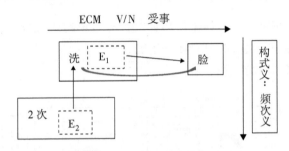

图4.10 "洗类动词"的补位宾前式

由于语料库检索未发现补位宾前式，通过百度搜索，在"百度知道"中找到1条例句。动量词置于宾语后面的动量构式，强调动量的"频次义"。

㉛ 每天用洗面奶洗脸2次，清水洗3、4次。（http://zhidao.baidu.com/question，访问日期：2011年7月28日）

第四种构式：状位复合式

"动量词＋动词（动趋或动结式）＋宾语"（VC+V+O），如：一辈子没洗过澡。

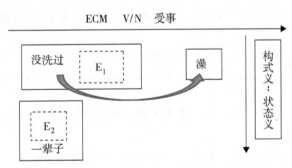

图4.11 "洗类动词"的状位复合式

表4.14 "洗"状位复合式在国家语委现代汉语语料库中的具体动量分布

构式	一辈子	一个月	一次
数量	1	1	1

㉒ 身上还都是臭乎乎的,也许一辈子都没洗过澡……
㉓ 那脸差不多有一个月没洗了,头发乱糟糟的二寸多长,若要再拿个打狗的棍子,怎么瞅都是个要饭的花子。
㉔ 她拿出自己用的毛巾、肥皂,为每一个伤病员洗脸,一次洗不干净,又洗一次。

以上 3 例在状位的句子有一个共同特点,即主句谓语均为否定式。

综观上述四种动量构式类型,由于整体累积动词的典型特征就是"整体义"和"持续义",因此,能进入其提供的动量"详述位"的动量词也需满足这一语义条件。通过对语料的穷尽性搜索,笔者也发现了这一特征。按频次高低依次为:"拷贝""次""下""遍"。

在 1160 个动词义项中,整体累积动词义项为 223 个,占总量的 19.22%,其后通常可接如下动量形式:

① 最主要的是"拷贝"式,这是和动词的"整体义"密切相关的;
② "次"强调动作可以重复出现;
③ "下"表示整体的"一下",非确指;
④ "遍"强调动作的周遍;
⑤ 和动词语义相关的借用动量的工具类、器官类、情态类等。

(4) 因为在以"洗一"为关键词检索无法统计出"补位宾前式"和"状位复合式",因此,笔者又在规模较小的国家语委现代汉语语料库中进行了穷尽性搜索,以便考察四种构式的分布情况。同时,"补位单纯式"和"补位宾后式"就产生了两组数据,现对比如下:

表 4.15 补位单纯式在 CCL 语料库和国家语委现代汉语语料库中的动量分布对比

语料库	总数	拷贝类	一下	次	遍	番	回	通	时间
CCL	135	61	25	19	13	8	7	1	1
比例	100%	45.19%	18.52%	14.07%	9.63%	5.93%	5.19%	0.74%	0.74%

语料库	总数	拷贝类	遍	次	时间	一下	回	通	番
国家语委	27	9	6	5	4	3	无	无	无
比例	100%	33.33%	22.22%	18.52%	14.81%	11.11%	无	无	无

表 4.15 的对比显示,"拷贝构式"的数量在两个语料库中所占数量最多,比例基本差不多。其余"次"和"一下"也大致比例一致。"遍"和"时间"比例差距

大的原因在于用"洗一"搜索,就排除了不是"洗一遍"和"洗一+时间"的情况,而国家语委现代汉语语料库恰恰显示不是"一"的情况居多,这是造成差异的主要原因。另外,CCL语料库动量类型更全面,同时增加了"回""通""番"等动量词。

表4.16 补位宾后式在CCL语料库和国家语委现代汉语语料库中的动量分布对比

语料库	总数	次	拷贝类	一下	回	把	遍	时间	通	番
CCL	64	32	14	7	4	4	2	1	无	无
比例	100%	50%	21.88%	10.94%	6.25%	6.25%	3.13%	1.56%	无	无

语料库	总数	次	把	拷贝类	一下	回	遍	时间	通	番
国家语委	7	3	2	1	1	无	无	无	无	无
比例	100%	42.86%	28.57%	14.29%	14.29%	无	无	无	无	无

表4.16表明,对于拷贝动量词、"一下""次"等动量词,两者的分布基本一致,并且都增加了"把"的用法,后面宾语均为"脸",形成"洗一把脸"的"补位宾后式"。

4.2.3 空间往返动词的动量分布

"空间往返动词"是指可以进入自主-依存模型与动量词"趟"组配的动词。其语义具有如下特征:"空间往返动词"所指的动作是一个过程,动作都有空间位移性,动作内部是异质的,分不出相同的动作片段。这种动词表示的动作多是可以持续一段时间的,但是动作有一定的结果指向,往往会有一个自然终点。这类动词可以借助下列动词语义形式特征标准进行判定:+动量、+动态、+持续、+时限、+完成。例如:

搬 背(bēi) 奔(bèn) 撤 出 穿 串 闯 搭 打 登
递 倒(dào)

基于对孟琮等《汉语动词用法词典》归类形成的词典语料进行统计,有74个动词为"空间往返动词"。从动量上看,这类动词表示的动作内部有顺序义,没有反复单元,即动词内部没有可重复的动作项。下面以"去"为例,分析13个专用动量词的分布情况。

表 4.17 与"去一"组配的 13 个专用动量词分布情况

分类	13 个动量词	数量	比例	备注
频次类	次	215	20.24%	
	回	16	1.51%	
数时类	下	175	16.48%	
	把	无	无	
累积类	通	无	无	动词总数:
	气	无	无	去:500,168 条
	番	无	无	去一＋专用动量词:
	顿	无	无	1062 条
整体类	遍	无	无	
	趟	653	61.49%	
	场(cháng)	无	无	
	场(chǎng)	无	无	
	遭	3	0.28%	

表 4.17 表明,"去"可以和 5 种动量类型搭配,由于"去"的语义蕴含中不仅有"位移性",还有"方向性",正好与"趟"的语义对应一致。两者成为自主-依存模型中的最佳搭档。其在语料库中与各动量词的分布频次从高到低依次为:"趟""次""下""回"和"遭"。从上表清晰可见,"去一趟"比例最高,因为"空间往返动词"与"趟"的依存度最高。

为了更好地理解自主-依存中动词和动量词组配的运作过程及"空间往返类"动词的语义特征,现以动词"搬"和"背"为例,分别解释它们的语义并通过自建汉语封闭语料分析,力图较完整地呈现每个动词的语义"详述位"。

(1) 动词"搬"

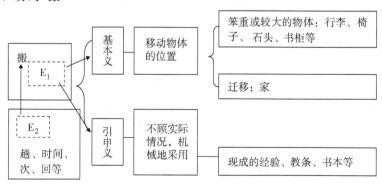

图 4.12 "搬类动词"的 ECM 语义详述位图解

在图 4.12"搬"的三个义项中,只有前两个可以和"趟"连用,因为前两个语义都涉及了空间位置的改变;第三个语义是一种概念的抽象,没有实际位置的移动,因此不能说"搬一趟外国的经验",但可以说"搬了一回外国的经验"。

"搬"的语义中因为受事多为笨重的或较大的物体,因此,含有费力、要花力气的语义。这就决定其可与"通""番""气"等具有情态意义的量词连用。

在上述三项语义中,搬(1)(2)因为都含有实体的空间位移,因此和"趟"的语义具有一致性,可以进入自主-依存模型与"趟"匹配,形成"搬一趟"动量构式。

表 4.18 "搬"的补位单纯式

补位单纯式	总数	拷贝类	时间	次
数量	6	3	2	1

⑧⑤ 吴士举老婆见众人不乐意搬,噜噜苏苏地说道:"好乡亲们哩,搬一搬吧!"

⑧⑥ 搬家我也没求过任何一个人。是靠了自行车、平板车,老鼠搬家似的搬了一个多星期。

⑧⑦ 汉军打扫战场,战场上到处都是王莽军丢下的兵器、军车、粮草。汉军搬了一个多月,都没有搬完,最后放了把火,把剩下的烧了。

⑧⑧ 特别厂里的各级领导,不能上次分了新房,这次再新房,那样盖一次搬一次,会影响职工利益情绪。

"搬"的补位单纯式共 6 个,主要包括"拷贝类"、时间动量和"次",并且在上下文中通常蕴含有施事或受事。

表 4.19 "搬"的补位宾后式的具体动量分布

动量词	拷贝类	时间	次	回	下	趟
数量	1	1	1	1	1	1

⑧⑨ 姚满想了一想,就建议冼大妈也搬一搬家,躲避几天,以免祸事临头。

⑨⑩ 这时已半上午了,民兵们搬了一夜家,又疲累,又饥饿,大家便向康家寨走来。

⑨① 为了免得别人议论或往后被人发觉,以后罗伯达索性搬到别处去,这样,他们还可以照旧继续来往了。反正搬一次家很容易,至少也比不能自由来往要好。

㉒ 也有时完全袭旧,只换了一两个字,或者竟一字不易,搬了一回小家,反而会像自己的话语。

㉓ 王强通知各家属暂时搬一下家,然后带着队员撤出陈庄。

㉔ 跟行走有关的动作行为:搬了一趟土,运了一趟煤,开了一趟车,送了一趟礼。

补位宾后式6个。因为"搬家"是一个固化度很高的"动宾构式",在"补位宾后式"中,其中间可插入动量成分,有具体化的功能。"搬"是个动作可控动词,可以与拷贝类和"下"组配。"搬"需要耗费时间、体力,因此可与时量组配;"搬"有空间的移动,可以和"趟"组配;"搬"也可与表频次的通用动量"回、次"组配。在语料中未见"搬"与"气、通"组配,仅有一个含"番"的句子,但动词不是"搬"而是"照搬",这里已经发生了意义引申。例如:

㉕ 无论在我们的现代文学史著作中,或是在我们大学的讲堂上,在提到郁达夫时,总只是把这结论照搬一番完事,而很少对他的作品进行认真的思想艺术分析。

(2) 动词"背(bēi)"

① "背"的语义:人用脊背驮。

背的语义次结构:某物,移动。

突显受事类:行李、粪筐、书包、包袱、货篓、柴火、米袋子等。

次突显动量类:一下儿、过两次、过两趟、了一会儿、了一上午。

② 下面详述其在语料库中的用法。

第一,补位单纯式

表4.20 "背"的补位单纯式

序号	动量词	频次	比例	备注
1	拷贝类	1	11.11%	共9个
2	下	1	11.11%	
3	时间	6	66.67%	
4	结果	1	11.11%	

表4.20中,补位单纯式中主要包括拷贝类、下、时间动量与结果类,并且在语句中蕴含有施事或受事。"背"还蕴含具体的"路程义",可用于"背一程"动量构式中,"程"为动作伴随"结果类"动量词。例如:

(96) 那几个年轻人放下手里的扑克牌，看了看阴沉沉的天空，又看了看父亲：你去帮忙背一背吧。

(97) 给他分的分散在三个地点，他妻子就在背后抱怨，他却说：这有什么关系，多跑几趟背一下就行了。

(98) 人们经常看到两个形影不离的小伙伴，走一程，背一程。再走一会儿，再背一会儿。

“背”的语义详述位中有“空间位置的移动”，和“趟”组配是其主要用法之一。但CCL语料库中没有“背＋数词＋趟”的例句，因此通过网络搜索搜到下面的句子：

(99) 下午放学，再背一趟，回家吃饭时，天色已经漆黑一片。周末不上课，刘恩和一天会背三四趟。（http://www.sina.com.cn，访问日期：2015年4月22日）

(100) 自此，为了这20棵小树尽快成长，战士们一改原先每星期到5公里外的布尔干河背一次水为现在的每天背一趟，无论狂风暴雨还是烈日炎炎从不间断。（http://baike.baidu.com/view/2232505.htm，访问日期：2015年4月22日）

第二，补位宾后式

表4.21 “背”的补位宾后式

序号	动量词	频次	比例
1	次	1	33.33%
2	时间	2	66.67%

“背”的“补位宾后式”共3个句子，“背沉草”中“背”与“沉草”语义详述位具有ECM中的对应一致关系。而“背黑锅”和“背恶名”发生了隐喻。例如：

(101) 沉草低下头，面对那匹白马那个骑马的人，他想起从前有很多日子，姜天洪背他去私塾上学，每背一次沉草赏给他半只馍。

(102) 妻子怀孕了，张达为了不让未出世的孩子跟着自己背一辈子黑锅，再次到省城申诉，而谢兰芬在期盼与等待中生下了一个男孩。

(103) 他自个儿不也有过类似的遭遇么？一旦做了艺人，自己和全家，就得背一辈子恶名，倒一辈子霉。不过他还是得活下去，想尽量过得好一点，改善环境。

通过对 15 个例句分析发现,"背"这个动词是个动作可控动词,所以有拷贝类和"下";"背"有时间的持续,因此可和时量搭配,时间可长可短。而且在和时量词搭配时其宾语出现了隐喻泛化。在通常情况下"人用脊背驮"的多为实物,但 15 个例句中有 5 个宾语分别是:人情债、黑锅、包袱、黑锅和恶名。与其组配的动量词,其中 3 个是"一辈子",另外 1 个是"一千多年",还有 1 个句子中"活一天你就得背一天"中也暗含"时间长"的特点。

第三,补位宾前式

表 4.22 "背"的补位宾前式

序号	动量词	频次	比例	备注
1	下	1	33.33%	共3个
2	结果	2	66.67%	

"背"的"补位宾前式"共 3 个句子:

⑭ 我十月怀胎,养下这般如花似玉的一个女儿,一句话就给了你,难道背我一下也不该?

⑮ 妈拿着很薄很薄的一罗儿纸。妈那天对我特别的好,我走不动便背我一程,到城门上还给我买了一些炒栗子。什么都是凉的,只有这些栗子是热的。

⑯ 我自己却只在去年才发现被人背在背上原来是如此的舒服。遗憾的是,他从没背过弟妹,只背我两圈就把我往床上扔。然后我们就躺在床上聊天,聊小时候的事……

上述例句中,动量词"下"是专用动量词,而"程"和"圈"为动作伴随结果,成为突显动量标记。并且其中宾语均为代词"我",是"单音节"和"已知信息",因此只能放在动量词之前,不能说"背一下我""背一程我""背两圈我"。

因为"补位宾前式"突显动作的频次,宾语又是代词,如果宾语是名词可以放在句末。例如:

⑰ 明天要和女友去爬山了,好想背一下我的宝贝女友,不知道要怎样才自然?(http://zhidao.baidu.com/question/104147718,访问日期:2015 年 7 月 1 日)

⑱ 假如有一天,我见到爱我的我也爱的人面前,我一定对他说:"亲爱的,替我背一下包好吗?我累了。"(http://www.xici.net,访问日期:2015 年 7 月 15 日)

因此,"背"这个动词所蕴含的详述位突显"空间移动"义,可用动量词"趟"对其进行精细化描写。"背"是动作可控动词,因此"下"和拷贝类可与其搭配;"背"要经历时间的延续,可以和"时间动量"组配;强调动作的频次,"回""次"可以入位。因此,可以和动量的"拷贝类""下""趟""时间动量""回、次"等组配,其动词经隐喻泛化,可与表示"背负义"的贬义抽象名词组配。

通过人的体验认知,"背"的东西本身一定会有一定的分量,可以是"人"也可以是"物",明确了自主-依存模型中的动词"详述位"之后,再考察动量词,均为表示长时间的动量词"一辈子"等。但"背一辈子"某个具体事物是不可能的,发生了语义冲突。据此,运用 ECM 自主-依存模型中的隐转喻机制调控,"背"的语义发生了隐喻,由"具体动作域"转为"抽象事件域",不是"背东西"的"背",而是"背负"。宾语由"具体物"变为抽象的名词,并且这些词大多为贬义词,需要人承担和背负,语义一致,由此完成组配;"背"也可以和表频次的通用动量"次"搭配。

通过对上述三个空间往返动词"去""搬""背"的动量分布的考察及动量用法的分析,我们发现由于"空间往返动词"的典型特征就是"位移义"和"往返义",因此,能进入其提供的动量详述位的动量词也需满足这一语义条件。通过对语料分析,我们也发现了这一特征。其后面通常可接如下动量形式:

(1) 最主要的是"趟",这是和动词的语义"契合度"最高的;

(2) "次"强调动作可以重复出现;

(3) "下"表示整体的"一下",非确指;

(4) 和动词本身语义密切相关的借用动量的情态类和结果类,如"背"的伴随结果"圈、程"等。

4.2.4 动作强持续动词的动量分布

"动作强持续动词"是指动作本身的长时间持续,而不是动作完成后状态的持续,参见图 4.13,是从实现点 A 到终结点 B 的动作持续。这种动作内部是同质的、连续的,动作连续性强,在时间轴上占据很长的时段,很难再重复,动量很弱。这类动词可以借助下列动词语义形式特征标准进行判定:+动量、+动态、+持续、-时限、-完成。例如:

等 歇 盯 盼 饿 渴 流 闹 怕 住 迷 恨 愁 留 熬

其判断标准为可以加一段时间,如"一会儿""半天"。

第四章 "自主成分"动词:与其组配的动量词分布概况　73

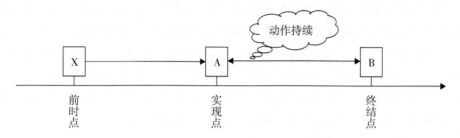

图 4.13　"AB"点间强持续动词

下面以"等一"为例,考察 13 个专用动量词的分布情况。

表 4.23　与"等一"组配的 13 个专用动量词分布情况

分类	序号	13 个动量词	数量(条)	比例	备注
频次类	1	次	3①	0.60%	动词总数: 等:426,825 条 等一＋专用动量词:499 条
	2	回	10②	2.00%	
数时类	3	下	486	97.39%	
	4	把	无	无	
累积类	5	通	无	无	
	6	气	无	无	
	7	番	无	无	
	8	顿	无	无	
整体类	9	遍	无	无	
	10	趟	无③	无	
	11	场(cháng)	无	无	
	12	场(chǎng)	无	无	
	13	遭	无	无	

表 4.23 表明,"等"可以和三种专用动量类型搭配,出现频次从高到低为:

---

① 我们总共搜到 17 个句子,但只有 3 条是"等"做动词的用法,其余为助词。如"由于企业收益好转,企业职工奖金等一次性收入可望增长,个人消费增长的势头将得以持续"。

② 我们总共搜到 12 个句子,但 2 条不是动量用法。如"金全礼一天一次去看;有时下县里去,等一回到地区,就必去医院看"。其中"回"是动词,而非动量词。

③ 我们搜到 1 个句子,即"有人想退下去,再等一趟西单停的,但游移之中,车已起动"。但"一趟"是修饰后面的成分。

"一下""一回"和"一次"。这三种动量形式是动量词的最基本用法,"等一下"远远高于"回、次"类,原因在于其语义不强调"等"的频次,发生了虚化。

"等"的语义是"等候,等待",其突显的详述位是"等"的对象和"等"的时间。如"等客人/朋友/电车/票/机会/座位",并且大多数情况下,"等"某物或某人都有一定的目的性。常见的动量构式为"等一下儿""等了几回""等了好几年"。下面根据"等"的语义详述位考察其在语料库中的具体分布情况。

第一种构式:补位单纯式

"等"的补位单纯式 1498 条,数量最多,按出现频次多少排列,依次为:拷贝类(等一等)、下、时间(等一会儿)、回、次。其中,"等一等""等一下"均已发生虚化,不是精确地计量。具体分布情况见下表:

表 4.24 "等"的补位单纯式在 CCL 语料库中的动量分布

序号	动量词	频次	比例	备注
1	拷贝类	688	45.93%	共 1498 个
2	下	486	32.44%	
3	时间	312	20.83%	
4	回	12	0.80%	

⑩ 郁容秋恋恋不舍地欠了欠身,算是送行。突然她说:"等一等,我有样东西要给你,"吃力地从床头柜里拽出一双鞋。

⑩ "等一下!"刘思谦说:"楚楚要和你说话!"

⑪ 一件棉大衣从背后披到了我身上,"屋里冷,你先暖和一下,等一会再开始。"说完,他又拉来一个电暖器,放在我的身边。

第二种构式:补位宾前式

表 4.25 "等类动词"的补位宾前式在 CCL 语料库中的动量分布

序号	动量词	频次	比例	备注
1	拷贝类	6	17.14%	共 35 个
2	下	27	77.14%	
3	时间	1	2.86%	
4	次	1	2.86%	

⑫ 游龙生跺了跺脚,转身冲出,冲到门口,又停下脚步,颤声道:"你……你若有种,就等我一年,一年后我誓复此仇。"

⑬ 你能不能再站在樱田门的石墙上等我一次?

⑭ 他递咖啡给她,"七天,晃眼即过,希望你等我一等。"

而"等我一年"和"等我一次"是确量,计量"等"的"时间"和"频次"。

第三种构式:补位宾后式

表 4.26 "等"的补位宾后式在 CCL 语料库中的动量分布

序号	动量词	频次	比例	备注
1	拷贝类	4	80%	共5个
2	下	1	20%	

⑮ 沈培穿上鞋子,"等一等我。"
⑯ "等一等我好吗?"他问,感觉到好像得把她永远紧紧地搂着才能活下去。
⑰ 那么,我相信依然爱着我的灵魂呀,为我深深地爱着的灵魂呀,你等一下我吧!

"等"是一个延续性动词,其语义特征是非时限、非完成,对这样的动词进行动量计量,通过加"时间量词",从而把动作限定在某一时段内,并且在这一时段内完成。时间量从"短时"到"长时"形成了一个时间连续统:一秒、一刻钟、一个多小时、一会儿、一阵儿、一上午、一下午、一天一夜、一星期、一年、一生、一辈子,等等。"等"这类动作强持续动词动作内部是同质的、连续的,因此,"等"的整体性很强,"拷贝动量词"与其语义高度依存,并且"等一等"和"等一下"都呈现出一种"时间虚化"现象,表示一种语气上的轻随。

4.2.5 瞬间点动词的动量分布

"瞬间点动词"是指不能用"一直"或"不停"切分为若干频度等级的"有量动词"。这类动词表示的是一个"量点",而不是一段"量幅",这类动词多表示从一种状态到另一种状态之间的过渡,介于两种状态之间,可以分为两组:第一组经常成对出现,表示两种相反的状态之间的过渡;第二组不能成对出现,并含有"结果"的语义特征。这类动词可以借助下列动词语义形式特征标准进行判定:+动量、+动态、-持续、+时限、+完成。例如:

第一组:来 去 回 分 合 进 出 开 关 起 落 上 下
        亮 灭 死 生 停

第二组:倒 到 塌 毁 得 掉 丢 断 过 化 还 寄 交
        接 尽 离 裂 熄

表 4.27 与"死一"组配的 13 个专用动量词分布情况

分类	序号	13 个动量词	数量(条)	比例	备注
频次类	1	次	25	62.50%	
	2	回	14	35%	
数时类	3	下	无①	无	
	4	把	无	无	
累积类	5	通	无	无	动词总数：死：121,614 条 死一+专用动量词：40 条
	6	气	无	无	
	7	番	无	无	
	8	顿	无	无	
整体类	9	遍	无②	无	
	10	趟	无	无	
	11	场(cháng)	1	2.5%	
	12	场(chǎng)	无	无	
	13	遭	无	无	

表 4.27 表明与瞬间点动词"死"组配的 13 个专用动量词的分布情况。其中"一次"25 条，"一回"14 条，"一场"1 条，只有三种类型可与其组配使用。"次""回"均对"死"的频次进行计量，"场"表示动作具有一个自然终结点，这与"死"的语义匹配。瞬间点动词的起讫点重合，而大部分动量词都要求动词为可持续动词，所以能和瞬间点动词组配的动量形式很少。

（一）动词"来"

动词"来"的语义为"从别的地方到说话人所在的地方（跟'去'相对）"，突显在"宾位"的施事，如"电报、客人、几个人、信、报纸"等，通常和动量词"一下儿、了两趟、了半天了、了两个月"等组配使用。

在自建汉语封闭语料中"来"总共 4 个，"去"20 个，具体分布见表 4.28—4.30。

---

① 我们搜到 1 条，但不是"死一下"构式。如：生活是严酷的，也是艰难的……鲍里涅维奇的死一下子使我倒下了。/ 我想两眼一闭，一切都完了。

② 我们搜到 1 条，但不是"死一遍"，而是"杀死"。如：我算出假如它发射子弹，可以在每十五分钟把大家杀死一遍。开头每次它转到我这边，我都微笑、招手。

表 4.28 "来"在自建汉语封闭语料中的动量分布

序号	动量词	频次	比例	备注
1	一下	2	50%	共4个
2	一次	1	25%	
3	一遍	1	25%	

⑱ 那你请总经理来一下,不然这儿结束不了!
⑲ 现在还在那儿,他一家子都在那儿,不经常来,一年差不多也就来一次。
⑳ 第一次,我跳得很好,可是导演却告诉我那只是试机,要我重新再来一遍①。

(二) 动词"去"

动词"去"的语义为"从所在地到别的地方(跟'来'相对)",突显宾语空位分三种情况:

(1) 表处所类,如"重庆、里屋";
(2) 表致使类,如"信、电话、公函、调令";
(3) 表施事类,如"一个人、一个检查团"等。

第一种构式:补位单纯式

"去"的补位单纯式共11个。

表 4.29 "去"在自建汉语封闭语料中的动量分布

序号	动量词	频次	比例	备注
1	一下	3	27.27%	共11个
2	一次	3	27.27%	
3	时间	3	27.27%	
4	一趟	1	9.09%	
5	一回	1	9.09%	

㉑ 回头对小张说:小张,我老婆厂的宣厂长给一个工人打了。让咱们去一下。
㉒ 为了方便农民领款,农信社给每户农民办理了存折,农民只需在第一次

---

① "来一遍"的"来"是孟琮等《汉语动词用法词典》中"来"的义项(3),即做某个具体的动作(代替意义更具体的动词),不是瞬间点动词。

⑫ 领款时到信用社去一次,以后发放直补资金时甚至都不用到农信社领款了。

⑬ 这天,宿舍里一位婆婆找上门来,要收林华为女,说自己孤单一人也好有个伴。小胡了解情况后同意了。谁知才去了一天,林华又被退了回来。理由是:"孩子大了,带不亲。"

第二种构式:补位宾后式

表4.30 "去"在自建汉语封闭语料中的动量分布

序号	动量词	频次	比例	备注
1	一趟	4	44.45%	共9个
2	一回	2	22.22%	
3	一次	2	22.22%	
4	一下	1	11.11%	

⑭ 他本来是喝白酒的,但为了陪我,也喝起了干红。席间,我去了一趟洗手间,回来后喝完最后一杯干红,发现头有些昏昏沉沉。

⑮ 天山横贯全疆、戈壁沙滩一望无际……不知自己什么时候能够有机会去一回新疆。过了若干年,终于有一个机会来了,我真真实实地踏上新疆这块土地。

⑯ 我却恰恰要买又白又干净又嫩的新书,有时看见想买的书被翻得有些残旧,如果不是特别喜欢,我会多去几次,平时是一个星期去一次书店,这下可能会一个星期去两次、三次,也许更多。

⑰ 楼彬也赞成这种观点,他说:"对于参展客商而言,已经到了香港,为什么不再去一下广东?他们可以有更多选择。"

通过字典义与语料库的使用情况对比,我们发现"来""去"的字典义与语料库用法基本一致,动词"来"突显施事,"谁"来,"什么"来了。因为"来""去"含有"空间位移"义,所以可和"一趟"连用。因为都是瞬间完成动词,因此在和"时间量词"组配时,后面都需加体标记词"了",就可表示动作之后"状态持续"的时间。而"去"突显的语义次结构是"哪里",因此,在"补位单纯式"后多出现地点名词。

(三)动词"回"

"回"的语义特征见图4.14:

第四章 "自主成分"动词:与其组配的动量词分布概况   79

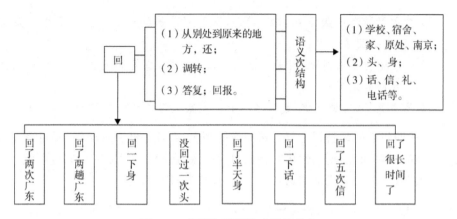

图 4.14 "回类动词"的动量词分布

"回"在语料库中总共 48 个句子,经过分类整理,共有三类。
第一种构式:补位单纯式

表 4.31 "回"的补位单纯式在 CCL 语料库中的动量分布

序号	动量词	频次	比例	备注
1	回了一声	4	44.45%	共9个
2	回了一刀	2	22.22%	
3	回了一笑	1	11.11%	
4	回了一瞥	1	11.11%	
5	(晚)回一小时	1	11.11%	

"回"的补位单纯式总共 9 例,分为四种类型:
(1) 伴随结果类"声";
(2) 工具类"刀";
(3) 动作类"笑、瞥";
(4) 时间类"小时"。
其中(1)、(2)、(3)类均为"回"的第 3 个义项"答复"或"回报",因为"回"是表示动作的往返,"一来一去"称作"回",由此,引申出"答复"或"回报"义。但通常动作也都是一瞬间即可完成。例如:

⑫ 女孩毫不在意地开朗地回了一声便走回了柜台。

㉙ 曹云奇骂道:"臭婆娘,缠个没完没了。"反手就是一剑。郑三娘左刀挡架,右手回了一刀。

㉚ 芊芊觉得不太对劲,对子默怯怯的回了一瞥,急促而不安的说:"子默,你要我回避是吗?"

㉛ 他看见了,对她一笑;她回了一笑。在寒风雪地之中忽然开了朵花!

上述四句中的动量词不仅计量动作的频次,而且也都表示动作"瞬间完成",只有这样才和"回"的瞬间性语言特征对应一致,在同一个 ECM 中完成组配。

"回"这类瞬间完成动作通常不与"时间段"连用。如:

㉜ *为了完成工时,保质保量,马开宝每天提前一小时到车间,下班回一小时,工作紧张时连天连夜地干。

㉝ 为了完成工时,保质保量,马开宝每天提前一小时到车间,下班晚回一小时,工作紧张时连天连夜地干。

例㉜是例㉝改编而成,去掉了"回"前面的"晚"字,一字之差,语义就不再对应,因为"回"的"瞬间性"与"一小时"的"长时性"相矛盾,不可组配。但例㉝的"晚",表达是在"回"这个动作发生之前的"一小时",就是另一种"回前"状态的持续,则与"一小时"可匹配。

第二种构式:补位宾后式

补位宾后式总计 36 例,占"回"与动量组配的 75%,其具体分布如下。

表 4.32 "回"的补位宾后式在 CCL 语料库中的动量分布

序号	动量词	频次	比例	备注
1	回一趟(老)家	13	36.11%	
2	回一下头	7	19.44%	
3	回一趟某地	6	16.67%	
4	回一次某地	4	11.11%	共 36 个
5	回一次家	3	8.33%	
6	回一次头	1	2.78%	
7	回一下某地	1	2.78%	
8	回了一下礼	1	2.78%	

从表 4.32 可见,"回"的补位宾后式与"回"的语义详述位密切相关。其中"回家"的比例最高,共 16 例;其次为"回某地"11 例;然后就是"回头"8 例;还有"回礼",仅 1 例。下面以"回家"为例,看动量词在其中的作用。

⑬ 今年夏天,周练萍带着儿子回了一趟娘家。
⑮ 就在今年3月7日,我回了一次家,正好遇上黔南贵定师范学校的一位老工人病故。

例⑬、⑮分别在"回家"的中间加上动量词"一趟""一次",量词在此处就具有了指称功能,分别指"今年夏天周练萍回家"和"今年3月7日我回家"。

第三种构式:补位宾前式

补位宾前式总共3例,分别为工具类和动作类,动量词置于句末,强调动作的频次。另外,也符合汉语的双音构式规律,且代词"我"是已知信息。

表 4.33 "回"的补位宾前式在 CCL 语料库中的动量分布

序号	动量词	频次	比例	备注
1	回我一刀	2	66.67%	共3个
2	回我一吻	1	33.33%	

⑯ 非要分出个是非善恶?今日我刺了你一枪,莫恨莫恼,明日你再回我一刀,我也不恨不恼。世上没有解不开的仇疙瘩。
⑰ 我有一次去看他,弯身和他亲吻。他的伤势已稍好转,很热烈地回我一吻。

"回"是个起讫点重合的瞬间动词,因此,其后加"了"可表示"回"后的状态,就可与"时间段"搭配。"回"的语义详述位含有"空间位移"义,所以也可和"趟"连用。宾语是前置还是后置,取决于很多因素,从动量构式的组合成分来看,宾语的位置既与宾语成分自身的类有关,又与动词的小类有关,有时还与动量词有关。

4.3 自主-依存与无量动词

4.3.1 无量动词的范围

在548个动词中,没有动量形式的动词如下两类。
第一,完全没有动量形式的动词:

朝(cháo) 称1① 当(1)②、(2) 得(děi) 恬 懂 该1 敢

---

① 动词后直接加数字,表示这个词没有动量形式,另一个同音同形词可能有动量,但语义上无任何关联。例:称1"叫;叫作",称2"测定重量"。称1无动量,但称2则有动量形式,如:称一下。

② 动词后括号内加数字,则表示这个动词有很多相关义项,但这个义项无动量。当(1)就表示"当"的义项①无动量"。

会 2(1)、(2)　叫 2　没 能(1)、(2)　抛(1)、(2)　凭(1)、(2)
是 1　是 2(1)、(2)、(3)、(4)　往　象(1)、(2)

CCL 语料库中无动量形式的动词有：

朝(cháo)　盛　当　得(děi)　懂　敢　怪　害　和(huó)　和(huò)
看(kān)　没　能　耪　沏　是　拴　褪　完　往　嫌　向　象　信
绣　锈　哑　邮　在　铡　织　转

第二,部分义项没有动量形式的动词:

挨(1)、(2)　爱(2)、(4)　安(1)　包(2)、(4)　抱(3)　背(1)　奔(1)
比(2)、(4)、(5)　变(2)　差(1)　成(2)、(3)、(4)　盛(chéng)
吃(3)、(4)　出(7)　穿(1)　传(6)　凑(2)　带(4)、(6)　等(2)
顶(7)　对(1)、(2)　发(fā)　翻(5)　放(12)　飞(4)　盖(3)　赶(5)
挂(5)　关(4)　滚(2)　合(4)　混(1)　寄(2)　见(4)　讲(4)
交(2)　叫(4)　卷(2)　开(4)、(7)、(14)、(15)　看(4)、(6)、(7)
来(2)、(4)　离(2)　落(5)　卖(2)　迷(2)　磨(5)　拿(3)
怕(2)　配(4)、(5)　破(5)　请(3)　求(2)　去 1(3)　染(2)
让(4)　惹(3)　认(4)　入(1)　赛(2)　杀(3)　上(4)　烧(4)
少(3)　胜(2)　使(2)　受(2)　数(2)　摔(2)　说(4)　算(4)、(6)、(7)
通(4)　投(7)　透(3)　吐(tǔ)　推(4)　吞(2)　脱(4)　拖(2)
下(11)、(13)　想(3)、(6)　向(1)　压(2)、(4)　咬(2)　要(2)
用(2)　有(3)、(5)　在(1)、(2)、(4)　照(4)　指(3)　撞(2)
问(4)　醒(3)

4.3.2 无量动词的无量原因分析

上述所列词语没有动量形式的主要原因是动词本身不具备动态性,或者没有起讫点,在理想状态下它们都没有动量形式。下面以动词"朝""称""当""惦"为例来解释这类动词没有动量形式的原因。

(1)"朝"的语义为"面对着;向"。其语义次结构是"朝着哪或面向哪"。常见的可对该空位进行精细化描写的词多为"处所"和"方向"类名词。例如：

⑱ 脸朝墙
⑲ 脸朝着大街
⑭ 这个单位的大门现在朝北,过去既朝过南,也朝过东。

"朝"是一个状态性质的动词,没有动作的起始点,因此不能说:

⑭ *单位的大门朝了南

因为"了"是表示从无到有的实现过程,朝了南,就意味着"朝"这个动作的结束。若说:

⑭ 单位的大门朝南

则表示一种状态的持续。若说:

⑭ 单位的大门朝过南

则表示到现在这个动作已经结束,成为过去的一种经历。因此,一个没有开始只有结束的动词,是"无界"的,不是一个独立的离散单位,因此没法计量,也就没有动量形式。

(2)"称1"的语义为"叫;叫作",其语义空位是"称"或"叫"的名称,例如"同志、老乡、朋友"等,称呼"什么"名称,大都具有一定的稳定性。因此它是一个强持续动词,一般不说今天称其为"老乡",明天就不"称"了。但这个词可以和"了""着"和"过"等体标记词连用。例如:

⑭ 秦灭亡后,项羽称了西楚霸王。
⑭ 嘴里称着大哥,实际上并没有那样尊重人家。
⑭ 他也称过好汉。

可加"了""着""过"的动词应该是有明确起讫点的动词,因此应该是"有界"动词,动作可计量,但"称"却没有动量形式。对语言结构的解释应该到语言外部去寻找(沈家煊 1999)。"称"虽然从语法形式上讲可以加三个体标记词,但从语义上讲,"称"的动态性非常弱,是个强持续动词,动作不可反复进行。因此,并不是所有"有界动词"都具有动量特征,还要看动作的持续性特征,强持续动词的动量特征弱,弱持续动词的动量特征强,可以反复。

形式学派认为语法是一个自治系统,不受语义的影响。Langacker(1987)则认为语法不是一个自主的形式表达系统,而是对应于各自的语义结构。从上述分析可见,"称"虽然形式上是"有界"动词,却无动量形式,形式学派无法解释,而用认知语法的形义配对观却可一目了然地解释清楚。

(3)"当"(dàng)语义为"当作;算作"或"以为;认为"。在这两种情况下,"当"都不单独做谓语,是一个具有主观命题态度的动词。例如:

⑭ 他一个人当两个人。

⑭⑧ 把别人的事当自己的事。

它们可以参照心理动词为什么没有动量形式来解释。第二种义项是"认为",也是一种主观性很强的命题态度句。例如:

⑭⑨ 我当小红呢,原来是小明。

此时,"当"没有明确的起讫点,不能形成动量构式。

"惦"的语义是挂念,同样是个状态动词,只有现在的状态,没有明显的动作起讫点。例如:

⑮⓪ 他总惦着这件事,快成心病了。

不能说:

⑮① *他惦了这件事。
⑮② *他惦过这件事。

但其双音节动词"惦记"却有动量形式,因为"记"的语义是把印象保持在脑子里,有明确的起讫点,可以有动量形式,可以说"记了三遍、记了三四年、用心记一下"等,其和"惦"组配之后,"惦记"的语义为"(对人或事物)心里老想,放不下心",就满足了动量的基本语义要求。例如:

⑮③ 惦记了半天。
⑮④ 惦记了好几年。

4.4 小结

本章主要考察在自主-依存模型中基于动词的动量分布情况及使用规律。通过对5类动词与动量词组配在语料库中出现频次的调查,本研究发现各类动量词对动词的依存程度并不相同。

(1) 与"短时高频反复动词"(如"舔")依存度最高的动量词是"下",其次为整体类动词"遍"和频次类动量词"次"。另外,"舔"和拷贝动量词的依存度也很高。因为"下"是表示动作发生的时间短暂、动作迅速的动量词,拷贝动量词也含有"短时、轻随"的语义特征,所以两者高度依存。用舌头从嘴唇一边舔到另一边表示一个圆周过程,因此可用"遍"或"圈"。舔的时间量可长可短,但大多都用约数表示,不用确数,多和"一会儿"或"半天"组配。

(2) 与"整体累积动词"依存度最高的是"拷贝类"和"次"。由于整体累积动词的典型特征就是"整体"和"持续",语料库也发现了与其组配的动量词具备这一特征,按频次高低依次为:"拷贝类""次""下""遍"。另外,借用动量词的使用要根据动词语义的具体蕴含情况,如"洗一水"等。

(3) 与"空间往返动词"依存度最高的是"趟"。语料库发现"去"与各动量词组配的分布频次从高到低依次为:"趟""次""下""回"和"遭"。其中"去一趟"比例最高。通过对三个空间往返动词"去""搬""背"的动量分布的考察及动量用法的分析,发现由于"空间往返动词"的典型特征就是"位移义"和"往返义"。对语料的分析,也发现了这一特征。另外,借用动量词的选用和动词本身语义密切相关,如"背"的伴随结果"圈、程"等。

(4) 与"动作强持续动词"依存度最高的是"时间动量""拷贝类"和"下"。"等"是一个延续性动词,通过后加"时间量词",把动作限定在某一时段内,其中时间从"短"到"长"形成了一个时间连续统。"等"的整体性很强,"拷贝动量词"与其语义高度依存,并且"等一等"和"等一下"都呈现出"虚化",表示一种语气上的轻随。

(5) 与"瞬间点动词"依存度最高的是"次"。瞬间点动词因为动作的"起讫点"重合,是可"离散"但非"持续"动词,因此,不与"段时间"动量词组配,但有时经体标记调控,表示后续状态则可。

通过详细分析与5类动词组配的动量词的具体分布情况,本研究发现,其中前4类动词的动态性从强到弱,依次为:

  短时高频反复动词＞整体累积动词≥空间往返动词＞动作强持续动词

而瞬间点动词,由于其无"时间持续",无法判断动态强弱。

动量词与动词的自主-依存组配是个动态的运作过程,在动量构式中,以事件域认知模型中的 action 的特征为对象,此时,动词相对自主,是中心成分,动量词是对动作的时间、频次和情状等进行描摹。即以自主动词为基准考察动量词,动量词的分布特征与各类动词本身的语义特征密切相关,也和动量词的语义特点紧密相连,两者实现组配的关键在于语义上的对应一致。

第五章 "依存成分"动量词：与其组配的动词分布与特征

本章主要在自主-依存联结中，基于动量词的语义特征考察动词的分布情况。在现代汉语动量构式中，动量词对动词的语义范围具有限定作用。动量词主要分为三类。

(1) 专用动量词，是已经高度语法化的一类词，共有13个，它们分别是：

次　回　下　把　番　通　气　顿　遍　场(cháng)　场(chǎng)
趟　遭

它提供的语义详述位是一个抽象化图式，可由满足语义条件的多个动词填入，对其进行精细化描写。

(2) 借用动量词，顾名思义，主要借用其他词类（如：名词或动词）临时充当计量单位，因此它具有开放性、庞杂性，且数量较多。

(3) 拷贝动量词，是通过借用其拷贝形式对动作进行计量的一种特殊构式，共约433个，如"蹦一蹦""淘一淘"等。

笔者发现，三类动量词对动词的语义有较大限制，但限制程度明显不同，从而形成了动量词对动词依存程度的级差之分。拷贝动量词的依存度最高，只能是原动词重复使用填入详述位。借用动量词对于动词的依存度要大于专用动量词，它们之间形成一个语义依存度不断降低的依存连续统，现根据依存程度性排列，顺序如下：

拷贝动量词＞借用动量词＞专用动量词

同时，专用与借用动量词的内部各小类之间对动词的依存度也存在差异，下文将通过语料考察与动量词组配的动词的语义特征及其分布情况，分析动词和动量词的依存程度，揭示两者之间的组配规律，以验证自主-依存模型的解释力。

5.1 分析范围

本章拟将专用动量词分为 4 类：
(1) 频次类，如：次、回；
(2) 数时类，如：下、把；
(3) 累积类，如：番、通、气、顿；
(4) 整体类，如：遍、趟、遭、场(cháng)、场(chǎng)。

我们还将借用动量词分为 5 小类，它们分别是：
(1) 动作类，如：跳等；
(2) 结果类，如：圈等；
(3) 器官类，如：眼等；
(4) 工具类，如：针等；
(5) 时间类，如：辈子等。

本章将以这 18 个动量词（13 个专用动量词和 5 小类借用动量词中各一典型用例）为检索词，在国家语委现代汉语语料库（www.cncorpus.org）中进行在线检索，共得 2768 个含有动量构式的例句。本章将以其为对象进行定性和定量研究。

表 5.1 国家语委现代汉语语料库 18 个动量词语料统计

专用动量词	次	回	下	把	番	通	气	顿	遍	趟	遭	场(cháng)	场(chǎng)
数量	108	183	362	223	62	59	73	273	479	220	15	97	30

借用动量词	眼	针	圈	跳	辈子
数量	33	37	216	143	155

5.2 语料统计与分析

5.2.1 专用动量词

下文将以这些专用动量词为基准，逐类考察与它们组配使用的动词的语义特征及其分布情况。

5.2.1.1 第一类 频次类

在全部动量词中，最典型的动量词为"次"和"回"，它们对动词的依存度最小，适用范围广，即其语义无明显特殊性，无法确定动词的具体范围。

（一）次

以"次"为检索词，通过对国家语委现代汉语语料库在线检索，共得 20,000 多条句子，笔者随机抽取 500 条，再经人工筛选，共得 108 条例句。

第一，"次"的语义特征

"次"的本义在《说文》中释为"不前不精也"。在先秦时用作动词，意为"临时驻扎"。郭先珍（2002:24）在《现代汉语量词用法词典》中指出，"次"为动量词，用以计量"可重复出现"的动作。它主要有两个义项。

（1）用在动词前，做状语。例如：

① 母亲在心里一次又一次地呼唤着女儿的名字，盼着她平安归来。
② 他多次邀请我去做客，"盛情难却"，我只好去了。

（2）用在动词后，做补语。例如：

③ 世界田径锦标赛每 4 年举行一次，因其在奥运会的前一年举行，所以被田径界称为"小型奥运"。
④ 他说，我在台湾献过20 几次血，今天，是"红十字"标志吸引我来了！

关于动量词"次"的来源问题，汉语界已做过一些研究，在"次序""位次""驻留"这几个义项中，由于"位次"是用来描写天体运行的区域，因此最初"次"只和"天体行进义"动词搭配。但笔者认为因为"次"的"驻留义"相当于动作的一个终止点，而根据人的体验认知，动作的终点恰好和动作的"有界性"密切相关，自然就可作为动作的频次标记。于是，"次"自魏晋南北朝开始和表示其他义项的动作动词组配，起初出现频率很低，这种状况一直持续到唐五代。但到了宋元时期，开始蓬勃发展起来，它逐渐成为目前汉语中最通用的表"频次义"的动量词，是与其"驻留义"和人对动作的一次"体认"紧密相关的。

第二，"次"与动词的自主-依存语义特征

下面根据"次"的语义，结合其在语料库中的实际使用情况，来考察"次"的自主-依存语义特征。

第五章 "依存成分"动量词：与其组配的动词分布与特征

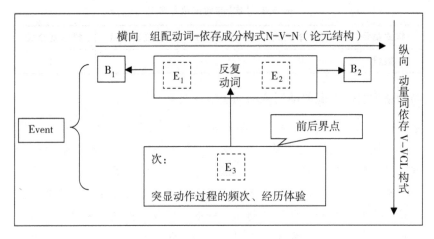

图 5.1 "次"的 ECM 自主-依存模型

图 5.1 中,在 ECM 模型统领下,横组合是基本层级,此时,动词是自主-依存联结中的依存成分,预示着 E_1 和 E_2 两个详述位,一般分别可用施事 B_1 和受事 B_2 进行填充。E_3 是动量词"次"的详述位,在动量构式中,动词是自主成分,动量词是依存成分。现详细解释如下：

(1) 从动量词"次"看 E_3,依据其语义特征,它突显了"动作过程的频次、经历体验",只有满足"次"的这一突显义的动词才可对其进行精细化描写。例如：

⑤ 身上的防寒服,一天不知被海水打湿多少次,晚上回来,从头到脚都结满一层盐碱。

⑥ 仅去年,她就出差八次,共一百六十多天。

(2) 从动词看 E_3,它具有的"可反复性",才可对这类动作进行精细化计量描写,以能表示动作的"频次"。例如：

⑦ 现在,联谊会已拥有 18 岁到 76 岁的会员 210 人,并去昆山等地创作两次。

⑧ 但是,纪艾华先生预告,将来奶牛饲养得好,可以一天挤三次奶。

据此,通过自主-依存两个方面看 E_3,动作的"反复性"和动量的"频次性"之间在语义上便可形成对应一致,组配形成"动词＋数词＋次"的动量构式。

第三,"次"的语料统计分析

与动量词"次"组配的动词或动词短语共 108 个,按位置可分为"状位"和"补位"两种,具体划分见表 5.2。

表 5.2 "次"的句法位置分布

构式类型	补位单纯式	补位宾后式	补位宾前式	状位复合式
数量	35	28	4	41

与动量词"次"组配的动词或动词短语主要有:

去 4① 举行 4 做 4 打 4 举办 3 搞 3 来 3 进行 2 作 2 送 2 出 2 警告 2 召开 2 献血 2 看 2 到 2 赴 砍 钻 翻 学 回 渡 跳 醉 倒 购 催 吐 服 煎 讲 吃 喝 算 找 尝 找 想 擦 修 排除 提高 迟到 召开 填写 打架斗殴 震颤 上门 伪造 参加 发表 化验 创作 争夺 突破 出差 练习 修订 劝说 催促 搬家 发生 使用 售出 纠正 出现 荣立 经过 传球 考核 挤奶 倒转 离家 塌方 沉默 远射 打成平局 照射 打破纪录 清理整顿

表 5.3 与"次"组配动词的语义分类及频次

动词类别	数量	比例	具体分布
轻动词②	15	13.89%	做 4、打 4、进行 2、作 2、搞 3
具义动词	93	86.11%	去 4、举行 4、举办 3、来 3、送 2、出 2 等
全部	108	100%	突显动作过程的频次、经历体验

表 5.3 表明,"次"的语义范围非常广,108 个与"次"组配的动词,其中轻动词占 13.89%,具义动词占 86.11%。从内容上看,具义动词包括"吃、喝、看"等生活中常见动词,也包括表达体育比赛、会议安排等意义的动词,无法再根据语义细致划分,几乎所有的"有界"动词都可以与"次"组配,表示动作的"频次"。

(二) 回

以"回"为检索词,通过对国家语委现代汉语语料库在线检索,共得 534 条句子,再经人工筛选,共得 183 条例句。

第一,"回"的语义特征

"回"的本义为"旋转回旋",《说文》:"回,转也。"郭先珍(2002:65—66)指出,"回"为动量词,用以计量动作的次数,相当于"次"。它主要有两个义项。

---

① 动词后的数字为在语料库中的出现频次,若没有数字则表明出现一次。其余同理标注。
② 轻动词,即乏义动词,目前汉语界公认的是"做、作、搞、进行、打"等。

(1) 与数词结合为数量短语后,在句中做补语,如果动词后有宾语,"回"可在宾语前,也可在宾语后。例如:

⑨ 太太碰了几回钉子,也就不敢多讲话了。
⑩ 陈淮海默默地对罗一明说:"朋友,我帮了你一回。"

(2) 与数词结合为数量短语后,在句中做状语。"回"可在句中,也可在句首,后面可以停顿,表示事情发生的时间。例如:

⑪ 十多回情场角逐,他基本品出姑娘们的"口味"来了。
⑫ 他们把自己的红眼眶的女人留在家里卖点小菜之类,他们就这么一回一回往返地背茶包。

"回"作为动量词,其语义经历了一系列演变。刘世儒(1965:258—259)认为"回"是"专用来表示一般动作的'往返'次数,'往返'一次就叫'一回'"。正是"回"的"往返义"体现了人从起点到另外某一点再回到起点的动作过程,涉及了人对动作过程起始的一次体验,因此,动词"回"才一步步转化为计量动作频次的动量词。有关"回"的动量词用法,刘书认为"在南北朝这种用法确实还不多见,它还是处于发展的初始阶段""但大约到了唐代,'回'用作动量才大量通行开"。王绍新(1997:41)则考察从南北朝到唐五代"回"的发展情况,认为"'回'在所有动量词中发展最快。从数量上看,它在《全唐诗》中出现达333次,居专用动量词之首;从所量对象来看,由仅含往返义的动词发展为形形色色的动词,成了当之无愧的通用动量词(刘书称为'无色量词')",并且按"回"的称量对象把"回"分为九大义类。陈颖(2003:195)通过对苏轼作品中动量词的研究,指出:"到了宋代,'回'作动量词不仅用例多,而且在所量的动词中,相当一部分是双音节的,如'搜寻了一回'、'巡赏一回'。这说明'回'作为动量词已经相当成熟。"此时,"回"可以称量与其本义有联系的"带方向性""周期性变化"的动词,也可以称量表示其他动作和精神活动的动词,与"回"的本义已没有联系。在南北朝时期产生的动量词"回"在唐五代时期发展成熟。

第二,"回"与动词的自主-依存语义特征

下面根据"回"的语义,结合其在语料库中的实际使用情况,来考察"回"的自主-依存组配语义特征。

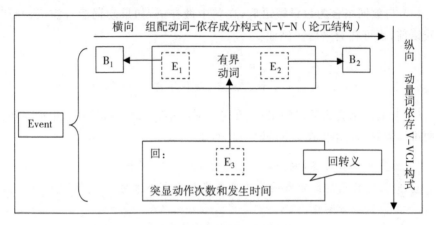

图 5.2 "回"的 ECM 自主-依存模型

在图 5.2 中,在 ECM 模型统领下,横向组合是基本层级,此时,动词是自主-依存联结中的依存成分,预示着 E_1 和 E_2 两个详述位,一般分别可用施事 B_1 和受事 B_2 进行填充。E_3 是动量词"次"的详述位,在动量构式中,动词是自主成分,动量词是依存成分。E_3 是动量词"回"的详述位。现分别解释如下。

(1) 从动量词"回"看 E_3,依据其语义特征,它突显了"动作的次数和动作发生的时间",只有满足"回"的这一突显义的动词才可对其进行精细化描写。例如:

⑬ 我继续说:"莲子,主意得自己拿,做人一辈子,只能爱一回;你要是这一回都不爱,你会后悔一辈子的。"

⑭ 她性情很好,功课也不弱;我同她会见了好多回,谈得很投机;她也佩服我。

(2) 从动词看 E_3,它具有的"有界性",才可对这类动作进行精细化计量描写,以能表示动作的"次数"。例如:

⑮ 等丈夫出差了,她又请了技术人员来重搞新的样机,她知道丈夫出差半个月,她想在这半个月里再试一回。

⑯ 我给你讲过多少回,也不知道你能相信谁的!

据此,通过双向考察看 E_3,动作的"有界性"和动量的"频次性"之间在语义上便可形成对应一致,组配形成"动词+数词+回"的动量构式。

第三,"回"的语料统计分析

与动量词"回"组配的动词或动词短语共 183 个,按位置可分为"状位"和"补位"两种,具体划分见表 5.4。

第五章 "依存成分"动量词：与其组配的动词分布与特征 93

表 5.4 "回"的句法位置分布

构式类型	补位单纯式	补位宾后式	补位宾前式	状位复合式
数量	101	62	9	11

与动量词"回"组配的动词或动词短语及分类如下。

(1) 光杆动词：

试6 见5 说5 来5 去4 讲3 (痛)哭3 看(见)3 笑3 打2 坐2 斗(争)2 过2 碰上2 玩耍 用 反复 抬 演 帮 撤 压 爱 拥抱 想 玩儿 求 卖 拿 审视 望 绕 戒 叫 做 吵 发生 观察 埋怨 发醒 体味 商量 烫 睡 停 装饰 盘问 诊察 放 钉 估价 巡礼 光 搬 到 走 死 填写 活 休息 采 找 观察 饶 心疼 刷 得 飞 倒 取消 数落 进步 吃 提 劝 谈 得 原谅 出现 出来 救活 遇上 下 背 交手搏斗 情场角逐 拳打脚踢

(2) 带宾动词：

碰钉子2 革命2 打仗2 鼓掌 吵嘴 换装 当经理 吃饼 吃圆肚子 搬鞭炮 露面 种田 对杯 决斗 换肾 得"艾滋" 哭鼻子 尿炕 逛庙会 当模范 装病 赚钱 抬杠 踏地雷 沾吐沫 经过谈话 磕头 坐车 讨借钱 收生谷 灌米汤 走险路 砍首蓿 看电影 碰壁 抛锚 开玩笑 戴帽子 假充公务员 举行展览会 交手 吃奶 放鱼 发幻想 听音乐 看大字报 作厨子 红过脸 作检阅 念焰口 经过蜕皮 做介绍人 打算盘 下雨 送吃的 得奖 领奖金 闹意见 吃败仗

表 5.5 与"回"组配动词的语义分类及频次

动词类别	数量	比例	具体分布
光杆动词	121	66.12%	试6、见5、说5、来5、去4、讲3等
带宾动词	62	33.88%	碰钉子2、革命2、打仗2、鼓掌、吵嘴、换装等
全部	183	100%	表示动作的次数，突显动作的时间

通过表5.5的动词语义分布可以看出，在183个与"回"组配的动词中，光杆动词占到66.12%，这表明该类动词与"回"高度依存，其中"试、见、说"等对"回"的依存频次更高一些。"回"的本义中具有"往返义"，因此，具有方向性的"来"

"去"等动词也占据了一定的比例,这沿袭了"回"自身的语义特征,它们的频次达到 4 次,也说明这类动词对"回"的依存度很高。

5.2.1.2 第二类:数时类

(一)"下"

以"下"为检索词,通过对国家语委现代汉语语料库在线检索,共得 2386 条句子,再经人工筛选,共得 362 条例句为动量用法。

第一,"下"的语义特征

"下"的本义为"事物的底部",又引申指从上到下的动作。《说文》:"下,底也。"郭先珍(2002:155—156)指出,"下"为动量词①,用以计量动作的次数,可儿化。它主要有 3 个义项。

(1) 数词不限。做状语或补语。例如:

⑰ 我再用锤子一下下敲打扳手,扳手缓缓向一边移动,终于,"啪"的一声,扳手完全移到另一边了。

⑱ 一直到壁上的大挂钟敲了三下,小伙子才好像突然记起什么事似的,连忙分开众人,急欲脱身。

(2) 数词多用"一、几、两、三"等,"数词+下"构式做状语,含"快速"义,有时可带"子"。例如:

⑲ 吴清正到旁边弄下一些竹枝当扫帚,三两下清扫完地面,然后一字形靠墙坐下。

⑳ 杨子荣既成竹在胸,对答如流,又利用敌人的贪婪本性,主动开展"攻心战",出一卷为许大马棒视为"至宝"、又是坐山雕所"朝思暮想"的"联络图",一下子就牵着坐山雕鼻子团团转。

(3) 数词限用"一","一下"构式做补语,含"时距短"或语气轻随的意味。例如:

㉑ 刘晓雯愣了一下,想要考虑但却不由她考虑,手已经伸给他。

㉒ 两位来客把初到时讲的一番话重说了一遍,慢吞吞地说:"好吧,你们好好商量一下,我们今天赶回宁波去,明天上午再来。"

"下"作为动量词的用法是由方位词"下"引申出来的。刘世儒(1965:261)指

---

① "下"也可做名量词,有两个义项:(1)修饰本领、技能,数词常用"两、几",如"真有两下";(2)方言中用于表器物的容量,如"宝宝喝了半下牛奶就睡了,奶瓶里还剩余半下"。

出:"'打击'义的动作一般都是从上而下进行的,所以'下'作为动量就常用来称量这类动作;又因为'打击'之类的动作一般进行得都是比较快的,所以,'下'的作为动量就又常常兼含有表示'短时距'的意味。""下"作为动量词在汉代中叶萌芽,但真正形成则是在南北朝,"下"在南北朝时与其搭配的动词只能是"打击"义动词,要求动作的进行状态必须有向下的趋向,动作进行的时间,都有"短时距"的特点,在那时,更一般化①的用法还没有出现。通过对唐五代时期"下"的用法考察,曹芳宇(2010:227—228)认为:"唐五代的'下'继承前代用法,常与击打、敲打类动词搭配,也可以和其他表示向下位移的动词搭配。下落的过程是短而快的,所以'下'也可以用于一些持续时间较短的动作。这些动作可以不是垂直运动的,甚至不发生明显的位移。动量词'下'也只凸显这些动作的短时性。"由此可见,在唐代与"下"搭配的动词已经发生了隐喻泛化,可选动词范围不断扩大。到了宋代,其表示"快速"义的用法发展较快,另外还增加了"轻微、随意"义。经金桂桃(2007:188)考察认为:"动量词'下'正式形成于魏晋南北朝时期,发展于唐宋元时期,基本成熟于明代,完全成熟于清代。"根据"下"的语义演化过程,可以管窥"下"的体验基础,在最初就是人们从上向下的动作,一上一下也具有了天然的起讫点,正好与动作的有界性相吻合,于是,成为计量动作的量标记也理所当然。

郭先珍(2002:156)还对动量词"下""次""回"作了对比,认为它们"都是动量词,都可以表示动作的次数"。但它们的词义和用法却又有些不同。

表5.6 "下""次""回"语义用法异同比较

动量词	语义特征	相异之处
下	表示"动作快、时距短"。做状语时,往往表示"快速"。做补语、数词为"一"时,表示动作时距短,有时还暗含随便的口气	①"下"和"次"不同,不表示重复出现的动作或者事物 ②"回"和"次"有"有一回""有一次"的用法,摆在句首,后有停顿,以引起下文。"下"无此用法
次	表示重复出现的动作或者事物	"次"仅表示动作的单位量,不表示动作快速或者时距短
回	"回"做动量词时,相当于"次"	

---

① 专表"短时距",不受动词性质限制,从打击类动作经隐喻发展到其他类动作,如"想一下、笑一下"等。

第二,"下"与动词的自主-依存语义特征

现根据"下"的语义,结合其在语料库中的实际使用情况,来考察"下"的自主-依存语义特征。

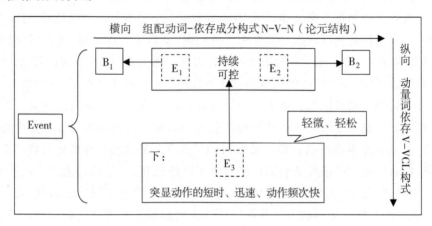

图 5.3 "下"的 ECM 自主-依存模型

在图 5.3 中,E_3 是动量词"下"的详述位。现具体解析如下。

(1) 从动量词"下"看 E_3,依据其语义特征,它突显了"动作的短时、迅速、动作频次快",只有满足"下"的这一突显义的动词才可对其进行精细化描写。例如:

㉓ 一只小沟鼠跑近数 7 问:"如果在你头上拍几下,你能变出几个质因数来?"

㉔ 奶奶说什么也不让,猪被赶走的时候,奶奶两眼墨黑地一下扑到猪身上,栽倒了。

(2) 从动词看 E_3,它具有的"持续性"和"可控性",才可对这类动作进行精细化计量描写,以能表示动作的"短时""迅速""频次"等。例如:

㉕ 向来话很多的邮差举起一个长方形的包裹,在空中幌了两下。

㉖ 她见我不冷不热的样子,眼睛眨动了几下,说:"俺知道了,你不会随便唱的。"

据此,通过双向考察看 E_3,动作的"持续可控"和动量的"短时迅速"之间在语义上便可形成对应一致,组配形成"动词+数词+下"的动量构式。"下"也是语义较宽泛的动量词之一,随着其使用频率的增加,其所附加的轻松、尝试义有逐渐增多的趋势。

第三,"下"的语料统计分析

与动量词"下"组配的动词共362个,按位置可分为"补位"和"状位"两种,具体划分见表5.7。

表5.7 "下"的句法位置分布

构式类型	补位单纯式	补位宾后式	补位宾前式	状位复合式
数量	199	142	5	16

与动量词"下"组配的动词[①]或动词短语及语义分类如下。

(1) 普通动作类:

按7 看6 瞟 瞥 碰2 钓 搓2 响5 找2 拉2 梳 吃 接 问 谈 指2 捏2 抱 蹬3 亲 帮 挨 揿2 擦(拭)2 弹2 握 扑 翻 舔2 摸3 抹2 去 牵 揉 嵌上 扬 给 扒 数 来 啄 掉 跺 抡 啄 挠 抽 推 捧 谈 怀 愣2 听 背 甩 抚 弄 搅 拱 咬 烫 清扫 撑 苦笑3 微笑3 查看 削 撞倒 拨 抻 蹭 拔出 刷 抖2 吸 喷 拖 踢 扬 扣 拂 罚 咂 扇3 剪 捅 传来 说 卷 跟 上去 过水 转 戳 哽咽 丈量 小解 轰鸣 打招呼 打手势 上了墙头 打量2 引见 咳嗽2 哆嗦2

(2) "拍打击抓"类:

敲21 拍(手、掌心、大腿)12 打7 击5 捶2 磕打2 拽2 抓扯2 鞭笞 砍 拍 敲打 拍打 击鼓 撞 磕马腹 捶 抓挠 揪扯 扯 摔 抓 挠 扭

(3) "跳闪动摇"类:

动9 抖动4 蹦3 摇(铃铛)3 闪动2 挣(动)2 跳2 跳动2 眨动2 震动2 (摇)晃2 摇2 闪光 闪 闪烁 冲动 扇动 禽动 移动 动弹 眨 颠 歪斜 幌 比划

(4) 器官类:

点头22 摇头7 挥手5 眨巴眼睛3 摆手2 伸腰2 努嘴2 咂嘴2 扭头 摆头 歪头 握手 扬手 招手 揉眼睛 抿嘴唇 伸腿 跷脚 跺脚 蹙眉 洗手 转身 踢腿 掠头发 梳拢头发 皱眉头 开动脑筋

[①] 在语料检索中,我们也发现形容词"亮、暗、红"等和"下"组配的构式,还有一例为名词"鼓声"。

探询目光

（5）抽象类：

挣扎2 犹豫3 考核2 研究 试探 征求 改造 提示 批评 回忆 请示 犹疑 迟疑 留神 镇定 商量 告辞 体验 考虑 惊骇 了解 刺激 端相 模仿

（6）拟声类：

嘭嘭嘭 咯噔 刺啦 嗤嗤 嗵嗵嗵 砰砰 嗖

表 5.8 与"下"组配动词的语义分类及频次

动词类别	数量	比例	具体典型分布
普通动作类	145	40.06%	按7、看6、响5、苦笑3、微笑3、摸3、扇3等
"拍打击抓"类	69	19.06%	敲21、拍12、打7、击5、捶2等
"跳闪动摇"类	48	13.26%	动9、抖动4、蹦3、摇（铃铛）3、闪动2等
器官类	65	17.96%	点头22、摇头7、挥手5、眨巴眼睛3、摆手2等
抽象类	28	7.73%	挣扎2、犹豫3、考核2、研究、了解等
拟声类	7	1.93%	嘭嘭嘭、咯噔、刺啦、嗤嗤、嗵嗵嗵、砰砰、嗖
全部	362	100%	突显动作的短时、迅速、动作频次快

通过表5.8动词的语义分布可以看出，与"下"搭配最多的是动作类动词，"下"的语义分布与其语义演变的历程密切相关。在现代汉语语料库中，"下"的语义特征依然沿袭了前代用法，主要表达"短时义""轻随义"，动作类短时动词由于其本身的语义空位中蕴含着与"下"的语义空位一致的语义因子，所以，依然是对"下"进行精细化描写的主力军，共占到90.61%，其中普通动作动词145个、"拍打击抓"类动词69个、器官类动词65个、"跳闪动摇"类动词48个，分别占据动作类的40.06%、19.06%、17.96%、13.26%。从这个比例分布来看，高频反复动词与"下"的语义依存度最高。

另外，抽象类动词，如"挣扎、研究、试探、征求、改造、提示、批评"等，这些动词本身没有高频反复的迅速义，和"一下"组配后，主要表示语气的轻随，这类动词的比例为7.73%，且其使用频率有逐步升高的趋势。例如：

㉗ 这四段文字都应用"由于……"的构造，所以我们不妨先研究一下这种构造的一般情形。

拟声词"咯噔",用来形容皮鞋踏地或物体撞击等声音。下面分析"拟声词+一下"的自主-依存语义关系。通过考察语例中出现的7个拟声词"嘭嘭嘭、咯噔、刺啦、嗤嗤、嗵嗵嗵、砰砰、嗖",我们发现,这些拟声词都有表示动作迅速的意思,这和"下"所提供的语义次结构的突显语义形成了对应,但拟声词不能和"下"直接组配,它们得以组配在一起,转喻机制发生了重要作用,即首先用发出这些动作的声音代替这个动作,在心智中转化为短时高频动词。由于"下"和短时高频动词的高依存度,拟声词也和"下"形成了依存关系,但由于其使用频次不高,依存关系还不够紧密。从例㉘可见,"啪啪"地打了两下,"啪啪"就是打脑袋的声音。通过刚才的分析,"啪啪"与"下"也具有了语义依存关系,因此可以直接说:

㉘ 李世杰又把鞋拾了起来,照着李要武的脑袋"啪啪"地打了两下。
㉙ 李世杰又把鞋拾了起来,照着李要武的脑袋"啪啪"两下。

在自主-依存结构组配过程中,"隐转喻"机制发挥了重要作用,这是ECM的自主-依存模型中植入隐转喻机制之所在。

(二) 把

以"把"为检索词,对国家语委现代汉语语料库在线检索,共得1062条句子,再经人工筛选,共得223条例句为动量用法。

第一,"把"的语义特征

"把"的本义是"握,持"。《说文》:"把,握也。"郭先珍(2002)指出,"把"为动量词,它主要有两个义项。

(1) 计量手的某些动作量。

a. "把"用在动词后,数词限用"一"或"两"(有时可省略)。例如:

㉚ 垦荒队员们紧张劳动了一天,痛痛快快地洗一把脸,然后就三五成群地坐卧在池沼旁边柔软的草地上看晚霞,或者唱歌。
㉛ 在这时刻,杜锡才"推"了她一把,积极鼓励她到体院深造。

b. "把"用在动词前,前面的数词多用"一",不可省略,常含"动作快而短暂"的意思。例如:

㉜ 李宝德上前一把握住了田文中的手,感动地说:"好人!"
㉝ 忍着伤口的疼痛,我来到凉风习习的阳台上,一把拉住小沈左手臂,轻声说:"怎么还不睡?"

(2) 〈方〉计量动作行为的次数。例如:

㉞ 他已经出国好几把了。

第二,"把"与动词的自主-依存语义特征

下面我们结合语料库,对"把"的语义进行细致划分,考察"把"的自主-依存语义特征。

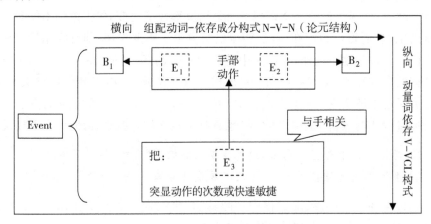

图 5.4 "把"的 ECM 自主-依存模型

在图 5.4 中,E_3 表示持续可控的动词之所以能和动量词"把"组配,原因如下。

(1) 从动量词"把"看 E_3,依据其语义特征,它突显了"动作的次数或快速敏捷",并且由于其作为专用动量词的时间较晚,语义泛化程度不高。目前,与它组配的大多为"手部"动作动词,满足"把"的上述突显义的动词才可对其进行精细化描写。例如:

㉟ 陆文斌的爸爸哪里能搂住火,上去一把扯住黄歪头就要动手。

㊱ 踏到医院大门口,踏车老人的布衫背部已经湿了一片,头上汗水淋淋,进入大门的坡度又较高,踏是踏不上去的了,于是我要求下车步行,并且帮他在车后推上一把,聊表感激之情。

(2) 从动词看 E_3,它具有的"一抓一握"特性,才可对这类动作进行精细化计量描写,以能表示动作的"频次或快速敏捷"。例如:

㊲ 刘成安奔过去,动手打吧,又碍着众人的面,只好没趣地弯下腰,把地上那条沾满泥巴的小鱼拣起来,扔进水里,然后推了统伢子一把,说:"小东西,这里没你的事,到一边去!"

㊳ 当时走了过去,从那战士手中一把夺过烟斗,笑道:"有这么好的烟,为何只你自己抽?"

据此,通过双向考察看 E_3,动作的"快速抓握"和动量的"频次或快速"之间在语义上便可形成对应一致,组配形成"动词+数词+把"的动量构式。

动量词"把"和"下"一样,"把"也是既表示动作的频次,又表示动作时间的短暂,属"数时"范畴动量词。"把"的语义次结构突显的最主要特征是所辖动词都是和手部动作相关的,"把"和手部动作动词的依存度最高。但在"把"的自主-依存模型中,新语言现象层出不穷,与"把"依存的动词的范围也在逐渐扩大,只是这时"把"的手抓握的"情状义"降低,"频次义"提高。"把"是一个观察从借用动量词到专用动量词的最好窗口,因为从 2005 年第 5 版《现代汉语词典》到 2012 年第 6 版《现代汉语词典》的七年间,比较两版词典对"把"的语义描述发现,"把"新增了义项⑤:"用于动作、事情的次数"。可见,"把"已经成为专用动量词的一员了。这样,"把"对动词的依存度也在发生变化,因此,从与手部动作的全部依存到与其他动作的可依存,正是隐喻机制在发挥作用,使得"把"对动词的限制变小,和手部动词的依存度降低。

第三,"把"的语料统计分析

与动量词"把"组配的动词共 223 个,按位置可分为"状位"和"补位"两种,具体划分见表 5.9。

表 5.9 "把"的句法位置分布

构式类型	补位单纯式	补位宾后式	补位宾前式	状位复合式
数量	32	26	16	149

与动量词"把"组配的动词或动词短语及分类如下。

(1) 状位复合式:

抓住 33　拉住 19　揪住 8　夺过 5　抢过 4　抓起 4　抱住 6　拉过 3
拉开 3　拦住 3　抓下来 2　抓过 2　搂住 2　拉过来 2　拽住 2　摘下来 2
握住 2　按住 2　扯下来 2　抢下　抢出　抓回　抓过来　抓了过去
拉过去　拉进　拉上　拉下来　拉了我　扶起　搂在怀里　拉在怀里
抱在怀里　抱过来　扭住　勒住　拽出来　夺过来　夺回　夺去　攥紧
攥住　撸下　摔倒　撕碎　掐死　推开　推进　拖将下来　拖住　拧下
捅进　按下　撂倒　扯住　扯过　扯走　扎成　抢下　抠住　掀下来
揉成

(2) 补位单纯式:

拧 5　推 3　拉 3　扶 3　抓 3　抹 3　帮 2　摸 2　捞 2　扭 2　搓　擦　捅　揪

(3) 补位宾前式：

抹眼泪 4　擦汗 3　抹汗 2　洗脸 2　拉　擦脸　扯　抓　摸

(4) 补位宾后式：

推 9　拉 9　帮 5　拽 2　搡

表 5.10　与"把"组配动词的分类及频次

动词类别	数量	频次	具体典型分布
状位复合式	149	66.82%	抓住 33、拉住 19、揪住 8、夺过 5、抱住 4 等
补位单纯式	32	14.35%	拧 5、推 3、拉 3、抓 3、扶 3、抹 3、帮 2 等
补位宾前式	16	7.17%	抹眼泪 4、擦汗 3、抹汗 2、洗脸 2、拉等
补位宾后式	26	11.66%	推 9、拉 9、帮 5、拽 2、搡
全部	223	100%	突显动作的次数或快速敏捷

表 5.10 表明："把"的语义次结构突显与"手"有关的动作，语料库中的全部例句均为与"手"相关的动作。使用频率最高的动词是"抓"，"抓"的意义为：手指聚拢，使物体固定在手中。与"把"的语义一致。而且，我们知道"状位"并非动量结构的典型句位，但是动量词"把"在状位的比例远远高于其在补位的使用。因为"把"是一个处于"正在进行时"的动量词，即它的语义正在发生泛化，处于"与手相关的动作占主流的阶段，但已经出现了隐喻泛化，其他动词也可进入这一构式"。从语义分布的比例看，依存度最高的是动词"抓"，状补位总计 48 个，占 21.52%；其次是与"拉"有关的动词或动词短语 46 个，状补位总计 46 个，占 20.62%。但除了与手部动作高度依存外，目前，不是用手完成的动作也进入了"把"的自主-依存模型中。为了探寻这种新用法的起源，笔者又对 CCL 语料库进行了检索，搜到"火一把"12 条，其中 1、2 两条重复，应该为 11 条。例如：

㊴ 业内人士认为，以上种种改革措施，加之今年国民经济良性发展，……人们的金融投资风险意识提高等等因素，今年的国债极有可能再火一把。

㊵ 何日在亚洲的中距离赛跑中使中国男运动员也火一把，这是一批又一批中国田径选手的热望。

1987 年春晚费翔演唱的《冬天里的一把火》的确让他"火了一把"，这可能是"火一把"形成的最初形式。搜寻"红一把"，总共 3 条语例，其中只有例㊶是符合要求的动量用法。

㊶《日出》获那一年金鸡奖最佳编剧奖，本来万方是可以借此机会红一把

的,但她总是腼腆而真诚地对采访她的记者们说:"等我再得一次奖您再写。"

"红"由于与"火"的关系紧密,也可以用于这种构式之中。"玩一把"17条,最早出现在1993年。例如:

㊷ 这却不是哪个明星都能玩一把的。

"炒一把"6条,最早出现在1994年。例如:

㊸ 越是投资浩大的项目,越是能摒弃一些盲目投资者,或是打算来此炒一把就走的投机者。

"搓一把"1条。

㊹ 柳丙寅搓一把手上的泥土,和我并肩坐在田埂上唠起来。

例㊹中"搓"还是和表示手部动作的"一把"直接依存,而其用于"搓一把麻将",已经与"搓"的原始义不相关。下面的语例㊺—㊾来自网络搜索:

㊺ 天冷了,吃点辣,爽一把(《钱江晚报》,2012年11月6日)

㊻ 在海外开着车好好爽一把(《中国城市旅游网》,2013年1月28日)

㊼ 不光是运动员,奥运我们也要帅一把!(天涯社区,楼主:巡洋舰98,2012年8月6日)

㊽ 东方网1月9日消息:改编自著名网络作家慕容雪村小说《天堂向左,深圳向右》的话剧《天堂——打左灯向右拐》将于1月11日起上演于话剧艺术中心,虽说是贺岁剧,但这部话剧却将玩一把"深沉"。(东方网,2012年1月11日)

㊾ 我也就无缘无故感慨一把,深沉一把,恣意一把。(梅英疏淡博客,2006年7月1日)

上述语料表明,"把"的自主-依存模型中,"把"与手部相关动词的依存度已经明显下降,由于语料库更新速度跟不上语言的实际使用情况,所以,和"把"依存,能对其进行精细化描写的也包括"火、红、帅、爽、深沉"等形容词,这些形容词首先都经过了语法转喻,在同一ECM下,它们本是用来描述事件的状态,经转喻代替整个事件过程,就赋予了其动态性。而且,"把"由于人的"一抓一捏",就有一种"把事物把握其中"之意,因此,会产生一种满足感和成功感。这些表面上看似与手部不相关的动作,事实上是一种手部"抓捏动作"后人的主观感受的延伸。"把"的自主-依存模型因为其新成员的加入,语义更加丰富,从而也隐含了一种新的构式义。

5.2.1.3 第三类：累积类

累积类动量词包括："番""通""气""顿"。这类动量构式的自主-依存总特征是与它们组配的动词都是在一定"单位动作"量的累积之上。在"动词＋番、通、气、顿"构式中，动量词语义次结构的突显义中必须是具有"持续累积"的动词才能对这类构式的语义空位进行精细化描写。

下面我们逐一考察这类动量词的自主-依存关系及其依存的动词的语义分布情况。

（一）番

以"番"为检索词，对国家语委现代汉语语料库在线检索，共得 248 个句子，再经人工筛选，排除形式、语义不符合的句子，共得 62 条例句为动量用法。

第一，"番" 的语义特征

《说文》："番，兽足谓之番。从采，田，象其掌。"其本义为兽足分开的样子，后转喻为动量词指"更替的次数"。郭先珍(2002)指出，"番"为动量词，它主要有两个义项。

(1) 计量动作的遍数。"回、次"义。例如：

⑩ 一次，唐肃宗有点小病，亲信太监李辅国去报告唐玄宗，并说皇帝请太上皇在宫中巡视一番。

(51) 三番四次闯到总带队张主任那里，说了成串的理由，又一阵缠住邓老师，千恳求，万恳求，甚至找到公社大队书记，自我介绍了这次支援的决心。

(2) 计量人或事物成倍的变化。例如：

(52) 1985 年以来，这个厂产值翻了两番，利润增长 5 倍。

(53) 五年来，在你和你的同事们齐心协力的经营管理下，在老厂长优惠政策的保护下，冶炼车间的产量翻了两番，超过了设计能力。

关于动量词"番"的来源问题，汉语界已做过一些研究，刘世儒(1965:254)认为，在魏晋南北朝，"番"所表示的次数就"总含有多次重复或反复出现的意味"。它前边所结合的数词绝少是用"一"的。与之搭配的动词"往复""攻难""议论"都还具有"轮番"的意思，因此，当时"番"只是通过与上述动作的语义相近，通过转喻成为动量词，还没有发生隐喻泛化。而隋唐五代时，动量词"番"的用法也有所突破，可以和数词"一"结合，称量某些一次性的动作或变化。张美兰(1996)考察《五灯会元》中的少量例子，表明"番"的意义已经开始发生隐喻泛化。到宋代，"番"和"一"结合的情况已很普遍，"番"已渐渐失去其表示"多次反复"的意义，而成为一个"乏义动量词"。

第二,"番"与动词的依存语义特征

下面我们结合语料库,对"番"的语义进行细致划分,考察"番"的自主-依存语义特征。

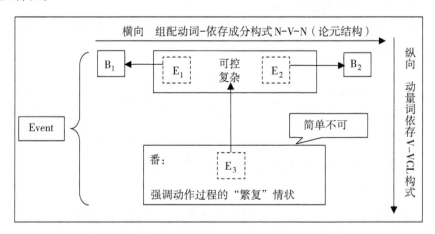

图 5.5 "番"的 ECM 自主-依存模型

在图 5.5 中,E_3 是动量词"番"的详述位,需要由可控但语义复杂的动词对其进行精细化描写。现分别解释如下。

(1) 从动量词"番"看 E_3,依据其语义特征,它突显了"动作过程的'轮番更替'或动作内容的'繁多复杂'",只有满足"番"的这一突显义的动词才可对其进行精细化描写。例如:

㊵ "校长,"陈诚脸上堆着笑容说,"贵州那地方,王家烈的势力很深,中央要想站住脚,薛岳恐怕还要经营一番。"

㊶ 警察局交涉后几番辗转终于在牢口见了二掌柜,他扒在那里,拉着我的手说:"快回去给掌柜的捎个话儿,怎么说是要杀头呢!"

(2) 从动词看 E_3,它具有的"可控复杂"性,才可对这类动作进行精细化计量描写,以能表示动作的"频次"和"复杂情状"。例如:

㊷ 红线、蓝线、圈圈、点点,很花了一番功夫嘛!

㊸ "那当然,这还用说吗,"刘铁生走到蛙女跟前,从上到下打量了一番,眉飞色舞地说,"不错!"

据此,通过双向考察看 E_3,动作的"可控复杂"和动量的"繁复"之间在语义上便可形成对应一致,组配形成"动词+数词+番"的动量构式。"番"前面多有修饰语表示其动作的"繁多反复"的特性。

㊽ 最后指导员就这事情,把争取模范连决定于团结问题,好好说了一番。
㊾ 舅妈是健忘的,却喜欢一些蹩脚唐诗,常常念叨一番。

第三,"番"的语料统计分析

与动量词"番"组配的动词共 62 个,按位置可分为"状位"和"补位"两种,具体划分见表 5.11。

表 5.11 "番"的句法位置分布

构式类型	补位单纯式	补位宾后式	补位宾前式	状位复合式
数量	38	13	0	11

与动量词"番"组配的动词或动词短语及语义分类如下。

(1) 动作类:

做……事业 2　下功夫 2　经过……折腾(争夺、波折、更替)　打不通　被打　温存　陶醉　辗转　叮当　花功夫　经营　干出成绩　痛饮　闯　跑　重造　进攻　救　请……出山

(2) 言语类:

说 3　表扬　形容　念叨　嘉许　叮嘱　询问　感叹　问

(3) 思考类:

动脑筋　考虑　踌躇　审度　思考　费心思　动心思　想

(4) 视觉类:

巡视　审视　浏览　打量　端详

(5) 倍数类:

翻 14

表 5.12　与"番"组配动词的语义分类及频次

动词类别	数量	比例	具体分布
动作类	24	38.71%	做……事业 2、下功夫 2、经过……折腾（争夺、波折、更替）等
言语类	11	17.74%	说 3、表扬、形容、念叨、嘉许、叮嘱等
思考类	8	12.90%	动脑筋、考虑、踌躇、审度、思考等
视觉类	5	8.06%	巡视、审视、浏览、打量、端详
倍数类	14	22.58%	翻 14
全部	62	100%	强调动作的繁复交替，费时费力

表 5.12 的动词语义分布可以看出，除了最后一个倍数类动词之外，其余动词都带有一定的"繁复""费时费力"的特性。其中动作类动词最多，这类动词有一个特点是在自主-依存模型中，不仅与动词语义相关，而且和受事密切相关，动词多为缺乏具体含义的轻动词，而对象多为"事业、功夫、折腾、更替"等复杂事件。这些动作事件类词语与"番"的依存度最高。其次为"语言类"和"思考类"，这些行为也非一蹴而就的，而是要达到一定的累积量，才可以用"番"。最后，视觉类动词中表示快速的动词"瞟、扫、瞥"等都不符合"番"持续累积的语义特征，不能说"瞟一番""扫一番"或"瞥一番"，它们和"番"的语义依存度为零。而"巡视、审视、浏览、打量、端详"由于其语义特征符合"番"的语义次结构的突显，因此，可以进入自主-依存模型，形成动量构式。并且动词前多会加上一些修饰语，如"着实、有声有色地、常常、狠、大大、很、好好、屡次"等，起到加强语气的作用。"番"的语义次结构的突显义是经过一段时间的内在或外在的动态过程，因此不能和瞬间完成的动作动词连用。

（二）通

以"通"为检索词，对国家语委现代汉语语料库在线检索，共得 79 条句子，再经人工筛选，排除形式、语义不符合的句子，共得 59 条例句为动量用法。

第一，"通"的语义特征

"通"的本义为"通达"。《说文》："通，达也。"动词意为"到达，交往"，后发展出动量用法。郭先珍(2002)指出，"通"为动量词，它主要有两个义项。

(1) 计量言语。"番"义。数词限用"一"，多做补语或状语。例如：

⑥ 姑娘把他臭骂一通说："你以为我不知道你这个臭名远扬的谢灵顿？"
⑥ 首先是主教亨利·考德曼·波特把卡尼基吹捧了一通，算是开场白。

(2) 计量动作。"遍""番"义。多做补语。例如：

㉖ 炸了一通之后，随即有五架飞入英界领空，分向两个地点"误投"了六枚炸弹。

㉗ 接着打开了他那沉重而华丽的保险柜，从中乱翻一通，拿出了许多中国的古镜，弄得叮当乱响。

第二，"通"与动词的自主-依存语义特征

下面根据"通"的语义，结合其在语料库中的实际使用情况，来考察"通"的自主-依存语义特征。

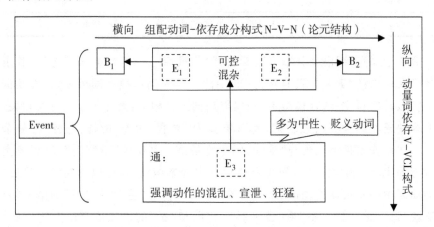

图 5.6 "通"的 ECM 自主-依存模型

在图 5.6 中，E_3 是动量词"通"的详述位，满足语义"可控混杂状"，可对其进行精细化描写。现分别解释如下。

(1) 从动量词"通"看 E_3，依据其语义特征，它突显了"动作过程的'混乱'或'狂猛'"，只有满足"通"的这一突显义的动词才可对其进行精细化描写。例如：

㉘ 反正晚会就是晚会，大家胡闹一通，说你是张三也行，李四也行，谁也不会来根究你。

㉙ 过去对相对论、控制论、摩尔根遗传学等的批评之所以有失误，一个重要原因就是不懂科学，瞎批一通。

(2) 从动词看 E_3，它具有的"可控混杂状"，才可对这类动作进行精细化计量描写，以能表示动作的"频次"和"混乱"义。例如：

㉚ 有经验是很不错，只怕不管实际情况怎样，乱搬一通经验，结果搬用得不

恰当,把好事办成坏事,就会造成大错。

㊿ 于是,几千人在一个大操场,曹志军一会儿转转,一会儿集合起这些"杂牌军"、"混成旅",讲一通。

据此,通过双向考察看 E_3,动作的"条理不明晰、胡乱而为"和动量的"混乱无秩序"在语义上便可形成对应一致,组配形成"动词+数词+通"的动量构式。

第三,"通"的语料统计分析

与动量词"通"组配的动词共 59 个,按位置可分为"状位"和"补位"两种,具体划分见表 5.13。

表 5.13 "通"的句法位置分布

构式类型	补位单纯式	补位宾后式	补位宾前式	状位复合式
数量	43	12	2	2

与动量词"通"组配的动词或动词短语及语义分类如下。

(1)言语类:

(臭)骂3 (胡)说3 (大)哭2 批评2 发表2 讲2 发牢骚 说笑话 训斥 教训 (大)吵 广播 发挥 批判 来…… 恶骂 (瞎)批 发作 吹捧 挖苦 胡言乱语 发泄 问 怼 嚷 起哄

(2)动作类:

(乱)搞2 (胡、大)闹2 发火 抓 喷 消耗 对打 格斗 折磨 (大)吃 批 揉脚 喝 轰 (乱)搬 阅读 大干 吃喝 繁殖 炸 拍电报 (乱)翻 (乱)杀 响

表 5.14 与"通"组配动词的语义分类及频次

动词类别	数量	比例	具体分布
言语类	33	55.93%	骂3、说3、讲2、批评2、发牢骚等
动作类	26	44.07%	搞2、闹2、消耗、对打等
全部	59	100%	强调动作的混乱、宣泄、狂猛

表 5.14 表明,在自主-依存模型中,与"通"的语义依存度最高的是"言说哭闹"类动词,据刘世儒(1965:259)考察,"通"最初用于计量军中的"击鼓"动作。在南北朝时期,"通"除称量击鼓动作外,还可称量其余"叩击"动作。这与"言说哭闹"类动词有很多相似之处,声音大、使劲说、使劲批评,和"骂、说、哭、批评、发

表、讲、发牢骚"语义依存度高。我们可以说"大声朗读一遍课文",不能说"大声朗读一通课文"。因为朗读是有条理进行的动作,与"通"的语义突显不符合,依存度为零。再者,动作类也多为"搞、闹"类动作,有计划性和条理性的动词与其语义依存度很低。另外,"通"的语义次结构突显的是一贯到底、痛快淋漓的感觉,是要有一段持续时间的,所以不能和瞬间动词连用,有一种情绪宣泄义。并且动词前会加上一些修饰语,如"臭、胡、大、虎头蛇尾、狠狠、干巴巴地、好好、胡乱、叽里呱啦"等,起到加强语气的作用。

（三）气

以"气"为检索词,通过对国家语委现代汉语语料库在线检索,共得109个句子,再经人工筛选,共得73条例句为动量用法。

第一,"气"的语义特征

"气"的本义是指"云气"(《说文》),后泛指一切气体。古人认为"气"是构成世界万物的本原,古人云:"天地合气,万物自生。"(王充《论衡·自然》)

郭先珍(2002)指出,"气"为动量词,它主要有两个义项。

(1) 计量饮用酒水、饮料、饮食等的次量。前可加形容词"大"。可儿化。数词多用"一、几、两、三"等。例如：

⑱ 柳大翠饿坏了,一气把两碗大米饭扒拉进去,起身说:"张书记,有你这话,俺这颗心就跌到肚里啦。"

⑲ 我出钱,咱们喝一气团结酒!

(2) 计量人们的言语、行动的次量。例如：

⑳ 但在课上老师要是讲错了半个字,他都能引经据典地反驳一气。

㉑ 我就是依仗这梆子似的枣木声,外婆高高的呐喊声,提起精神、壮着胆儿,走在那寂静的、清晨的山道上,穿过一片树林,跳过一条溪沟,最后,一气爬到坡顶。

第二,"气"与动词的自主-依存语义特征

下面根据"气"的语义,结合其在语料库中的实际使用情况,来考察"气"的自主-依存语义特征。

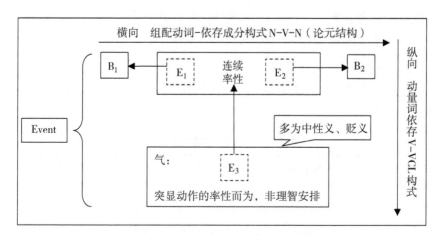

图 5.7 "气"的 ECM 自主–依存模型

在图 5.7 中，E_3 是动量词"气"的详述位，可与具有"连续率性义的动词"组配在一起。现分别解释如下。

（1）从动量词"气"看 E_3，依据其语义特征，它突显了"动作的率性而为、连续不断"，只有满足"气"的这一突显义的动词才可对其进行精细化描写。例如：

⑫ 记得那时候，我走的是一条没有路牌和路面的泥沙道，行人很少，连问路都不方便，我每次都是认定路北田野里一座孤零零的大烟囱做指南针，见到它就往南拐，跨过通惠河和铁路，推着车子在菜园子地里乱走一气。

⑬ 还有一位名演员刘翠霞，金嗓子，前辈们说她张嘴一气唱一个小时，嗓子好得没底，又好听。

（2）从动词看 E_3，它具有"可控延续、随意而为的不间断性"，才可对这类动作进行精细化计量描写，以能表示动作的"频次"与"率性连贯"。例如：

⑭ 约摸他们干了一气了，他拿只手电就往第四组那十个油槽车走去。

⑮ 曹志道离开家，一气走到赵楼，摸摸索索，进了赵学礼家的院子。

据此，通过双向考察看 E_3，动作的"可控连续"和动量的"率性连贯"之间在语义上便可形成对应一致，组配形成"动词＋数词＋气"的动量构式。与"气"组配的动词语义多为中性义或贬义，"气"前面多有标记性修饰语"乱""猛""瞎"调控语义色彩。

⑯ 生面孔不会挖洞，也不会搬土，却混在里面瞎忙一气。

⑦ 卫兵跟着跑到门边，他"啪"地敬了个礼："将军阁下，这野孩子乱闯一气，也不知道外面谁放进来的，我拦也拦不住。"

第三，"气"的语料统计分析

与动量词"气"组配的动词共73个，按位置可分为"状位"和"补位"两种，具体划分见下表。

表5.15 "气"的句法位置分布

构式类型	补位单纯式	补位宾后式	补位宾前式	状位复合式
数量	35	4	0	34

与动量词"气"组配的动词或动词短语及语义分类如下。

（1）连成义类：

呵成11 串通4 合成2 连成2 融贯 联 贯串 贯注 连

（2）贬义动作类：

（乱）走3 乱咬2 瞎忙 乱扔 乱抖 乱缝 乱打 乱闯 乱敲 乱填 乱变 反驳 抵挡 哼 诌

（3）普通行为类：

跑3 唱3 生2 干2 说 喝 读 听 玩 爬 查看 扒拉 写 睡 念 抱 教 闷 横闯直冲 建 捡 琢磨 算账 灌水 打官司

表5.16 与"气"组配动词的语义分类及频次

动词类别	数量	比例	具体分布
连成义类	24	32.88%	呵成11、串通4、合成2、连成2、融贯、联等
贬义动作类	18	24.66%	（乱）走3、乱咬2、瞎忙、乱扔、乱抖等
普通行为类	31	42.47%	跑3、唱3、生2、干2、说等
全部	73	100%	突显动作的率性而为，非理智安排

表5.16表明，"连成义"与"气"的语义依存度最高，其中"呵成"占了该语义近一半的比例。"一气呵成"出现的频次最高，通常只简单将其视为固定成语，本研究则从动量关系考察其组构方式。"一气呵成"形容完成整个工作的过程中不间断，不松懈，如"大家一连三周没休息，终于一气呵成地完成了任务"。呵，动

词,"呼气、哈气"的意思。虽然"一气呵成"目前已高度语法化,表达固定的含义。但"一气"作为动量词的组构方式很明显,动量词在状位,后面用动结式。因此,在本研究中依然把"一气"视为动量在"状位"的用法。另外,由于"气"语义突显一种非理智性行为,因此和"乱+X"语义依存度也很高。最后,一些普通行为动词"跑、唱、说"也可以和"气"组配,但在表达贬义时,动词前必须加上一些修饰语,如"粗声的、刷刷的、噼里啪啦"等。而不满足"气"的语义次结构突显的动词和"气"的依存度就为零。

(四) 顿

以"顿"为检索词,通过对国家语委现代汉语语料库在线检索,共得562条句子,再经人工筛选,共得273条例句为动量用法。

第一,"顿"的语义特征

"顿"的本义为"叩头"。《说文》:"顿,下首也。"郭先珍(2002:41)指出,"顿"为动量词。相当于"次"。它主要有两个义项。

(1) 计量饮食的次数。例如:

㊆ 鲛鲢鱼张开大口,猛地向前一扑,把许多小鱼吞进了嘴里,美美地饱餐了一顿。

㊈ 他对她从来是严肃而严格的,没有送过花,没送过糖,甚至过往也并不密,只偶尔在一起喝过几次咖啡,吃过一两顿饭。

(2) 计量斥责、打骂、劝说等行为的次数。例如:

㊉ 丁团长一听火冒三丈,把陈良狠狠地训了一顿。

㊊ 她想大声嚎叫,为发泄自己心里的痛苦和忧虑,想发疯般地扑过去,死命地在他那结实滚圆的屁股蛋上猛打一顿。

关于动量词"顿"的来源问题,汉语界已做过一些研究,"顿"从动词演化为动量词,由"停顿"义衍生出特指"军队驻扎休息"。一般来说,"一顿"即一次驻扎休息就要"进食"一次,"顿"的次数也就是"进食"的次数。后来发展到南北朝人把旅途中的休息、饮食叫作"出顿"。现在"顿"与"饮食"类动词依存度高,也因为这一点。

第二,“顿”与动词的自主-依存语义特征

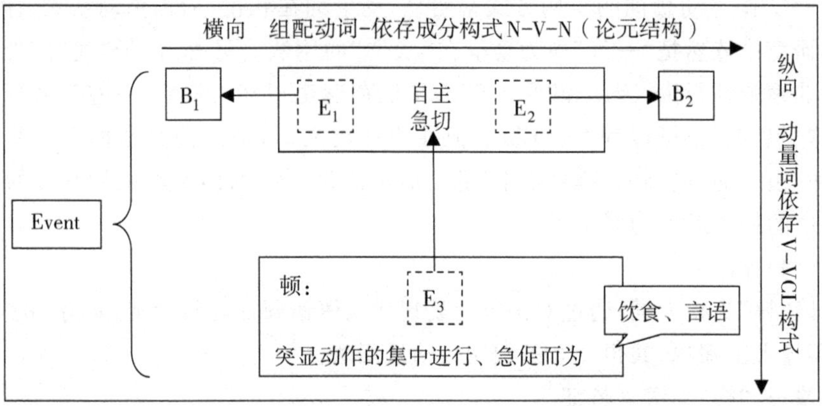

图 5.8　“顿”的 ECM 自主-依存模型

下面根据“顿”的语义,结合其在语料库中的实际使用情况,来考察“顿”的自主-依存语义特征。

在图 5.8 中,从横向看,表示“自主急切”义的动词有两个语义空位 E_1 和 E_2,分别为动作的施事 B_1 和受事 B_2,在横向组配中,是事件域认知模型的第一层级。E_3 是动量词“顿”的详述位,可与具有“自主急切”义的动词组配在一起。现分别解释如下。

(1) 从动量词“顿”看 E_3,依据其语义特征,它突显了“动作的集中进行、急促而为”,只有满足“顿”的这一突显义的动词才可对其进行精细化描写。例如:

(82) 其中一个狗子见老头棉背心的襟角已被撕开,以为必有所获,把手探进里层,抓了一顿,末了只抓了半把烂棉花,瞅了瞅,冲着手心吐口唾沫:“抠死鬼!”

(83) 为此,海斯曾咆哮般地挥舞拳头训斥了他一顿。

(2) 从动词看 E3,它具有“自主急切、集中”义,才可对这类动作进行精细化计量描写,以能表示动作的“频次”和“急促”。例如:

(84) 于是,每天下班,大家聚在一起,买上几样好菜,痛痛快快地大吃一顿,发发牢骚,便混过了一天,一天,又是一天,日积月,月累年。

(85) 小玉重复走出来,厌恶地说:“只见这对鬼夫妻,一天哭三顿,三天哭九顿。”

据此,通过双向考察看 E_3,动作的“自主急切”和动量的“集中急促”之间在语义上便可形成对应一致,组配形成"动词+数词+顿"的动量构式。另外,"顿"的构式义为"急促集中",缓慢、断断续续的行为就不符合"顿"的语义要求,无法进入自主-依存模型进行组构。另外,表达贬义时,动词前必须加上一些修饰语,如"好、狠狠、臭、大、猛、毒、好好地、痛"等。例如:

㊏ 师父毫不客气地狠狠揍了他一顿。
㊐ 香蕉太太趁机怂恿说:"真应该好好地教训他们一顿!"

第三,"顿"的语料统计分析

与动量词"顿"组配的动词共 273 个,按位置可分为"状位"和"补位"两种,具体划分见表 5.17。

表 5.17 "顿"的句法位置分布

构式类型	补位单纯式	补位宾后式	补位宾前式	状位复合式
数量	117	81	56	19

与动量词"顿"组配的动词或动词短语及语义分类如下。

(1) 吃喝类:

吃64 饱餐6 美餐2 饿6 喝3 饱 烧 撮 饮 委屈肚子 包饺子 吃喝 招待 煮

(2) 言说类:

骂32 训(斥)13 批评10 教训2 恭维2 哭2 呵斥2 笑 数落 撸 哄 宣布 批 劝 扒碴 申斥 叫 死熊 闹 嚷 发牢骚 瞎吹 骇吓 胡扯 编排 唠叨 痛斥 指责 勋 衾 诉说

(3) 打罚类:

打24 揍15 收拾 捶 抓 擂 拍 抽 责罚 追打

(4) 综合类:

挨19 顿14 给5 做4 (乱)来2

(5) 其他类:

弹 研究 篦子(动用) 白跑 发

表 5.18　与"顿"组配动词的语义分类及频次

动词类别	数量	比例	具体分布
吃喝类	90	32.97%	吃 64、饱餐 6、美餐 2、饿 6、饱 等
言说类	87	31.87%	骂 32、训(斥)13、批评 10 等
打罚类	47	17.22%	打 24、揍 15 等
综合类	44	16.12%	挨 19、顿 14 等
其他类	5	1.83%	弹、研究、篙子、白跑、发
全部	273	100%	突显动作的集中进行、急促而为

表 5.18 表明吃喝类动词与"顿"的语义依存度最高,占总数的 32.97%,其中动词"吃"64 个,占吃喝类动词的 71.11%,"吃一顿"成为吃喝类自主-依存模型中的最典型构式。依存度位居第二的是言说类,总计 87 个,占 31.87%,"骂一顿"是其中最典型的构式。打罚类动词的比例也很高,"打一顿""揍一顿"也是自主-依存模型中出现频次较高的构式。"顿"的语义次结构突显的主要是用于饮食类的"集中行为"或"急促宣泄"的斥骂行为。动作要持续一段时间,所以不能和"瞬间动词"连用。上述动词的语义分布情况也体现了"顿"的语义特征。

5.2.1.4 第四类:整体类

整体类动量词包括:遍、趟、遭、场(cháng)、场(chǎng),这类动量构式的"自主-依存"总特征是与它们组配的动词都具有整体的概念意义,或者是施事、受事对象具有整体性,或者整个动作过程具有周遍性,或是在空间上具有整体遍及性。总之,"动词+遍、趟、遭、场(cháng)、场(chǎng)"的自主-依存模型中动量词语义次结构的突显义中必须是具有"整体义"的动词才能对这类构式的语义空位进行精细化描写。下面我们逐一考察这类动量词的语义自主-依存关系以及和其依存的动词的语义分布情况。

(一)遍

以"遍"为检索词,通过对国家语委现代汉语语料库在线检索,共得 725 条句子,再经人工筛选,共得 479 条例句为动量用法。

第一,"遍"的语义特征

"遍"的本义是"走遍"。《说文》:"遍,帀也。"郭先珍(2002:11)指出,"遍"为动量词,用以计量"一个动作从开始到结束的整个过程"。例如:

㉘ 我们应该捉个猫来,将它的脚仔细看一遍。

㉙ 15 分钟答题完毕,吴野渡将三道题标准答案讲述了一遍,并当场将交上来的试卷判分:答对第一道题的只有 4 人,占 5%;答对第二道题的只有

33人,占39%;第三道题竟无一人答对,还有19人交了白卷。
⑩ 两天来,全部图纸,我又研究对照了一遍;检验记录我又核查了一次。
⑪ 帐篷外的歌声,又响了起来;而且还一遍一遍不断地重复着。

第二,"遍"与动词的自主-依存语义特征

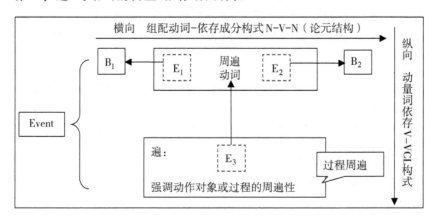

图 5.9 "遍"的自主-依存模型

下面根据"遍"的语义,结合其在语料库中的实际使用情况,来考察"遍"的自主-依存语义特征。

在图 5.9 中,周遍动词之所以能和动量词"遍"组配,其原因如下。

(1) 从动量词"遍"看 E_3,依据其语义特征,它突显了"动作对象或过程的周遍性"。"对象周遍"要求动作受事成分为集合义名词,施事对集合体中的每个个体或部分实施该动作,要求对象无一遗漏,见例⑫和例⑬;"过程周遍"是指动作过程是由若干步骤组成的,要求这些步骤依次实施,无一遗漏,见例⑭和例⑮。只有满足"遍"的上述突显义的动词才可对其进行精细化描写。例如:

⑫ 她马上作出决定,要在全洞巡视检查一遍,看看究竟是怎么一回事。
⑬ 老武点了点头,又把每个人的扮相详细检查了一遍说:"日本兵都是光头,张有义,你的头发要剃了才像哩!"
⑭ 她前前后后地看过两遍题,把自己认为可以看明白的,已经做上了,至于对与不对她就无从得知了。
⑮ 锅庄跳过了三遍,歌子唱过了三曲,阿古大叔宣布喝第二道咂酒。

(2) 从动词看 E_3,它具有的"周遍过程性",即动作起讫点非常明晰,整个动作"从头到尾"是一个连续的过程,动作内部不能切分,如此才可对这类动作进行精细化计量描写,以能表示动作的"频次"和"周遍"。例如:

⑯ 北海及团城、天坛、碧云寺、潭柘寺、陶然亭慈悲庵和颐和园的前山部分等破旧的古建筑,基本上都修缮了一遍。

⑰ 在这之前,他从收音机里,已经听了几遍,一边听,一边琢磨。

据此,通过双向考察看 E_3,动作的"周遍过程"和动量的"遍指义"之间在语义上便可形成对应一致,组配形成"动词+数词+遍"的动量构式。在前面多有"重""再"等状语标记,强调动作的重复出现。有时,也出现"从头到尾"等表遍及义的修饰语。例如:

⑱ 啊,再说一遍,我是外行,我这是"班门弄斧"哇,啊,哈哈……就这样好吗?

⑲ 对,过去他咋认识王德山的,你从头到尾详详细细地再说一遍!

第三,"遍"的语料统计分析

与动量词"遍"组配的动词共 479 个,按位置可分为"状位"和"补位"两种,具体划分见表 5.19。

表 5.19 "遍"的句法位置分布

构式类型	补位单纯式	补位宾后式	补位宾前式	状位复合式
数量	392	31	23	33

与动量词"遍"组配的动词及语义分类如下:

(1) 言说类:

说 83 讲 19 读 15 念 12 问 10 叫 7 唱 6 嘱咐 4 复述 4 重述 3 叙述 3 背 3 讲述 2 谈 2 重申 2 交代 2 追述 宣读 转述 介绍 复诵 告诉 播出 鸣 背诵 高呼 讲叙 叫喊 吩咐 批判

(2) 视觉类:

看 60 检查 13 巡视 9 通读 6 阅读 3 扫视 3 搜索目光 2 观察 2 搜寻 2 温习 对照 浏览 掠 对 注视 检点 细读 翻阅 检视 搜查 查 重演 陈述

(3) 乏义动词即轻动词类:

重复 15 来 7 反复 6 做 3

(4) 其他动作动词：

翻9 听8 洗7 写5 跳5 过5 想5 叩头5 吃苦4 抹3 打3
浇3 走3 跑3 擦2 轮训2 敲2 学2 涂2 画2 排2 教2
考虑2 放2 搜2 数2 演奏2 搜剔 除治 抄 平整 逛 响
操作 复写 修缮 修葺 管理 搂 篦 练习 演习 淘 访问
轮 喝 踩 复习 临摹 温 找 全垦 开 疏通 摆弄 换掉
行礼 演绎 扫 想象 榜 下功夫 收拾 清理 筛 啃 求
挑选 洗刷 要求 核实 抄 嚼 磨 整道 铲

表 5.20 与"遍"组配动词的语义分类及频次

动词类别	数量	比例	具体分布
言说类	191	39.87%	说83、讲19、读15、念12、问10 等
视觉类	114	23.80%	看60、检查13、巡视9 等
轻动词类	31	6.47%	重复15、来7、反复6 等
其他动作动词	143	29.85%	翻9、听8、洗7、想5、过5、写5、跳5 等
全部	479	100%	具有周遍义特征的动词

表 5.20 表明：言说类动词 191 个，占 39.87%，这是沿袭"遍"在魏晋南北朝时的常见用法，称量"诵读"义动词。唐五代、宋代也沿袭了"诵读"义这一用法，但都有所发展，亦可用于称量其他动词。其中动词"说"83 个，约占言说类动词的 43.46%；其次为"讲"19 个，约占 9.95%。因此，"说一遍"和"讲一遍"成为依存度最高的动量构式。视觉类动词所占比例也很高，占了近四分之一，其中"看"60 个，约占视觉类动词的 52.63%，"看"和"遍"的依存度在此类动词中最高。轻动词中"重复"的比例最高，占此类动词的 48.39%，"反复"所占比例约为 19.35%，这类动词体现了动作的频次性，所以，和"遍"具有天然的组配关系。其他动词所占比例为 29.85%，说明与"遍"组配的动词语义已经发生了广泛的泛化。但自主-依存模型中需注意"遍"强调动作从开始到结束的整个过程，因此，要求动作在时间上具有一定的持续性，不与瞬间性动词连用。

(二)"趟"

以"趟"为检索词，通过对国家语委现代汉语语料库在线检索，共得 318 条句子，再经人工筛选，共得 220 条例句为动量用法。

第一，"趟"的语义特征

"趟"的本义《广韵》释为"跳跃"，后借用为动量词，表示与"行走来往"有关的行为的次数。郭先珍(2002:140)指出,"趟"为动量词,"回、次"义。它主要有两个义项。

(1) 计量一来一往走动或运行的次数。例如:

⑩ 英姐说:"记住,姐妹们为了酿一公斤蜜,需要采一百多万朵花,要在蜂房和花丛之间往返十五万趟,相当于四十五万公里,这个数字差不多等于绕地球赤道飞行十一圈呢!"

⑪ 小休时,她一刻也不歇着,一趟一趟地倒回去帮大家拿东西。

(2) 计量武术动作。例如:

⑫ 在热烈的掌声中,李先生舞了一趟太极剑,又耍了一趟醉八仙。

⑬ 十八般武艺他并不都会,只会几趟刀术、剑术、棒术而已。

关于动量词"趟"的来源问题,汉语界已做过一些研究。"趟"在频次义上所加的"往返义"经历了转喻过程。"趟"在现代汉语专用动量词中出现最晚,直至明清它才出现,在此之前所用的动量词是"遭"。最早的用例是出现在《金瓶梅》第四十三回中,"且说西门庆在门首看马,众伙计家人都在跟前,叫小厮来回溜了两趟"。此时"趟"还是作为"遛马"这个行为伴生的一个行为过程,通过转喻用于计量"溜"这个行为的频次。"趟"对动词的形式要求:决定组配动词必须是双界动词,即起讫点重合的空间位移动词。"趟"对动词的语义要求:动作从某空间起点开始,最后再回到原处。

第二,"趟"与动词的自主-依存语义特征

下面根据"趟"的语义,结合其在语料库中的实际使用情况,来考察"趟"的自主-依存语义特征。

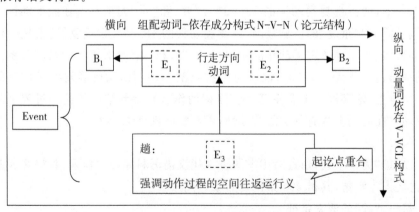

图 5.10 "趟"的自主-依存模型

在图 5.10 中,表示行动方向的动词之所以能和动量词"趟"组配,其原因如下。

(1) 从动量词"趟"看 E_3,依据其语义特征,它突显了"动作过程的空间往返运行义",只有满足"趟"的这一突显义的动词才可对其进行精细化描写。例如:

⑭ 正在我满腹焦虑之际,传真电话呼喊我了:"杨院长,航天局请您去一趟。"

⑮ 文化队住房紧张,他就每天提前半小时上班,晚半小时下班,在距家四五公里的路上往返两三趟。

(2) 从动词看 E_3,它具有"移动方向"义,才可对这类动作进行精细化计量描写,以能表示动作"空间往返的频次"。例如:

⑯ 吴连长找你两趟……

⑰ "嫂子,你就给我当个媒人,明天给我跑一趟吧……"

据此,通过双向考察看 E_3,动作的"行走方向"和动量的"空间往返"之间在语义上便可形成对应一致,组配形成"动词+数词+趟"的动量构式。

第三,"趟"的语料统计分析

与动量词"趟"组配的动词共 220 个,按位置可分为"状位"和"补位"两种,具体划分见下表。

表 5.21 "趟"的句法位置分布

构式类型	补位单纯式	补位宾后式	补位宾前式	状位复合式
数量	172	21	19	8

与动量词"趟"组配的动词或动词短语及语义分类如下。

(1) 趋向类:

去 45　来 29　回家 7　出去 4　回 3　回来 3　往返 2　倒回　回去
回乡　返到　下　上　折　过去　进城

(2) 行走类:

跑 36　走 33　转 3　转悠　溜　步行

(3) 隐含类:

找 6　玩 2　出门 2　赶 2　逛 2　旅行　跟　辛苦　划　参观　出国
出差　到　闯　麻烦　买

(4) 运输类：

送 3　运 3　经过　拉　拖　抬　拉　运　接　背　开行　挑　端

(5) 武术类：

打

表 5.22　与"趟"组配动词的语义分类及频次

动词类别	数量	比例	具体分布
趋向类	102	46.36%	去 45、来 29、回家 7 等
行走类	75	34.09%	跑 36、走 33、转 3 等
隐含类	25	11.36%	找 6、玩 2 等
运输类	17	7.73%	送 3、运 3 等
武术类	1	0.45%	打
全部	220	100%	强调动作过程的空间往返运行义

表 5.22 的动词语义分布可以看出，行走趋向类占了 80.45%，这是因为此类与"趟"的语义特征相一致，强调动作的空间往返义。"趟"对动词的语义辖制力比较强，动词的分布比较集中，即使其他三类动词，通过隐喻也都映射到行走趋向意义上来。下面具体分析每一类动词的具体语义分布情况。"趋向类"动词最多，102 个，占 46.36%，说明此类动词和"趟"的语义依存度最高。在这类动词中，"去"为 45 个，"来"为 29 个，总计 74 个，所占百分比为 72.55%。"回一趟家"在离合词"回家"中间插入动量词"一趟"，"一趟"与"回家"这个离合整体词相依存。处在第二位的是"行走类"，总计 75 个，占 34.09%，其中"跑"36 个，"走"33 个，两者合计 69 个，占行走类的 92%，可见"跑一趟"和"走一趟"所构成的构式中"跑""走"与"趟"的高依存度。还有一个动词"转"，其动词含义为"绕着某物移动；打转"，如"转一趟"，"转"满足了"趟"所突显的起讫点重合的往返义，所以可以组配，但"转"与"趟"的依存度要远远低于与"圈"的依存度，详见基于"圈"的动词语义分布。下面分析"隐含类"动词"玩"和"找"等，总共 25 个，所占比例为11.36%。"找一趟""玩一趟"都突显了"趟"的往返义，一般都是从出发点出去再回来时使用的表达方式。运输类动词"运"和"送"等占了 7.73%，更强调了目的性。最后，用于武术类的动词"打"，在语料库中只有一个例句，但是"打一趟太极拳"，此构式与其他位移往返类动词稍有不同，但打拳的过程中也会发生空间位移，并且，中国武术强调的"起式"和"收式"动作，最后是合一的，这与"趟"所突显

的语义特征相对应,因此,也与"趟"具有了依存关系。与数词的搭配情况除做状语的情况以外,可以与数词自由组合。

郭先珍(2002:140—141)指出"趟"和"遍"的异同:两者的共同之处在于它们都是可以计量人们走动次数的动量词,如"出外走了一遍""出外走了一趟"。但它们的语义和应用范围又有些不同。"趟"主要指来回走动的次数,来回一次叫一趟。例如"她回了一趟娘家""出去遛了一趟"。"遍"指一个完整的动作,动作行为从头到尾进行一次叫"一遍",例如"想一遍、读两遍、问三遍、说了十遍、写过五遍、走了一遍、演唱一遍、思索一遍"等。在普通话里"遍"适用的范围大,凡人的动作行为几乎都可用"遍"计量;"趟"适用的范围小,只修饰人们来回走动的次数和武术动作。"遍"有形容词用法,"周遍"的意思,如"遍体鳞伤""这条街我都走遍了"。"趟"无此用法。

(三) 遭

以"遭"为检索词,通过对国家语委现代汉语语料库在线检索,共得53条句子,再经人工筛选,共得15条例句为动量用法。

第一,"遭"的语义特征

"遭"的本义是"行而相遇",是动词。《说文》:"遭,遇也。"圆周相接犹如相遇,因此引申为"周围"之义。郭先珍(2002:171)指出,"遭"为动量词,它主要有两个义项。

(1) 计量动作、行为的次数。例如:

⑩⑧ 长安见了兰仙,只是垂泪,兰仙却不过情面,只得答应去走一遭。

⑩⑨ 队长满意地扫视自己的部下一遭,却又为第一队担忧起来:那个新兵队长,有没有发现这个不知从哪里冒出来突击检查的将军?

(2) 计量绕圈的次数,"圈"义。例如:

⑪⓪ 急得他原地转了一遭,瞥见了他那个中队的地下室。

⑪⑪ 我每天在晨光刚露之时,绕操场跑上两三遭儿。

关于动量词"遭"的来源问题,汉语界已做过一些研究,魏晋南北朝时期还没有动量词"遭"。刘世儒(1965:265)认为:"南北朝时代还没有'遭','遭'作量词大约是到了唐宋时代才开始产生的。"王绍新(1997:40)指出,"遭"在《全唐诗》中共出现8例,其中5例为动量用法,其所称量的动词只有含"环绕"义的"转"和"绕"。张美兰(2001)指出,《五灯会元》有3例,都用于计量"遭遇""行走"方面的次数,"遭"的一般化用法在南宋中期的《朱子语类》等作品中更为突出。宋代"遭"的用例很多,它称量的动词"渡""横""行""游学"等,都不再含有"环绕"的意思,大多是行走一类的动词。"遭"在古汉语中的两个常用义:一为"遇到";二为"巡行"。唐代刘禹锡的《金陵五题·石头城》的词句"山围故国周遭在,潮打空城寂寞回","遭"的动量用法源于此义,用于指称"遭逢的周次",而"巡走类"动词与"遭"的这一语义特征相一致。

第二,"遭"与动词的自主-依存语义特征

下面根据"遭"的语义,结合其在语料库中的实际使用情况,来考察"遭"的自主-依存语义特征。

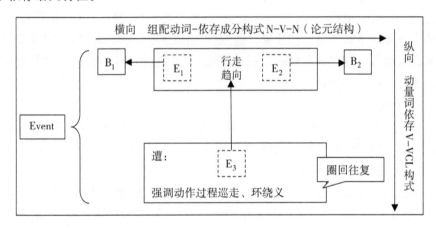

图5.11 "遭"的自主-依存模型

在图5.11中,E_3是动量词"遭"的详述位,需要由具有"行走趋向"义的动词来满足。现详析如下。

(1)从动量词"遭"看E_3,依据其语义特征,它突显了"动作过程巡走、环绕义",只有满足"遭"的这一突显义的动词才可对其进行精细化描写。例如:

⑫ 他在屋里踱了一遭儿说:"当前的情况是灾情严重,群众生产情绪不稳。"

⑬ 小老头环视一遭,指着那桶对大伙说:"老少爷们,想必都饿坏了,喝碗高粱糊糊吧!"

据此,通过双向考察看E_3,动作的"空间位移"和动量的"巡行环绕"之间在语义上便可形成对应一致,组配形成"动词+数词+遭"的动量构式。

第三,"遭"的语料统计分析

与动量词"遭"组配的动词共15个,按位置可分为"状位"和"补位"两种,具体划分见下表。

表 5.23 "遭"的句法位置分布

构式类型	补位单纯式	补位宾后式	补位宾前式	状位复合式
数量	13	1	1	0

与动量词"遭"组配的动词及分类如下。

(1) 巡走类：

　　走 4　拜访　串　忙　踱　搜

(2) 视觉环绕类：

　　环视　扫视　看　转

(3) 伴随类：

　　收拾　割

表 5.24　与"遭"组配动词的语义分类及频次

动词类别	数量	比例	具体分布
巡走类	9	60%	走 4、拜访、串、忙、踱、搜
视觉环绕类	4	26.67%	环视、扫视、看、转
伴随类	2	13.33%	收拾、割
全部	15	100%	强调动作过程巡走、环绕义

表 5.24 的动词语义分布显示，"巡走类"动词占了 60%，其中"走"4 个，占该类动词的 44.44%，与"遭"的依存度最高。其他如"拜访一遭、串一遭、忙一遭"等由于其与"遭"的语义次结构的突显义对应，可以对"遭"的详述位进行阐释，完成组配。第二类"视觉环绕类"动词，语义满足了自主-依存模型中的构式义"巡绕"，并且具有"圈回"义，和"遭"具有一定的对应"依存"关系。最后一类"伴随"动词，这些动作能进入自主-依存模型，因为与"遭"组合后，"收拾一遭"和"割一遭"与"遭"的语义突显不冲突，只是在强调"遭"语义的同时，伴随其他具体的动作。因此可以对"遭"的语义空位进行精细化描写。语料数据显示"走"在所有动词中与"遭"的依存度最高。

(四) 场(cháng)[①]

以"场"为检索词，通过对国家语委现代汉语语料库在线检索，共得 2362 条

---

① （四）中的"场"读为 cháng，下文不再标注其读音。

句子,再经人工筛选,共得 127 条例句为动量用法。通过语音区分,"场"97 条。

第一,"场"的语义特征

"场"的本义是"古代祭神用的平地"。《说文》:"场,祭神道也。"郭先珍(2002:17—18)指出,"场"为动量词,用以计量"某些言语、行为的次数"的动作。例如:

⑭ 阮氏三兄弟所以要上梁山,"不怕天,不怕地,不怕官司"地大干一场,就是因为受了残酷的经济剥削和政治压迫:"如今那官司,一处处动掸便害百姓。"

⑮ 如今,他见仇人已成为囚犯,但上级要求对战犯不能打,同他们谈话还要态度和蔼,他气得浑身哆嗦,竟倒在床上放声大哭了一场。

⑯ 不是吗,黄建安虽然对自己好像很不错,但"皮下过渡法"、翻转架的图纸,都使自己上了当,出了洋相,难怪张秀英要跟自己大吵一场!

第二,"场"与动词的自主-依存语义特征

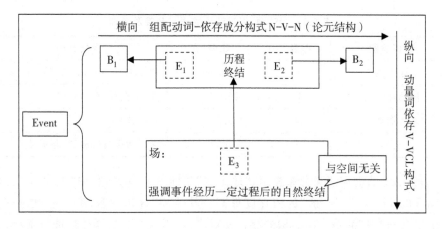

图 5.12 "场"的自主-依存模型

下面根据"场"的语义,结合其在语料库中的实际使用情况,来考察"场"的自主-依存语义特征。

在图 5.12 中,历程动词之所以能和动量词"场"组配,其原因如下。

(1)从动量词"场"看 E_3,依据其语义特征,它突显了"动作是经历一定过程后的自然终结",只有满足"场"的这一突显义的动词才可对其进行精细化描写。例如:

⑰ 奇怪的是肖潇一句责怪的话也没说,抱着儿子哭一场算数,一夜翻身,就是无话。

⑱ 那时不过晚上十点多钟,虽在春夜,却因在日落以前,下了一场雨,料峭的东风,吹得车中的人,都打几个寒噤。

(2)从动词看 E_3,它具有的"历程性持续",才可对这类动作进行精细化计量描写,以能表示动作"经历一定过程后的自然终结"的频次。例如:

⑲ 她想找个安静地方畅快地哭一场,她仿佛受了不知若干的委屈。
⑳ "狗子,你是有见识的文化人,有啥说的不要含糊,我们定了心跟你干一场咧!"

据此,通过双向考察看 E_3,动作的"历程性持续"和动量的"过程自然终结"之间在语义上便可形成对应一致,组配形成"动词+数词+场"的动量构式。"有自然终点的历程性事件"要求一定是"持续动词",而非"瞬间动词"。例如:

㉑ 他父亲那么强的汉子也只车五十多线水,昌仁却车了八十三线,抗旱以后病了一大场!

"病"是延续性动词,可以和"场"组配,表示人的生病的过程。而"死、回"等瞬间性动词,就不能和"场"组配,我们不能说"死了一场""回了一场"。

第三,"场"的语料统计分析

与动量词"场"组配的动词共 97 个,按位置可分为"状位"和"补位"两种,具体划分见下表。

表 5.25 "场"的句法位置分布

构式类型	补位单纯式	补位宾后式	补位宾前式	状位复合式
数量	72	24	1	0

与动量词"场"组配的动词或动词短语及语义分类如下。

(1)哭闹类:

大哭 15 痛哭 13 对骂 2 痛骂 2 大闹 3 热闹 2 笑话 大吵 大捧 奚落 嚎啕

(2)动作类:

大干 6 打 2 空劳 跳 打杀 (空)跑 大祸① 混战 大战 硬拼 吃官司 受惊吓 开始议论 发生事故 爆发混战 混

---

① 大祸,本是名词,在与"场"组配后,在"大祸一场"中发生词类转换,意为"引起大祸",因此我们也统计在内。

遭……灾　吵……嘴　白搭……工　打……枪　变……人
经过……浩劫　进行……战斗　引起…骚动

(3) 状态持续类：

(大)病 5　做……梦 2　(大)梦　(白)活　害……病　得……病
闹……病　生……病

(4) 自然现象类：

下雨 4　下雪 2　来……及时雨

(5) 关系类：

交往　夫妻　哥儿姐妹们　师徒　朋友①

表 5.26　与"场"组配动词的语义分类及频次

动词类别	数量	频次	具体分布
哭闹类	42	43.30%	哭 15、痛哭 13、大闹 3、热闹 2 等
动作类	30	30.93%	大干 6、打 2 等
状态持续类	13	13.40%	(大)病 5、做……梦 2 等
自然现象类	7	7.22%	下雨 4、下雪 2 等
关系类	5	5.15%	交往、夫妻、哥儿姐妹们、师徒、朋友
全部	97	100%	具有自然终点的历程性动词

表 5.26 "场"的动词语义分布显示，哭闹类动词 42 个，约占全部动词的 43.30%，其中"哭"类 28 个，占这类动词的 66.67%，"哭"与动量词"场"的依存度最高。该类动词与"场"组配的数量最多，究其原因，"哭闹类动作"与"场"的语义特征相一致，强调事件经历一定过程后的自然终结，哭闹事件一般会持续一段时间，并且对这个事件中的施事主体或受事对象产生较大影响。因此，在动词前多加"大、痛、空、白"等加强语气。第二类与"场"依存度较高的动词可分为两类：一种是光杆动词，如"干、打、跳、打杀、(空)跑、混战、大战、硬拼"等；一种是事件类动词，如"吃官司、受惊吓、开始议论、发生事故、爆发混战、遭……灾、吵嘴、引起骚动"等，这些动词和"场"的语义具有一致性，所以可以依存。第三类为状态

---

① 为了统计类型的完整，在呈现与"场"组配的词时，第五类中，有关关系类的"夫妻""朋友"等本是名词，但在进入动量构式时，用法发生变化，变为具有动词性质的词，即当"做夫妻""做朋友"讲时，我们也统计在内。

持续类动词,总共 13 个,占 13.40%,语料显示"病"或"病类"词组,如"害病、得病、闹病、生病",与"场"的依存度最高,原因在于"病"是一个有自然终止点的持续动作,和"场"的语义对应一致,另一个动词是"梦",这个动词也是有自然终止点的,一般在睡眠过程中进行,而睡醒后,梦就结束了。因此,"梦一场"也是语义高度依存的动量构式。第四类为自然现象类,总共 7 个句子,占总数的 7.22%,其中下雨、下雪总计 6 个,占到 85.71%,而另一个"来……及时雨",也是雨雪等自然现象之一。由此可见,"下一场雨"或"下一场雪"也是和"场"的语义特征密切依存的构式。最后一类为关系类,在语料库中,共发现 5 个此类句子,所占比例为 5.15%。除"交往"是动词外,其余的均为具有动词性质的名词。例如:

⑫ 我和你夫妻一场,临死也不让我见你一面……啊哟哟,皇天!

⑬ (抽泣)现在你去了,我应该把这身连身裙让你带走,夫妻一场,算个纪念吧,我去找那连衣裙……

"名词+一场"后,一般就表示这种关系的结束,一般这种关系都是经历了一段时间后的终结。在结束该关系时才使用此类表达方式,正是因为该语义与"场"的语义特征的一致性,才可以进入"场"的自主-依存模型中与"场"组配。此处名词也经历了"逻辑转喻",其本义应为"做夫妻、做师徒、做朋友"等。以上有关"场"和各类词语的依存度分析,使对基于"场"的动词语义分布在自主-依存模型中的进入条件与构式义有了更加清晰的认识。"语义依存"是构式组配的根本。

(五)场(chǎng)①

以"场"为检索词,通过对国家语委现代汉语语料库在线检索,共得 2362 个句子,再经人工筛选,共得 127 个例句为动量用法。通过语音区分,"场"有 30 条。

第一,"场"的语义特征

"场"的本义是"古代祭神用的平地"。《说文》:"场,祭神道也。"郭先珍(2002:18)指出,"场"为动量词,用以计量"文娱、体育、考试等活动进行的次数"。例如:

⑭ 根据不完全的统计,在展览月一共放映了五十四万场,观众达四亿二千万以上人次,其中农村观众达三亿以上。

⑮ 随着中国女队在这次世界杯赛当中连战连胜,古巴队已经输了两场,她们对中国队更热情了,见面主动打招呼,友好地笑笑。

---

① (五)中的"场"除个别"场"字外基本读为 chǎng,下文不再标注其读音。

⑫ 高考开始了,今天考过了两场,明天还要考一场。

"场"作为动量词,是由名词"场所义"演化而来的,最初由许多人聚集在一起进行的集体活动,进而转指凭借某一空间进行的事件过程,成为动量词。

第二,"场"与动词的自主-依存语义特征

下面根据"场"的语义,结合其在语料库中的实际使用情况,来考察"场"的自主-依存语义特征。

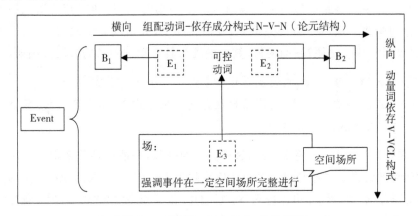

图 5.13 "场"的 ECM 自主-依存模型

在图 5.13 中,E_3 是动量词"场"的详述位。依据其语义特征,它突显了"事件在一定空间场所完整进行",只有满足"场"的这一突显义的动词才可对其进行精细化描写。例如:

⑰ 在匈访问期间,还将在布达佩斯同匈牙利国家女排比赛两场。

⑱ 月宾存好车,在小卖部挑选了一些可口的食品,边嚼着蛋糕边计划游园程序:先去瞻仰白孔雀和小熊猫,然后观赏花卉,再去划船荡舟,看一场电影……还得拍几张风光照。

(2) 从动词看 E_3,它具有"可控持续"义,才可对这类动作进行精细化计量描写,以能表示在一定空间进行的"场所事件"的频次。例如:

⑲ 台下说话我听得很清楚,我演了两场,心里有了底了,我是规规矩矩演,每个动作,每个唱腔都很准确。

⑳ 为此,我至少少踢了24场足球,少下了100盘围棋,放弃了15场电影。

据此,通过双向考察看 E_3,动作的"可控持续"和动量的"有头有尾地在一定场所发生的事件"之间在语义上便可形成对应一致,组配形成"动词+数词+场"的动量构式。

第三,"场"的语料统计分析

与动量词"场"组配的动词共 30 个,按位置可分为"状位"和"补位"两种,具体划分见下表。

表 5.27 "场"的句法位置分布

构式类型	补位单纯式	补位宾后式	补位宾前式	状位复合式
数量	15	15	0	0

与动量词"场"组配的动词及语义分类如下。

(1) 文娱类:

演 5 演出 3 (连)满 放映 教

(2) 体育比赛类:

进行 6 打 3 转播 2 踢 2 看 2 (连)胜 举行 比赛 输

表 5.28 与"场"组配动词的语义分类及频次

动词类别	数量	比例	具体分布
文娱类	11	36.67%	演 5、演出 3 等
体育比赛类	19	63.33%	进行 6、打 3 等
全部	30	100%	强调在一定空间场所进行的完整事件

表 5.28 动词语义分布显示,和"场"组配的动词主要集中于文娱体育类,这符合"场"的语义,需要一定的固定场地,是有头有尾的集体类活动。其中,文娱类动词 11 个,占总数的 36.67%,且主要集中于"演"和"演出"两个动词,它们和"场"的依存度很高。而在所收集的语料中,体育比赛类动词的比例要高于文娱类,总计 19 个,所占比例为 63.33%,其中"进行"这类动词与"场"的依存度最高,轻动词"打"次之,其余的语义类型比较丰富,但都满足自主-依存模型中"场"的语义次结构的突显。总之,"场"的语义比较突出集中,对自主-依存中动词的辖制比较强,两者依存度较高。

下面,具体分析其在自主-依存中的动词语义特征。

首先,要求是事件主体控制的完整事件。

㉝ 皮林格说:"我们还没有放弃,就像踢一场足球比赛,在终场哨响之前,我们都要全力以赴。"

⑬㉜ 临上考场前,我要狠踢一顿足球,让脑子清清醒醒。

上述两句,是不能互换的,不能说"踢一顿足球比赛","顿"没有表示事件"有头有尾"进行的意思。在例⑬㉜中也不能说"狠踢一场足球",从语境上看,此处的踢足球是个人行为,不能是有头有尾的"比赛"方式进行,可能只踢一会儿。

其次,要求动作必须是凭借一定空间进行的"活动类"事件。

⑬㉝ 现在,许多埃及姑娘都成了专业东方舞艺人。每跳一场可得几百埃镑,遇到慷慨赏钱者,收入就更可观了。

⑬㉞ 如果带着孩子,可以上到三层去"骑马"、"坐飞机",开心地玩一番。

⑬㉟ 他指责政府在欧洲联盟发展的关键时刻,非但没有把推进联合放在首位,反而拿欧洲联合问题玩一场争取民意的赌博。①

上面例⑬㉝,专业东方舞艺人跳一场获得收入,肯定是在正规的娱乐场所进行的活动,符合"场"的语义,而"玩"则不一定有正式的"玩场",不像跳舞有"舞场",考试有"考场",踢球有"球场"等,因此,例⑬㉞不能换成"开心玩一场"。

⑬㊱ 尽兴:痛痛快快地玩一场。

例⑬㊱应是玩一场(cháng),符合其语义"强调事件经历一定过程后的自然终结",例⑬㉟则是"场(chǎng)"的隐喻用法,玩赌博在"赌场",可以组配。总之,"场"对动词的形式要求决定组配动词必须是"有界"动词,即动作是有明确起讫点,整个动作从头到尾是一个完整的事件过程。"场(chǎng)"对动词的语义要求其必须是依赖一定场所进行的完整事件。

下面对"自然终止的场(cháng)"和"人为可控的场(chǎng)"进行一下区分。

通过上述对与动量词"场(cháng)"和"场(chǎng)"组配的动词语义分析可见,两者既有区别又有联系。两者虽是同形词,但它们的意义和用法是不同的。"场(cháng)"着重于事情发生的时间,事情经过一次叫一场,它应用的对象都能体现时间的始末,如"下了一场透雨""他责备了我一场";而"场(chǎng)"则着重于事情发生的场合、场地,某些事在特定的场合、场地发生一次叫场。"场(chǎng)"适合的对象都能体现特定的场合、场地,如"一场演出"(舞台或相当于舞台的场地)、"一场球赛"(球场)、"考了两场"(考场)。"场(cháng)"则不着重于特定的场合、场地。"场(cháng)"和"场(chǎng)"形同、音近,应用中应读准它们的不同声调。

---

① 例句⑬㉝、⑬㉟均来自CCL语料库,本章例句除这几个例句外,基本来自国家语委现代汉语语料库。

以上我们对两者进行了区分,但在自主-依存模型中关键在于根据两者的"依存度"和"构式义"进行语义对应与阐释,组配成动量构式。

5.2.2 借用动量词

5.2.2.1 器官借用动量词"眼"

以"眼"为检索词,通过对国家语委现代汉语语料库在线检索,共得106条句子,再经人工筛选,共得33条例句为动量用法。

第一,"眼"的语义特征

郭先珍(2002:164)指出,"眼"为动量词①,用以计量"看的次数"。例如:

⑬ 姜芹的脸涨红了,愠怒地盯了蒋永茂一眼,扭头就走。
⑱ 奇怪的是,只瞄了一眼,五顶帽子就刻在她前脑子里了,抹也抹不掉。
⑲ 当秋子妈私奔后,廷巴鱼更不愿多看秋子一眼了。

第二,"眼"与动词的自主-依存语义特征

下面根据"眼"的语义,结合其在语料库中的实际使用情况,来考察"眼"的自主-依存语义特征。

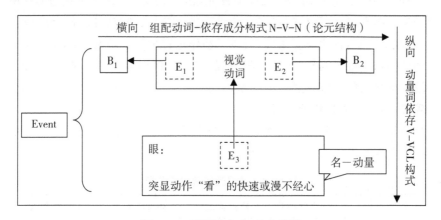

图 5.14 "眼"的自主-依存模型

图 5.14 横向关系中,动词是依存成分,E_1 和 E_2 是动词的详述位,分别由 B_1 和 B_2 填入,对其进行精细化描写。纵向关系中,动词是自主成分,E_3 是动量词

---

① "眼"也可做名量词,它有三个义项,义项①:计量井、池塘等;义项②:计量窑洞、地窖等;义项③:计量磨。

"眼"的详述位,由具有"看"义的动词填入。现分别解释如下。

(1) 从动量词"眼"看 E_3,依据其语义特征,它突显了和"眼"相关的视觉域动词,只有满足"眼"的这一突显义的动词才可对其进行精细化描写。例如:

⑭ 他偷偷瞟了一眼女儿那双疏淡的眉,尖尖的嘴角,以及娴静的眼睛。
⑭ 可是他还没走过半个猪市,一眼瞥见了自己的宝贝儿子,那车后的荆条驮篓里竟也缚着一些干毛瘦骨的猪娃。

(2) 从动词看 E_3,它具有"视觉域"语义特征,才可对这类动作进行精细化计量描写,以能表示"用眼看、瞟、瞅"等的频次。例如:

⑭ 水子像从梦中走出来,向晾棚看一眼,却没正眼看螳螂娘子,只是把嘴唇紧抿了抿。
⑭ 环视一眼室内,随手抓起办公桌上打开的毛选第四卷,翻了翻,啧啧称赞起来。

据此,通过双向考察看 E_3,与"眼"相关的动作和动量的"视觉域范围"之间在语义上便可形成对应一致,组配形成"动词+数词+眼"的动量构式。

"动词+一+器官量词"有"迅速或漫不经心"的意思,这点可通过对"下"的动词语义分布看出,大部分的器官量词所形成的动量构式都可以转化成"动词+一下"。区别在于,选用器官量词,突显了动作过程中的工具论元,而且"眼"与视觉域动词的依存度要高于"下"。"眼"是器官名词借用为动量词的,有关器官名词借用为动量词的详细论述见第六章。

第三,"眼"的语料统计分析

与动量词"眼"组配的动词共 33 个,按位置可分为"状位"和"补位"两种,具体划分见下表。

表 5.29 "眼"的句法位置分布

构式类型	补位单纯式	补位宾后式	补位宾前式	状位复合式
数量	9	4	18	2

与动量词"眼"组配的动词主要有:

看 10　瞥 5　瞟 4　瞅 3　瞪 2　白 2　瞄 2　扫 2　望　盯　环视

表 5.30 与"眼"组配动词的语义分类及频次

动词类别	数量	比例
看	10	30.30%
瞥、瞟、瞅	5、4、3	36.36%
瞪、白、瞄、扫	各 2 个	24.24%
望、盯、环视	各 1 个	9.09%
全部	33	100%

通过上表的动词语义分布可以看出,与"眼"搭配最多的动词是"看",占了近三分之一,其他动词"瞥""瞟""瞅""瞪""瞄""望""盯"和"环视"全部都为"视觉域"动词。其中,"看"与"眼"的依存度最高。可见,"眼"作为临时借用动量词,语义更为具体,和"视觉域"动词高度依存。但"白"和"扫"有一些特殊,它们的"自主-依存"需要一些心智运作。首先,"白",目前《现代汉语词典》释义为"动词,用白眼珠看人,表示轻视或不满","白"的这个释义就与"眼"的语义次结构的突显语义一致,可以对其进行精细化描写。但如果单独出现"白"这个词,我们更多的是把它认为是颜色域中的一个形容词,其作为动词是经过了"隐转喻"机制的运作,逐步固化而成。因为人眼的构造中有"眼白",基于人类的体验,用"眼白"看人,表达了人的某种感情色彩。所以,用"白"去代替人们白眼的动作,发生了"语法转喻"。而"扫"的原义为"用笤帚、扫帚除去尘土、垃圾等",引申义为"很快地左右移动"。因为"扫地"这个动作和"用眼睛左右看"具有很高的象似性,发生了隐喻,实现从"动作域"到"视觉域"的泛化,从而使得"扫"也满足自主-依存中语义次结构的突显语义,成为"视觉域"中的一员。

5.2.2.2 工具借用动量"针"

以"针"为检索词,通过对国家语委现代汉语语料库①在线检索,共得 215 个句子,再经人工筛选,共得 37 个例句为动量用法。

第一,"针"的语义特征

郭先珍(2002:177)指出,"针"为动量词,用以计量和"针"相关的动作。它主要有 3 个义项。

(1) 计量缝纫的针数。例如:

⑭ 这件新长衫,是全班同学缝制的,每人都缝了几针。(CCL 语料库)

---

① 个别例子来自 CCL 语料库,我们会在句后标注。

⑭ 老友回春采用了止血生肌胶带粘合伤口,不缝一针。

(2) 计量编织毛衣的针数。例如:

⑭ 这件毛衣是我一针一针织成的,穿着它,让我的心,永远贴着你的心。
⑭ 这双毛袜开始打20针,织到脚跟时,再一针针加吧。

(3) 计量打针或者扎针的次量。例如:

⑭ 大夫……卷起来病人的袖子,用棉花消了毒,在皮下打了一针之后,用橡皮膏贴上针眼。
⑭ 这消息传到了各处,不久就有许多中国郎中印度大夫不远千里来应征,但有的摇摇头走了,有的骗了一点钱留一点蝎蜒的药膏回去了,有的在这位年青皇帝的唇上刺几针金针药针就束手了。

第二,"针"与动词的自主-依存语义特征

下面根据"针"的语义,结合其在语料库中的实际使用情况,来考察"针"的自主-依存语义特征。

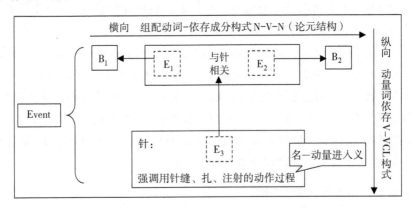

图 5.15 "针"的 ECM 自主-依存模型

图 5.15 横向关系中,动词是依存成分,E_1 和 E_2 是动词的详述位,分别由 B_1 和 B_2 填入,对其进行精细化描写。纵向关系中,动词是自主成分,E_3 是动量词"针"的详述位,由满足语义条件的动词填入。现分别解释如下:

(1) 从动量词"针"看 E_3,依据其语义特征,它突显了"与针相关的动作",如"缝、扎、注射"等,只有满足"针"的这一突显义的动词才可对其进行精细化描写。例如:

⑮ 春节前夕,是服装工人最忙的时候,我们都不顾劳累,下班后又聚在一起,都想亲自在这件棉衣上缝几针。

⑮ 英国专家赖特为什么能够一针扎准熊猫的颈动脉?

⑮ 柳青每天到医院注射两针,先后打了一百多针,止住了肺结核的发展,遂在九月以第一名的成绩考入了西高。

(2) 从动词看 E_3,它具有"用针进入某人或某物"的意义,才可对这类动作进行精细化计量描写,以能表示"用针缝、扎、打、注射"等动作的频次。例如:

⑮ 最难的还是绣尼克松的眼睛,总共只能绣上三针,却要用上黑、绿、蓝、白等 10 多种颜色,一根毛线要劈成几丝,再拼起来,才能绣出他那既严肃、兴奋又充满喜悦的眼神。

⑮ 而被《解放军报》评为 1980 年好新闻的《孟处长"三针"扎好瘸腿病》却有了新的概括,新的突破。

据此,通过双向考察看 E_3,动作的"用针进入"和动量的"与针相关"之间在语义上便可形成对应一致,组配形成"动词+数词+针"的动量构式。

第三,"针"的语料统计分析

与动量词"针"组配的动词共 37 个,按位置可分为"状位"和"补位"两种,具体划分见表 5.31。

表 5.31 "针"的句法位置分布

构式类型	补位单纯式	补位宾后式	补位宾前式	状位复合式
数量	20	8	0	9

与动量词"针"组配的动词及语义分类如下。

(1) 缝补类(缝衣、缝人的伤口):

  缝 6　绣 2　挑(断)2　织　做　戳　挪

(2) 西医类:

  打 12　注射 2

(3) 中医类:

  扎 4　刺 4　挨

表 5.32　与"针"组配动词的语义分类及频次

动词类别	数量	比例
缝补类	14	37.84%
西医类	14	37.84%
中医类	9	24.32%
全部	37	100%

通过上表的动词语义分布可以看出,与"缝补类"组配的动词相对复杂一些。由于人类的发展进化,最初阶段就要吃饱穿暖,"缝衣"是先民首先掌握的技术,所以动词"缝"与"针"的依存度最高。但随着"暖"的需求的满足,人又产生了"美"的需求,"织"和"绣"的工艺也随之出现,与"针"的依存度也很高。与西医"注射类"的"针"搭配最多的动词是"打",14 个中占了 12 个,可见其与"针"的依存度最高。而中医的针灸技术,所使用的银针不涉及把液体等注射入身体内,只是扎穴位,所以"扎"和"刺"与"针"的依存度更高。选择什么样的动词,根本原因在于"针"的语义自身突显,可依据受事对象、百科知识与人的体验判断。在下面几例中就是如此。例如:

⑮ 用他们的行话来说:"绣起来豁不开,到最后眼睛的瞳仁只能绣一针,这一针却要绣得传神,太难了。"

⑯ 捡起背心上那缝得密密实实的小布包,一针一针地挑断线头。

⑰ 这种东西,几乎家家都有,谁个头疼脑热、伤风感冒了,便在头上挑几针,挤出乌血,然后嵌上火罐,往往见效。

⑱ 刘仲义的心像被猛刺了一针,然而却是强心针,那以往的梦境又交叠出现在眼前。

"毛衣针"就用"织",但中国的传统工艺刺绣,图案是用针"绣"上去的,见例⑮。而在例⑯中,线头可以用针"挑"起来,基于隐喻,例⑰"头"和布都是平面,也可以用针"挑",尤其是起泡的时候,很多时候都是用针挑破的。在例⑱中,"刺"的原义为"用尖锐的物体戳击或刺入"。在这个句子中,"心像被猛刺了一针"是一个隐喻,用来形容心灵上的伤害或打击。总之,自主-依存模型中"动词"和"针"的语义一致是其组配的基础。

5.2.2.3 时间借用动量"辈子"

以"辈子"为检索词,通过对国家语委现代汉语语料库在线检索,共得 592 条句子,再经人工筛选,共得 155 条例句为动量用法。

第一,"辈子"的语义特征

郭先珍(2002:8)指出,"辈子"为动量词①,用以计量"人一生活动的某一段时间"。常做补语。例如:

⑮ 她始终勾着的脑袋抬起来,她说,哪一天再不要等待、再不要渡河、再不要回到那座"幸福城";如果能够,她说,哪怕在刚才那片野地里待一辈子。

⑯ 在这样好的地方,我觉得活一辈子还不够呢!

⑰ 棒槌姑娘想起妈妈的话,还有点难过,可是心里总是不服气,我们为啥要在深山老林里住一辈子,为啥不能去参加建设,为人类的健康服务呢?

第二,"辈子"与动词的自主-依存语义特征

下面根据"辈子"的语义,结合其在语料库中的实际使用情况,来考察"辈子"的自主-依存语义特征。

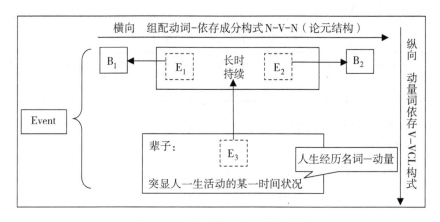

图 5.16 "辈子"的自主-依存模型

图 5.16 横向关系中,动词是依存成分,E_1 和 E_2 是动词的详述位,分别由 B_1 和 B_2 填入,对其进行精细化描写。纵向关系中,动词是自主成分,E_3 是动量词"辈子"的详述位,由具有"突显人生活动"的动词填入。现分别解释如下:

(1) 从动量词"辈子"看 E_3,依据其语义特征,它突显了"一生活动的某一时间状况",只有满足"辈子"的这一突显义的动词才可对其进行精细化描写。

---

① "辈子"做名量词时,可以有如下用法:(1)计量家族或亲友中同辈分的人。如"几辈子世交""两辈子友情";(2)计量人的毕生时间,多与"一、半、大半"等词搭配。如"辛劳了半辈子"。

例如：

⑯ 反正我就是当一辈子老处女，也不会嫁给你！
⑯ 敝人就是打一辈子光棍，也绝对不敢娶你！

（2）从动词看 E_3，它具有"长时持续"特征，才可对这类动作进行精细化计量描写，表示动作持续的时间。例如：

⑯ 我不能这样依附别人，弯腰过一辈子日子，我要挺起胸，理直气壮地做一个有尊严的人。
⑯ 他愿意在这温暖的小屋里，和她呆上一辈子。

据此，通过双向考察看 E_3，动作的"长时持续"和动量的"人一生的活动"之间在语义上便可形成对应一致，组配形成"动词＋数词＋辈子"的动量构式。

第三，"辈子"的语料统计分析

与动量词"辈子"组配的动词共 155 个，按位置可分为"状位"和"补位"两种，具体划分见表 5.33。

表 5.33 "辈子"的句法位置分布

构式类型	补位单纯式	补位宾后式	补位宾前式	状位复合式
数量	53	5	63	34

与动量词"辈子"组配的动词或动词短语及语义分类如下。

（1）生活类：

过(日子)8　(白)活 4　打光棍 3　生活　享　享福　害　倒霉 2
搬家　花费心血　蹲监狱　饿　逃荒要饭　别回来　作孽　光吃
囚禁　受用　操心　背黑锅　打官司　伺候　侍候　做梦　负责
连累　拖累

（2）事业职业类：

干 4　打(仗)2　(干)革命 2　干活 2　滚 2　混　搞　种地　种棉花
打牛屁股　孵鸡蛋　养鸡　采煤　打鱼　造船　建港口　开垦
做毽子　做买卖　干黑活　扛长工　打交道 2　联系观众
操同一职业　学画　追求　努力　歌唱　下棋　劳动　宣传

（3）状态类：

呆 3　住 2　忘不了 2　待　跟着　囵　内疚　坎坷　后悔　痛苦

俭朴　冷静　忌恨　长在　在　流浪　等　垮不了　不变心　不听唱

(4) 苦痛类：

受苦5　辛苦3　苦2　吃苦2　穷2　苦熬苦煎　吃亏　受气　受穷
受罪　挨　被作践欺侮　熬　陷地狱　痛心

(5) 当作类：

当（老处女、和尚、护林员、老文盲、鞋匠、人）6　做……人4
作牛马2　做少爷　做老师　作佃客　作狗腿子

(6) 动作类：

转2　看见　摸　推　站　斗　记　坐　背　守

表 5.34　与"辈子"组配动词的语义分类及分布比例

动词类别	数量	比例
生活类	40	25.81%
事业职业类	40	25.81%
状态类	24	15.48%
苦痛类	24	15.48%
当作类	16	10.32%
动作类	11	7.10%
全部	155	100%

通过上表的动词语义分布可以看出，生活、事业类动词与"辈子"的语义依存度最高，这与"辈子"的语义和"人的体验"密切相关。"辈子"本是一个表"长时"的名词，我们通常把"人的一生"称为"一辈子"，而在人的一生中，最重要的事情与经历就是"生活事业"，所以，这类词成为与其搭配的主力军。中间的数词多为"一、半、大半"等词，并且大多数动词不是单个出现的，而是一个"事件类"动词。另外一类依存度较高的就是表"状态"的动词，共 24 个，所占比例为 15.48%。对于人生的状态，人们都会加上自己的认知感受与描述，所以也会与"辈子"有很高的依存度。而其中"苦痛类"就占了 15.48%。因此，"辈子"与"苦痛类"动词的依存度又远远高于其他状态类动词。与"动作类"动词的依存度最低，因为"强持续动词"的动态性比较弱。正因如此，"辈子"和"强持续动词"的依存度最高。

5.2.2.4 结果借用动量词"圈"

以"圈"为检索词，通过对国家语委现代汉语语料库在线检索，共得 962 个句子,再经人工筛选,共得 216 条例句为动量用法。

第一,"圈"的语义特征

郭先珍(2002:121)指出,"圈"为动量词,主要有两个义项。

(1) 计量绕圈的动作、行为。前可加形容词"大"。例如:

⑯ 我带他到车间转了一圈,他疑窦顿消并赞不绝口。

⑰ 红顶子在天空兜了一圈,忽然被一只非常漂亮的鸟儿吸引住了;他头上长着一撮蓬松的羽毛,好像戴着一顶美丽的花冠。

(2) 计量打牌的轮数。打一轮叫打一圈。多指麻将牌。例如:

⑱ 今天得把那两张捞回来,搓麻将,打八圈儿。

⑲ 除夕晚上,几位亲戚朋友聚在一起搓了十几圈麻将。

第二,"圈"与动词的自主-依存语义特征

下面根据"圈"的语义,结合其在语料库中的实际使用情况,来考察"圈"的自主-依存语义特征。

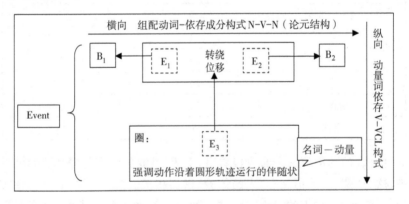

图 5.17 "圈"的自主-依存模型

图 5.17 横向关系中,动词是依存成分,E_1 和 E_2 是动词的详述位,分别由 B_1 和 B_2 填入,对其进行精细化描写。纵向关系中,动词是自主成分,E_3 是动量词"圈"的详述位,由具有"转绕位移"的动词填入。现分别解释如下。

(1) 从动量词"圈"看 E_3,依据其语义特征,它突显"沿着某一圆形轨迹运行的伴随"动作,只有满足"圈"的这一突显义的动词才可对其进行精细化描写。例如:

⑳ 这地方好怪,那层层叠叠、蜿蜿蜒蜒的十几个大小山峰围成一圈,每一座山峰恰似绽开的莲花的一个瓣。

⑰ 他先在螳螂的头顶上空飞着转了几圈,看看螳螂的动静。

(2) 从动词看 E_3,它具有"转绕位移",才可对这类动作进行精细化计量描写,以能表示动作"转绕"的频次。例如:

⑫ 几位芭蕾舞迷抬着黎小玲绕俱乐部转了一圈,最后放在大副跟前,说:"'死亡舞会'的皇后来了!"

⑬ 把漆包线在圆杆铅笔上绕60圈左右,取下铅笔,就制成了一个轻质的弹簧。

据此,通过双向考察看 E_3,动作的"转绕位移"和动量的"圆形轨迹"之间在语义上便可形成对应一致,组配形成"动词+数词+圈"的动量构式。

第三,"圈"的语料统计分析

与动量词"圈"组配的动词共216个,按位置可分为"状位"和"补位"两种,具体划分见下表。

表 5.35 "圈"的句法位置分布

构式类型	补位单纯式	补位宾后式	补位宾前式	状位复合式
数量	186	18	10	2

与动量词"圈"组配的动词或动词短语及语义分类如下。

(1) 补位单纯式

动词类:

转64 走23 绕12 兜10 围7 跑7 飞行7 掖转3 飞3 跳3 转悠2 跨转2 留2 打2 扫2 逛2 蹬 看 散成 环割 站 解 滑 参观 游 浇 剪掉 抢 溜 延伸 来 喊 环视 扫视 划 辗转 翻 旋转 找 旅行 滚 旋 倒 盘旋 胀

形容词类:①

瘦3 小2 大

(2) 补位宾后式:

(环)绕15 做2 找

---

① "瘦、小、大"本是形容词,在与"圈"组配后,具有了动词特征,表示程度的变化,即"变瘦、变小、变大",因此我们也统计在内。

(3) 补位宾前式：

剥去 2　荡漾　转　围　来　虚出　翻起　打麻将　扎

(4) 状位复合式：

豪赌　循环轮转

表 5.36　与"圈"组配动词的语义分类及分布比例

动词类别		数量	比例	具体典型分布
状语类		2	0.93%	豪赌、循环轮转
补语类		214	99.07%	绕转类位移动词
补位单纯式	动	180	83.33%	转 64、走 23、绕 12、兜 10、飞行 7、跑 7 等
	形	6	2.78%	瘦 3、小 2、大
补位宾前式		10	4.63%	剥去 2、转、围、来、虚出、翻起、打麻将
补位宾后式		18	8.33%	(环)绕 15、做 2、找
全部		216	100%	强调动作沿着圆形轨迹运行的伴随状

表 5.36 中"圈"的语义分布显示，"绕转类位移"动词和"圈"的语义具有一致性，这类动词可以满足"圈"的语义次结构的突显。其中，"转"总共有 64 个，占 35.56%，和"圈"的依存度最高。其次是"绕"，"补位单纯式"和"补位宾后式"合在一起，总共 27 个。动词"转""绕"与"圈"的依存度最高，原因在于它们与"圈"的语义具有高度一致性，不需要语境或句法的调控。"转一圈"或"绕一圈"这两个构式本身语义就是自足的。

在自主-依存模型中，不可忽视"所绕或所转"的对象，它是动词和"圈"得以实现语义依存的一个重要因素。"圈"所围绕的客体大多为可以"环绕"或"本身具有圆形特征"的词语，如"城、车间、房四周、地球、场地、山峰、会场、表、脖子、铅笔、湖、脸"等。"圈"的语义和其所环绕的客体形状密切相关，所"圈"客体多为环状，或在人们心中形成虚拟环状位移。有些动词本身的语义"详述位 E_3"中并不含有环绕义，比如"浇"这个动词，我们脑中最固化的应该是"浇水"。但当它的受事本身为圆形，并且前面动词也使用了"环绕义"，此时，也可以说"浇了一圈"。

还有，就是在语料中发现了 6 个形容词，它们能够和"圈"组配，是用呈现的状态代替发生的变化，发生了转喻。

⑭ 他仿佛又看到了南妮来找他帮忙时那副憔悴的面容，她坐在太阳底下卖报的情景，为了生活，她受尽侮辱，人瘦了一圈儿。

⑮ 我再一次去找刘俊生的时候,使我吃了一惊,他在一夜之间瘦了一圈,眼睛大了,脸色苍白,他见到我劈面就问我:"难道这世上就没有一个人愿意让我闪一下?"
⑯ 壁蟢在其周围逡巡徘徊了一天,第二日那白点大了一圈,白了一些。
⑰ 前额似也小了一圈;瘦得露出青筋的细脖儿,顶着一个硕大的脑壳,就像鸡舍旁边打了蔫——但仍然站立着的向阳葵。

另外,在所收集的例句中,"形容词"后都加了"了",有关"了"的体标记用法详见第四章图 4.1 的描述。因为"了"表示动作从无到有的"实现过程",因此,"瘦""大""小"加上体标记后,就表示"变瘦""变大""变小"的实现过程,用形容词代替动词发生了"语法转喻"。这样,形容词就满足了自主-依存中"圈"的语义次结构的突显,实现了组配。"形容词+圈"的语义上还有一个特点,就是"人或物"自身的变化,而不是围绕某一客体发生位置移动。

5.2.2.5 影响借用动量词"跳"

以"跳"为检索词,通过对国家语委现代汉语语料库在线检索,共得 2987 个句子,再经人工筛选,共得 143 个句子为动量用法。

第一,"跳"的语义特征

郭先珍《现代汉语量词用法词典》中没有提及"跳"做动量词的用法。《现代汉语词典》(第 7 版)将"跳"解释为:"动词。腿上用力,使身体突然离开所在的地方。如'高兴得直跳'。"这里没有"跳"做动量词的用法。因为"跳"做动量词的固化度不高。

虽然在《现代汉语词典》和《现代汉语量词用法词典》中,"跳"均未标注为量词,但"吓一跳"却是高频使用的动量构式。有关"跳"做动量词的转化过程详见第六章论述。"跳"与"惊吓义"动词的高依存也表明"跳"作为动词的语义转化过程,人类产生之初,和"猿猴类"灵长目动物一样,是跳跃行走的,随着直立行走,"跳"被"走"取代,"跳"更多地用于描述"物体一起一伏地动,如"心跳、眼跳"等。于是,"跳"的语义次结构在动量构式自主-依存中与"惊吓类"动词的语义突显形成了一致对应,可以完成组配。

第二,"跳"与动词的自主-依存语义特征

下面根据"跳"的语义,结合其在语料库中的实际使用情况,来考察"跳"的自主-依存语义特征。

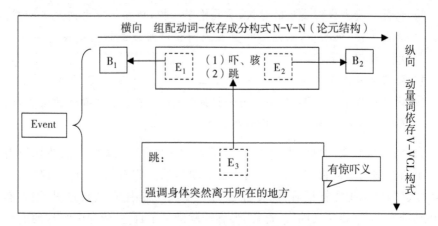

图 5.18 "跳"的 ECM 自主-依存模型

在图 5.18 中,E_3 是动量词"跳"的详述位,由动词"吓、骇、跳"等对其进行精细化描写。现分别解释如下。

(1) 从动量词"跳"看 E_3,依据其语义特征,它突显了因某一动作而产生的"身体突然离开所在的地方"的影响,只有满足"跳"这一突显义的动词才可对其进行精细化描写。例如:

⑱ 和和气气的瘦老头,忽然用起了命令口吻,把我吓一跳。

⑲ 这句话,简直把挨在她身旁的人吓了一跳了——一半欢喜和一半惊诧的,一直望着她。

(2) 从动词看 E_3,它具有"惊吓"义,才可对这类动作进行精细化计量描写,以能表示"惊吓动作产生结果的频次"。例如:

⑳ 小嘎子也随着往里一钻,猛然间吓了一跳,一把闪亮的刺刀跷在眼前,一个圆彪彪的小伙子端枪站着,但却微笑点头,轻轻说道:"进来呀!"

㉑ 炉火里有毒瓦斯,这话说起来有的人会骇一跳。

据此,通过双向考察看 E_3,动作的"惊吓"义和动量的"惊吓后产生的结果"之间在语义上便可形成对应一致,组配形成"动词+数词+跳"的动量构式。

第三,"跳"的语料统计分析

与动量词"跳"组配的动词共 143 个,按位置可分为"状位"和"补位"两种,具体划分见下表。

表 5.37　"跳"的句法位置分布

构式类型	补位单纯式	补位宾后式	补位宾前式	状位复合式
数量	125	0	16	2

与动量词"跳"组配的动词及语义分类如下。

(1) 惊吓类：

　　吓 137　骇 2

(2) 非惊吓类

　　跳 4

表 5.38　与"跳"组配动词的语义分类及分布比例

动词类别	数量	比例
吓	137	95.80%
骇	2	1.40%
跳	4	2.80%
全部	143	100%

通过上表的动词语义分布可以看出，与"跳"搭配最多的动词是"吓"，比例为 95.80%。"跳"借用为临时动量词，强调的是对受事产生的某种影响。其语义次结构 E_3 突显的就应该是能让人产生"跳"这一行为的动词。目前的语料库分布情况显示，能对 E_3 进行精细化描写的最典型动词是"吓"。"吓"在《现代汉语词典》(第 7 版)中的解释为"使害怕"(如"吓了一跳""别吓着孩子")。"吓"在《汉语动词用法词典》中的释义为"吓唬，感到害怕"。"吓"的语义次结构首要突显的是 E_1 和 E_2。通过对语料的分析，发现 E_1 多为某一件事情而非具体的人，E_2 吓唬的对象，在句中的位置也比较灵活，有时直接在主语位置，有时通过加"把"字引出受事。例如：

⑱ 褐鼠吓了一跳，"吱"的一声四散逃去，一只褐鼠躲在食槽下，一动不动不敢发声。

⑱ 克服了这一缺点，就把侵略者置于我们数万万站起来了的人民之前，使它像一匹野牛冲入火阵，我们一声唤也要把它吓一大跳。

此时，"跳"作为动量词，不仅计量"频次"，还表达"吓"对受事造成的影响。这种临时动量词对动词的限定比较严格，基本上是只计量这种"受惊吓"事件中，虽然人们高兴的时候也会跳,但却没有产生具有一定使用比例的构式义。"骇"在《现代汉语词典》(第 7 版)中的释义为"惊吓;震惊",与"吓"语义近似,因此也可以用于这一构式中。

另外一种情况有两种结构:
(1) 数词＋跳＋动词短语;
(2) 跳＋数词＋跳。

例如:

⑱ 急得我三跳两跳,追了过去,一脚踩住。
⑲ 不但可增强自信,而且可以获得成功的经验,"跳一跳摘果子吃",可以产生良好的心理效应,增进心理健康。
⑳ 在物价一天跳几跳的时候,常常是不到天黑不发工资,工人好容易等到工资,到第二天,物价又已飞涨。

上述 3 个句子中,不含有惊吓义,例⑲、例⑳是借用动词本身的"拷贝类"。这种动量表达很形象地表达动作的情状,其中的数词也不限于"一",可用"两、三、几"等。语料库的语义分布显示,"跳＋动量词'跳'"的使用频次远远低于"吓"。

5.3 小结

本章基于 ECM 的自主-依存模型,以其中的动量词为"依存"参照点,分析动词和动量词的"心智组配"过程。从每个动量词在《说文》中的来源开始,并考察其在《现代汉语量词用法词典》的语义特征,部分参照了《现代汉语词典》,确立动量词的"词典义"。然后,基于实际语料分析动量词的用法,分析其在自主-依存模型中的运作。通过对字典义和语料库中的用法对比,发现了一些临时义,即动量构式整合而成的"构式义",构建了 13 个专用动量词和 5 个借用动量词的 ECM 自主-依存模型图。基于对语料的统计,以表格的形式说明每一个动量词限用的动词范围和语义分布特征,并佐以相关统计数据。

首先,本研究认为专用动量词提供的"详述位"对动词的语义限制较小,但每个专用动量词的独有特点,也限制了与其组配的动词范围。现将 13 个专用动量词的语义特点归类如表 5.39。

表 5.39　13 个专用动量词的构式义与共现动词特征

序号	动量词	突显构式义	共现动词特征	备注
1	次	频次经历	重复动词，双界	
2	回	频次时间	双界动词	有时受"回转义"限制
3	下	短暂迅速	持续可控	附轻微、轻松语气
4	把	频次情状	主要与"手"相关的动作	共现动词正在泛化
5	番	繁多复杂	复杂可控	需要费时费力的动作
6	通	混乱宣泄	混状可控	多为中性、贬义
7	气	率性连贯	持续随意	多为中性、贬义
8	顿	急促集中	急切可控	多用于饮食、言语
9	遍	遍及全部	过程周遍	对象或过程可周遍
10	趟	空间往返	行走方向	动作起讫点重合
11	遭	巡绕义	行走趋向	动作圈回往复
12	场（cháng）	过程义	有自然终结点的动词	与空间无关
13	场（chǎng）	场所事件	可控完整	与空间场所密切相关

表 5.39 列举出在 ECM 自主-依存模型中与每一个专用动量词对和其组配的动词的语义要求，并基于实际应用而产生的构式义。在动词和专用动量词组配的自主-依存运作中，我们发现"构式义"对准入动词的语义具有调控作用，ECM 为所有动量构式提供了动作事件辖域，也确保了动词和动量词的语义一致。基于"隐转喻"机制，一些"非动词"也可以进入动量构式的组配中。总之，专用动量词是个封闭的体系，目前已经处于比较稳固的发展期，是动量构式中"兼职"最多的成员，但泛而不同，各具特色，是动量构式中的重要组成成员。基于封闭的语料探索每一个专用动量词的语义特征，并在 ECM 的自主-依存模型下分析其具体语义分布，才能更好地把握其固化与概念化过程。

表 5.40　5 个借用动量词的构式义与共现动词特征

序号	借用动量词	突显构式义	共现动词特征	借用来源
14	器官类"眼"	快速、漫不经心	视觉域动词	名—动量
15	工具类"针"	进入义	与"针"相关动词	名—动量
16	时间类"辈子"	人生经历	长时持续	名—动量
17	结果类"圈"	环绕义	转绕位移	名—动量
18	影响类"跳"	惊吓义	吓、骇、跳	动—动量

表 5.40 列举出在 ECM 的自主-依存模型中,五类借用动量词中的"眼""针""辈子""圈"和"跳"对与其组配的动词的语义要求,并基于实际语料数据统计的"构式义"。在"动词"和"借用动量词"组配的运作中,我们发现"借用动量词"对与其"共现"的动词语义限制在较具体的范围内,借用来源多为名词。其借用的具体机制分析详见第六章。

动量词在进行频次义计量的同时,都含有自身的特殊附加义,从而其突显的语义次结构中,这种意义就会限定动词的范围,选定动词对其进行精细化描写,有时就是再范畴化或概念化的过程,动量词从名词经过使用,一步步固化为现有用法。通过对 13 个专用动量词和 5 个借用动量词的自主-依存分析,我们发现现代汉语"专用动量词"和"借用动量词"在 ECM 自主-依存模型中与动词的依存是有差别的,存在着语义依存程度的不同。专用动量词和借用动量词比较起来,专用动量词的语义更加抽象,所以对动词的限制小,因此,与动词之间的依存度比较低。而借用动量词的语义相对来说较为具体,所以,只能和某一类动词组配,对动词的限制比较大,只能由表达某一类与该借用动量词语义密切相关的动词来对该"详述位"进行精细化描写。

第六章 动量构式自主-依存的转喻机制及类型

本章主要在 ECM 的自主-依存模型中,基于认知转喻,探讨借用动量词的形成机制。笔者首先介绍"转喻参照点"选择机制,详细阐释了"转喻与突显""转喻与 ECM"的关系;然后论述动量词的形成与"转喻参照点"选择的密切关系。我们发现,在同一 ECM 中动作过程的突显对象最易成为"动量转喻参照点",本研究还考察了在 ECM 中可做"转喻参照点"的要素,分析其可作为动量标记的原因。根据借用动量词的参照点差异分类,本研究拟将它们分为六种类型:
(1) 因果类转喻,如:跳、滚等;
(2) 伴随类转喻,如:圈、声等;
(3) 器官类转喻,如:眼、脚等;
(4) 工具类转喻,如:针、刀等;
(5) 时间类转喻,如:辈子、年等;
(6) 拷贝类转喻,如:淘一淘、看一看等。

如何计量动作的"量",这与对 ECM 动态事件过程的认识密切相关。对于在时间轴上发生的整个动作事件人们不可能面面俱到,只能根据表达需要,选取在这一过程中最突显的部分,作为动量标记表计量。本章从同一 ECM 的"转喻参照点"选择问题出发,论述动量词形成的转喻运作机制,并细致分析动量词形成的转喻类型,佐以翔实数据。

6.1 转喻的参照点选择

Kövecses 和 Radden(1998:39)把"转喻"定义为"在同一认知域或 ICM 中,一个实体概念作为喻体(vehicle)[①],提供到达另一实体概念(即目标)的心智路径的认知运作过程"。这个定义强调两点:

[①] 王寅(2001)将 vehicle 译为"喻体",本书采用了这一译法。

(1) 转喻是在同一个域中运作；
(2) 它是通过"激活"和"指称"的方式实现其"通达"另一概念的功能。

6.1.1 转喻与 ECM

转喻定义明确指出，转喻须在"同一域"中运作。王寅(2005)提出的"事件域认知模型(ECM)"，则可作为分析转喻认知的基础，即转喻需在同一 ECM 中运作，ECM 中的 action 和 being 及其下面的子特征，都可能成为激活另一相关事物或概念的参照点。如：

① 第 36 分钟，伊朗队 10 号阿里·迪艾在禁区线上正对沙特大门，劲射一脚，球飞入网中。

例①的 ECM 分析图如下：

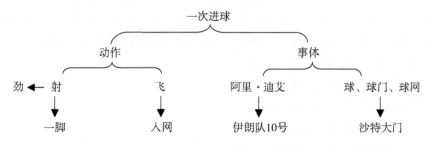

图 6.1 "进球"事件 ECM 图解

例①描述的是"一次进球"过程，通过 ECM 识解，我们首先区分出处于第一层级的相关进球动作和相关事体，而动作下面又包括两个子要素"射"和"飞"，事体下面包括施事"阿里·迪艾"，受事"球"，与两个相关事体"球门"和"球网"。各子要素又各自包括很多具体信息，如："射"前有状语"劲"，"射"后有动量补语"一脚"，"飞"后面有动趋补语"入网"。整个事件还有"时间""地点""方位"等状语。人名"阿里·迪艾"前有同位成分，"门"前有定指成分。整个运作过程中的各个点，都可能作为突显因子而选作参照点，激活整个事件。其中的动量构式"射一脚"，用名词性成分"一脚"来指代整个动作：抬起脚，用穿着球鞋的脚的某一个部位接触球的某一点，向球门的方向，用力将球踢起。如果把这个动作的每一个细节都交代清楚，语言就会变得无比繁琐，整个语言系统也因不堪重负而崩溃。因此，转喻对于事件的计量描述必不可少。

6.1.2 转喻参照点与突显

一个合适的转喻表达能很自然地激活我们要表达的另一个实体概念,确保直达目标。而"转喻参照点"的选择和另一概念——"突显"密切相关。我们自然倾向于选择那些对我们具有最大认知突显度的实体。

突显是知觉心理学的一个基本概念,突显的事物更容易吸引人的注意,更容易识别、处理和记忆。有关认知显著度的问题,Langacker(1999:199-200)认为,如果不考虑其他因素,认知突显的原则通常是:

生命体＞非生命体,整体＞部分,具体＞抽象,可见的＞不可见的

沈家煊(1999:7)认为:"事物显著度的差异有一些基本规律,例如,一般情形下,整体比部分显著(因为大比小显著),容器比内容显著(因为可见的比不可见的显著),有生命的比无生命的显著(因为能动的比不能动的显著),近的比远的显著,具体的比抽象的显著。"

Ungerer 和 Schmid(1996:116)列举了一些典型常见的相邻或相近关系。如:

(1) +PART FOR WHOLE + (*all hands on deck*)
(2) +WHOLE FOR PART + (*to fill up the car*)
(3) +CONTAINER FOR CONTENT + (*I'll have a glass*)
(4) +MATERIAL FOR OBJECT + (*a glass, an iron*)
(5) +PRODUCER FOR PRODUCT + (*have a löwenbräu, buy a Ford*)
(6) +PLACE FOR INSTITUTION + (*talks between Washington and Moscow*)
(7) +PLACE FOR EVENT + (*Watergate changed our politics*)
(8) +CONTROLLED FOR CONTROLLER + (*the buses are on strike*)
(9) +CAUSE FOR EFFECT + (*his native tongue is German*)

通过以上三位学者的论述可见,语言在表达世界时,只能是抓住某一点进行描写,无法用语言表达全面。转喻思维在我们的生活中随处可见,选择哪部分对事物进行描写,中外学者的观点具有高度相似性。由此,更可以推测出人们对世界的体验一致性。

6.1.3 动量"转喻参照点"的选择

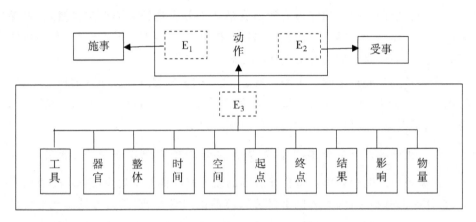

图 6.2 动量"转喻参照点"的选择类型

通过图6.2可以看到,在同一个 ECM 中,可作为动量"转喻参照点"的概念实体必须在动作过程中具有突显性。笔者拟从以下几个方面加以论述:(1)动作的"结果"和"影响"通常是动态的,在 ECM 中也很突显,可做动量参照点;(2)伴随动作的发生,有时会具有强烈而新鲜的动态结果,因此在动作过程中十分突显,可以作为动量标记;(3)人们需利用人体器官实施某一动作,一个动作往往涉及相应器官的一个运动过程,人体器官在动作过程中十分突显,并与动作关系紧密,可作为动量标记;(4)工具因其"可视""可动""强伴随性",可作为动量参照点;(5)"时间"作为动量的背景,与动作相伴始终,是计量动作的自然标记;(6)"起讫点"是动作单位得以成为离散单位的前提,可计量的重要因素,可做动量标记,尤其是终止点。事实上,突显根据语境和交际需求也在不断变化,而动量词的形成涉及动作过程中的很多因素,我们把现有动量词分为六种转喻类型。

6.2 动量构式中的转喻类型

6.2.1 因果类转喻

"因果类转喻"主要对借用动量词中"动作类"动量词的形成而言。在同一 ECM 中,对某物或某人实施某一动作,会相应地产生某种影响,而影响是与其语义紧密相关的另一动作结果呈现。因此,称之为"因果类转喻",多借自另一动词。例如:

跳 滚 拜 捶 挥 煎 开 转

因动作受力的结果是动态的呈现,所以高度突显,可成为转喻参照点,从而激活人们对该 ECM 中动作"量"的认知。

在第五章,我们以"跳"为例分析过基于该类动量词的动词语义分布特征与规律,本章重在分析"跳"借用为动量词的原因及借用机制。通过语料分析,在自主-依存模型中,"跳"通常与"吓"组配在一起形成"吓一跳"动量构式。

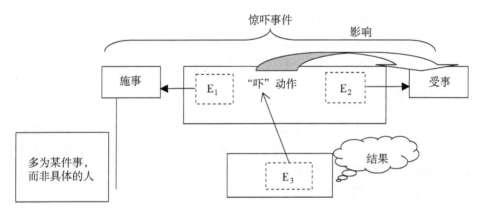

图 6.3　"跳"做动量词的 ECM 自主-依存运作图解

图 6.3 中,"吓"这个动作预示着动作的施事和受事,此处,通过语料分析发现施事多为某件事,受事有时会和"把"和"让"连在一起使用,放在动词前面,参见例③④⑤。在 ECM 的第二层级,对动作的特征进行描述,此处动量词"跳"是依存成分,预示着某一满足条件的动作可填入 E_3,对其进行精细化描写。在"惊吓事件域"范围内,某一动作行为主体或事件对动作的对象造成了"惊吓",而根据人类的体验认知,"吓"后之人最高度突显的反应是"跳"或"哆嗦",因此,"吓"与"跳"的逻辑语义关系是因果反应。例如:

② 老远就见大门口围着许多人,他的心里咯噔一下子,吓一跳,不知又发生了什么事情。
③ 当我们正在欣赏倒映在湖水中的石头影子时,忽然传来了"哗啦"一声,把大家吓了一跳。
④ 酱油瓶的摔地声,让阿毛娘吓了一跳,看他没碰伤,埋怨了几句,小人做事当心一点。
⑤ 突然传来的敲门声,把悲痛欲绝的姑娘吓了一跳!

上述四个例句中,"吓一跳"已形成一个整体化的动量构式,在其前面多是对"惊吓事件"的具体描述,多为"异常"或"突然"的视听行为。"跳"的"补位宾前式"情况也几乎一样。例如:

⑥ 杜嫂做事走动是完全没有声音的,碗碟在她手里也不出声,有时她端饭出现在身后会吓人一跳。

⑦ 莫下猛地敲了一下额头,吓了阿由子一跳。

无论是"吓一哆嗦"还是"吓一跳",用来标记"吓"这一行为动量的是"哆嗦"和"跳"等另外两个动作。是行为的受事被"吓"后,对其造成的心理影响的外在表现,是受事者产生"跳"或者"哆嗦"的动作。

6.2.2 伴随类转喻

"伴随类转喻"主要指借用动量词中"结果类"动量词。在同一 ECM 中,某人实施某一动作,伴随着动作过程会产生某种结果,并且该结果是新创客体,它具有强烈而新鲜的变化性,因此在动作过程中十分突显,可以作为动量标记。因此,本研究称之为"伴随类转喻",它们多借自名词。例如:

步　圈　声　程　招　周　串

在自建的 5278 条①封闭语料中,结果类动量共 156 条,约占总数的 2.96%,具体分布如下表。

表 6.1 "伴随类转喻"动量词的分布情况

序号	动量词	数量	比例	共现动词
1	步	73	46.80%	迈 17、踏 10、抢 3、跑 3、挪 3、推 2、赶 2、让 2 等
2	圈	46	29.49%	围 16、绕 4、转 4、逛 2、套 2、骑、让、摆、栽等
3	声	22	14.10%	说 4、叫 3、嚷 2、哭 2、喊、敲、讲、夸、谢、拦等
4	程	11	7.05%	送 2、骑、抱、搂、扶、赶、跑、追、奔、拖
5	招	2	1.28%	还、挡
6	周	1	0.64%	扫
7	串	1	0.64%	堵

这些名词借用为结果动量词的一个重要标准,它们都是伴随动作而出现的,

---

① 此部分是以孟琮等《汉语动词用法词典》中的 537 个单音节动词为检索词搜索得来的,其中有部分动量词不在本研究范围内,但未删除,以保证类型的齐全。

而不是先前存在的,这是判断它们是动量词还是名量词的重要区分。现分别详述如下。

(1) 步

"步"是用来计量走、跑的数量,是行走时两脚之间的距离,我们可以说"向前走两步;跑了十步;在房间里踱了几步"。"两步""十步""几步"都是伴随动作"走、跑、踱"而产生的空间位移,是一个和动作密切相关的新概念。

⑧ 雪花纷飞,他汗珠滴落;积雪尺厚,乡亲们难以拔脚,他不肯少迈一步。乡亲们未见过一个知识分子如此与农民冒寒共苦,不少人感动得掉眼泪。

⑨ 请从孤芳自赏的书生情趣中再往前迈一步吧,人民和历史最终接纳的,是坦诚而灼热的生命。

上述两句,第一句中"迈一步"是"一步"伴随着"迈"动作而产生的结果。据语料显示,"迈"与"一步"的共现频次最高,于是,"迈一步"已经成为一个高度固化的构式,在例⑨中用作隐喻的表达。

⑩ 不料到凯洛琳刚踏一步,木梯立刻就向一边歪倾,我吓得大叫:"别动⋯⋯"一边急得伸过手去,抓住她的肩膀。

⑪ 于是,他逐个点名。当叫到我名字时,我在门外站起来,往前挪了一步,探了下头,大概当时不少人还不认识我,我听到会场里有交头接耳的声音⋯⋯

同样,上述两句在同一 ECM 中,"踏"和"挪"两个动作伴随而生"步",因为这个动作是从脚抬起到脚落下的一个动作过程,非常突显,并且具有自然的"起讫点",作为动量标记很合适。

(2) 圈

"圈"计量绕圈的动作、行为,相应的名量词是用来计量环状的物体,也正是动作过程产生的结果,如"转了一圈、绕了几圈、兜了一圈、缠十几圈、盘旋了几圈"。"圈"在被"转、绕、兜、缠、盘旋"之前只是一个抽象的概念,但唯一不同的是,"圈"在客观世界有对应的物质外壳,而在计量动作的量时,必须通过动作行为在空间的一段圆状位移才能实现。因动作而产生的是"动态圈",而名量词是一个客观存在的"固有圈"。

⑫ 驴子骑一圈,浑身出了汗,疟疾也就好了。

⑬ 进门的时候,他还很从容,先是让了一圈烟,人们都说不吸,他就坐下了。

上述两句中"圈"在"骑驴"和"让烟"事件中,是两个动作的新创客体,是"虚拟位移",而不是事先存在的静态"客观圈",因此在同一 ECM 中非常突显,故通过转喻来指称整个事件,并对动作计量。

(3) 声

"声"是计量人或物发出声音的次数,如"大叫一声、哼了三声、说了几声、关照一声、怒喝一声"。"声"是上述动词"叫、哼、说、关照、怒喝"等动作行为的结果,只有通过这些动作的实施才能实现。

⑭ "快些离去。"柳生不由微微一笑,眼前的情景正是意料之中。丫环嚷了一声后,也就离开了窗口。

(4) 程

"程"是计量路程的约略量,伴随着路程相关的动词而出现,转喻不仅是实体转喻,也可是概念转喻。"程"已经高度固化为表达"路程"约量的方式,因此和路程相关的动词出现时,比较容易激活这些"先存概念"作为动量表达方式。

⑮ 但是我可以把你和它一起背起来。来!过来,佛罗多先生!山姆让你骑一程。告诉他去哪里,他就会去!

"骑"这个动词是表达空间位移的动词,在"骑"这个动作过程中,对动作进行计量,体现在空间位移上,即"骑"所经由的路径。上文可用"骑一圈",本句用"骑一程"表达,均为动作而产生的结果,是和动作"相伴相生"的。

(5) "招"

"招"是武术动作的"招式",同样是伴随动作而生,下文"挡一招",即通过发出"挡"这个武术动作,伴随而生的武术招式,因此,它也是结果动量。"招"可以作为动量词的原因在于,武术动作就是一招一式组成的,而每一招都是通过动作而生成,因此与动作密切相关,可作为动量标记。

⑯ 当此之时,尹志平只得撤剑回掌,并手横胸,急挡一招,只是手臂弯得太内,已难以发劲。

(6) 周

"周"是"计量绕行的次数"。郭先珍(2002:182)指出,"周"为"圈"义,常与"绕场、巡视、环视、扫视、查看、翻腾"等动词搭配。"周"也是伴随着动词而产生的动态结果,可以作为动量标记。

⑰ 徐市长明亮的眼睛把在座的人扫了一周,又朗朗地说道……

伴随着"扫"的动作,"周"不仅用来计量"扫"的频次,关键是可刻画"扫视事件"中施事的目光经过"圈"的路径,动态鲜明,是该 ECM 中的突显因子。

(7) 串

郭先珍(2002:182)指出,"串"是名量词,用以计量"连贯成串"的东西。但我们通过语料分析发现,"串"也可作为动量词。

⑱ 各主要大城市日复一日地重复一种怪现象:路上塞满车,车上塞满人,一车停下,堵一串,就像①"多米诺"骨牌,喊声、骂声、怨声不绝于耳。

上文"堵一串"正是因为在"堵车事件"中,伴随着"堵"这一动作,才出现了车排成"一串"的结果。如果"堵"的现象结束,"车队串"自然就不存在了,因此,"串"是动作的产物,也可借作动量词。与"圈"不同的是,它产生的是直线路径。

6.2.3 器官类转喻

"器官类转喻"主要针对借用动量词中"器官类"动量词的形成而言。人体器官是发出动作的根本之源,而在同一 ECM 中,某人借助人体器官实施某一动作,如"踢一脚",是"脚"的抬起落下才能完成"踢"的动作。因此,"人体器官"在动作过程中十分突显,并与动作关系紧密,可作为动量标记。因此,称之为"人体器官转喻",多借自器官名词。例如:

口 眼 脚 手 巴掌 拳 嗓子 掌 头 爪 膝 鼻子

人体器官的数量是固定的,因此,能借用为量词的器官从目前的使用来看,也是有限的。在笔者自建的汉语封闭语料中,器官类动量词 213 条,约占总数的 4.04%,具体分布如下表。

表 6.2 "器官类转喻"动量词的分布情况

序号	动量词	数量	比例	共现动词
1	口	129	60.56%	啃 14、咽 14、咬 10、吞 8、吐 8、噎 4、嚼 4、舔 3 等
2	眼	22	10.33%	盯 10、看 5、望 3、探、瞄、抛、扫
3	脚	16	7.51%	踢 6、端 3、射 2、扫、赏、插、踏、迈
4	手	13	6.10%	防 2、来 2、插 2、塞、伸、使、搭、倒、帮、练
5	巴掌	12	5.63%	给 4、扇 3、挨 2、拍 2、打

---

① CCL 语料库中作"象"。

续表

序号	动量词	数量	比例	共现动词
6	拳	10	4.70%	挨2、赏、打、捣、吃、给、划、还、摸
7	嗓子	3	1.41%	嚷、唱、喊
8	掌	3	1.41%	砍2、劈
9	头	2	0.94%	碰、撞
10	爪	1	0.47%	挠
11	膝	1	0.47%	跪
12	鼻子	1	0.47%	闻

器官名词既可借用为动量词,还可借用为名量词,能借用为动量词的器官名词具备以下特征。

(1) 在动作过程中必须是动态的,在语料搜集过程中发现"脸""嘴""肩""脑袋""屁股""头"等名词,其本身也是可动的,但在例句中不是动态的,均被视为名量词。另外,躯干器官基本上不借用为动量词。原因在于躯干器官(肚子、背、胸等)不具有明显的动态特征。

⑲ 小时在科班里,化妆,哪儿给你准备蜜呀,用一大块冰糖,拿开水一沏,师父给你抹一脸冰糖水,就往上扑粉。

⑳ 假若我是个糊涂人,只有一个心眼,大概对这种事不会不听见风就是雨,马上闹个天昏地暗,也许立刻把事情弄个水落石出,也许是望风捕影而弄一鼻子灰。

(2) 在动作过程中必须是作为工具使用的,而非附着物或容器。如:

㉑ "你丫不就两肩膀扛一脑袋么?再加上俩胳膊俩腿——挺一般的人。"

㉒ 可运动员不是模特儿,不是演员,运动员的美要和本业结合起来。运动员烫一脑袋花,训练一天下来乱得跟鸡窝似的,不收拾太邋遢,收拾又太耽误时间影响恢复。

㉓ 那个家伙被齐达内顶了一脑袋。(《西部商报》,2006年11月4日)

上面三个句子,形式上都是"动词+一+脑袋",但动词的语义详述位不一样,"脑袋"的用法也不一样。例㉑"两肩膀扛一脑袋"中的"脑袋"就是指称人体器官的名词,"头"的口语形式。因为"扛"的语义为"用肩膀承担物体"(《现代汉语词典》(第7版),其语义空位是"扛的东西",是受事宾语。"脑袋"在此是"扛"

的宾语,而不是动量词。例㉒"烫一脑袋花"中,"烫"在此处专指烫发,因烫发后,头发卷曲起来,看起来就像花一样。"烫一脑袋花",说明烫后产生的效果。但经分析发现,"烫一脑袋花"中的"脑袋"具备名量词的"可附着性",即烫过的似花的头发附着在脑袋上,不符合动量词的"工具性"。我们不能说:

㉔ *用脑袋烫一下花。

因此,此处的"烫一脑袋花"中的"脑袋"应该是名量词。例㉓"顶了一脑袋"中的"脑袋"才具备动量词的"工具性"标准,并且可以转换成:

㉕ 用脑袋顶一下。

(3) 在动作过程中必须是外显的、可视的。

人体器官中"头部"和"肢体部位"是借用动量词的典型成员,而内脏器官基本上不借用为动量词。原因在于内脏器官(心、肝、脾、肾、胆等)的运动不可见,无法指代动作事件。因此,借用器官名词作为动量词的器官名词本身需是可视的。

(4) 大多可用"一下"进行替换。

㉖ 唐纳还参加了我任主席的"上海影评人协会"的组织,我们每周都要碰一头或在一起聚餐。

㉗ 写点大东西吧,受不了点灯熬夜的苦;什么都不写吧,又感到文人的所谓不平衡。于是东撞一头,西撞一膀子,整日 BP 机乱响忙忙碌碌的样子。

上述两句可转换成:

㉘ 唐纳还参加了我任主席的"上海影评人协会"的组织,我们每周都要碰一下或在一起聚餐。

㉙ 写点大东西吧,受不了点灯熬夜的苦;什么都不写吧,又感到文人的所谓不平衡。于是东撞一下,西撞一下,整日 BP 机乱响忙忙碌碌的样子。

而名量词则不可以。例如:

㉚ 它体形肥壮,四肢粗短,吻长尾短,长相酷似黑猪。特别是它耳朵中间的头冠和颈上,有一撮短而直的长条鬃毛,好比长了一头童发,格外醒目,惹人喜爱。

例㉚的后一句不能转换为:

㉛ *特别是它耳朵中间的头冠和颈上,有一撮短而直的长条鬃毛,好比长了一下童发,格外醒目,惹人喜爱。

"器官名词"是如何被借用来表达动量意义的呢?在自主-依存模型中,对动量构式的认知是在同一 ECM 中,因此,此时的名词实际指称的不是实物,而是指称事件。器官类名词能指称事件,是通过由"实物"到"事件"的转喻,也就是用某实物来代替一个跟该实物相关的事件。以"看一眼"为例,其中的"眼"本指"人和动物的视觉器官",经过转喻,用来指称跟"眼"相关的动作事件,即"用眼睛看东西"这样一个事件,从而实现了从指称"实物"到计量"动作"的转喻过程。

6.2.4 工具类转喻

"工具类转喻"主要指借用动量词中"工具类"量词。在同一 ECM 中,某人借助工具实施某一动作,如"砍一刀","刀起刀落"完成"砍"的一个动作。因此,"外部工具"在动作过程中十分突显,并与动作关系紧密,可作为动量标记。因此,本研究称之为"工具类转喻",多借自工具名词。

可借用为动量词的工具名词是一个开放系统,我们无法对其进行穷尽性列举,郭先珍《现代汉语量词用法词典》列举的外部工具类动量词为 21 个:

板 棒(子) 笔 鞭 锄 锤 刀 斧子 竿 棍 键 筷子 扣
耙 盘 炮 枪 网 锨 针 锥子

孟琮等《汉语动词用法词典》中列举的工具动量词为 26 个:

板子 刀 斧子 棍子 鞭子 锤(子) 棒子 锨 砖头 笔 扇子
针 镰刀 锯 罐子 剪刀 筷子 秤 锄头 掸子 扫帚 榔头
炮 枪 扣 推子

笔者自建汉语封闭语料中,工具类动量词共有 21 种(见表 6.3),例句 100 条,占总数 5278 例的 1.89%,具体分布如下。

表 6.3 "工具类转喻"动量词的分布情况

序号	动量词	数量	比例	共现动词
1	刀	42	42%	剁 8、捅 7、砍 6、割 4、切 2、劈 2、挨 2、回 2 描、抹、砍、插、裁、吃、刮、剁、宰
2	笔	11	11%	涂 4、带 2、减 2、写 2、划
3	针	7	7%	扎 4、缝 3
4	剑	6	6%	劈 2、砍 2、练、斗
5	枪	5	5%	射 3、扣、挨

续表

序号	动量词	数量	比例	共现动词
6	棍	5	5%	挨2、扫、打、吃
7	盘	4	4%	胜2、输2
8	锥子	3	3%	扎3
9	槌	2	2%	敲、捣
10	梭子	2	2%	扫、挨
11	鞭子	2	2%	抽2
12	锹	2	2%	拍、铲
13	板	1	1%	抽
14	锤	1	1%	敲
15	竹杠	1	1%	敲
16	铁锹	1	1%	铲
17	砖	1	1%	拍
18	勺	1	1%	砍
19	弹丸	1	1%	挨
20	鞋底子	1	1%	拍
21	筷子	1	1%	夹

"刀"是最典型的工具动量词,其雏形是锋利的石头,可帮助人们把猎取的食物切割成小块,后来演变为切、割、削、砍、铡用的工具,使用最多,成为突显。例如:

㉜ 可是,被得意忘形的我讥笑了的媒体当中,却有人后来狠狠地给我的后背插了一刀。

㉝ 有人想谋害他时被侍从挡住了,在交手过程中,侍从被砍了一刀,幸好不深,这样勋章就叫"红色饰带"。

㉞ 就是以前看过的什么小说中,说一个倾家荡产的赌徒,因痛心自己戒不掉爱赌的坏习性,一气之下,一刀剁断自己手指的故事。对我来说,只怕也要来个断指,毛病才有可能改。

工具类动量词我们无法穷尽,它是一个开放的家族,成员在不断更新,但它具备一些准入条件,所以关键是列出工具量词的准入条件。反向从动词的视角

切入,我们发现能够和工具类动词组配的动词共 41 个,列举如下:

打 剁 抽 敲 拉(16) 掘 砍 切 凿 挨 涂 扇 钉 缝
割 画 锯 拔 裁 尝 抄 称 锄 掸 捣 记 描 扫 删
剔 写 砸 织 吃 放 抠 批 劈 杀 推 宰

这些动词的语义特征如下文分析:在这些动词的语义中,会含有一个工具论元,有些在其定义中就显现出来,我们称为"显性语义空位",大多会有"用+工具"的文字形式。下面以"打""剁"为例,分析工具动量转喻的根本原因。

(1) "打"

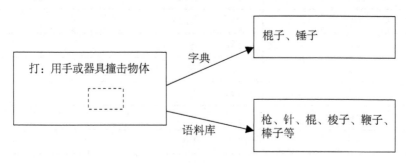

图 6.4 "打"的 ECM 工具转喻动量词

以"打"为检索词,通过对 CCL 语料库在线检索,共得 1891 个句子,再经人工筛选,共得 287 个例句为动量用法。具体分布见表 6.4。

表 6.4 "打"的工具转喻动量词分布

序号	动量构式	数量	比例
1	打(了)一枪	168	58.54%
2	打(了)一针	90	31.36%
3	打(了)一梭子	9	3.14%
4	打(了)一鞭(子)	8	2.79%
5	打(了)一棍	6	2.09%
6	打(了)一闷棍	4	1.40%
7	打(了)一棒子	2	0.70%

由此说明,只要能作为"打"的工具的名词都可进入"打+工具动量"构式中,只是有一些工具经常同"打"共现,高频反复激活,在人们心中成为典型。"枪"的出现频次最高,其次为"针"。因为"打"的义项比较多,所以能和其组配的工具动

量形式也较多。详见例句:

㉟ 苏叶子的头嗡的一下,像被打了一棍子,脸红得漫到脖子上,半晌才说:"我……我不知啥是昨晚的事……"

㊱ 小李照后边鬼子打了一枪,那鬼子翻身落马,一只脚还插在马镫子里,被那马拖跑了。

㊲ 莫雷尔医生赶来,为元首检查了心脏,还给他打了一针。

(2) 剁

从下图可见"剁"的语义内蕴含的工具成为计量动量的突显特征。

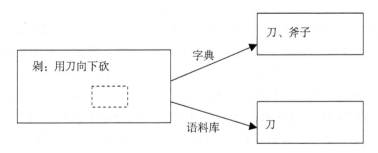

图 6.5 "剁"的 ECM 工具转喻动量词

以"剁"为检索词,通过对 CCL 语料库在线检索,共得 364 个句子,再经人工筛选,共有 12 个例句为动量用法,其中工具类 7 条。例如:

㊳ 猪头小队长一看手榴弹没炸,慌忙跑上前来,照孙振邦的身上就乱砍乱剁了七八刀,一群日本兵也都上来用刺刀乱挑了一阵。

㊴ 辣辣在年轻人聚会的堂屋里拿莲刀一刀剁在桌子上。

㊵ 你说哪儿不好,"啪"的一声一刀剁掉,你还踌躇着不想买,他随手一刀,又"噌"的一声,将肉皮去掉。

㊶ 首先那人道:"来,大伙儿来剁这老贼几刀出出气!任他九指神丐洪七公英雄盖世,到头来终究给藏边五雄剁成了他妈的十七廿八块。"

㊷ 但随即听那人说要剁几刀出气,只怕他们伤了洪七公,不及发射暗器,立即大喝一声,从岩石后跃将出来。

㊸ "南霸天"一刀剁来,他一闪身,飞起左脚把刀踢飞!

由此可见,哪种工具能转喻作为动量标记,最终还是由动词的语义空位决定。

6.2.5 时间类转喻

"时间类转喻"主要针对借用动量词中"时间类"动量词的形成而言。时间名词借用为动量词是通过转喻,并与动作自始至终相伴相随。在同一 ECM 中,动词所指的动作都是一维时空性的,动作的数量特征只有在时间轴上才能体现出来。

```
过去              现在              将来
───────────────────────────────────────→
```

图 6.6　时间的一维历程图

石毓智(2000b)认为,动词典型的数量特征是时间性。时间范畴是人类认知中的一个最基本的范畴,对时间本身的认知,就采用了隐喻的或转喻的思维方式。动态过程所涉及并可归结为"量"的认知因素中,动态过程所占据的时间量以及频次,对这两种"量"的认知是基于人类对时间范畴的认知模式。我们首先必须将时间隐喻成一个可被感知的空间,我们用转喻的方式切分出各种不同时间单位,随后将动态过程置于在这个隐喻的"空间"之内观察它,从而认知这个动态过程与时间构成关系,也就是动态过程的频次及时间量。石毓智(1992:28)指出,语言结构具有"离散/连续"的性质,而动词兼具离散和连续的双重性质。其离散性是指动词"是时轴上具有起讫点的、边界明确的单位"。其连续性是指动作行为内部的发展过程是连续的。由此可见,在对时间隐喻的认知基础上,将所观察到的动态过程之起始与终止作为认知边界,有了边界动态过程在人的认知中便具有了一个个独立的单位,而这些单位的累积就是该动态过程发生的频次。动态过程内部的过程性(即连续性),则构成认知上动态过程的时间量。

动作和时间是具有天然联系的,动作的量就是在时间轴上的延展。常见的时间量词有:

辈子　年　日　晌　天　星期　宿　旬　夜　周　昼夜

笔者自建汉语封闭语料中,时间类动量词总计 889 条,占总数的 16.84%,具体分布如下表。

表 6.5　"时间类转喻"动量词的分布情况

序号	动量词	数量	比例	备注
1	阵	189	21.26%	
2	一会儿	141	15.86%	

续表

序号	动量词	数量	比例	备注
3	天	137	15.41%	
4	年	117	13.16%	
5	辈子	110	12.37%	
6	夜、晚上	47	5.29%	
7	月	31	3.49%	
8	钟头、小时	30	3.37%	
9	周、星期、礼拜	19	2.14%	
10	一生	12	1.35%	
11	季	12	1.35%	季5、春夏2、冬4
12	分钟	10	1.12%	
13	一时	10	1.12%	
14	宿、通宵	10	1.12%	宿9、通宵
15	日	7	0.79%	日3、上午2、早上、晌午、
16	其他	7	0.79%	岁2、世2、世纪、刻、阶段

表 6.5 显示出时间动量使用的基本分布情况,分析发现频次较高的"一阵""一会儿"都表示约量。可见,在人们对时间量的感知上,并不强调精确性,大多停留在基本估量状态。

(1) 阵

郭先珍(2002:177)指出,"阵"是动量词,用以计量"延续一段时间的动作或运动"。例如:

㊹ 它一会儿乱蹦乱跳,一会儿提起前蹄站立起来,一会儿又疯狂地扬起后蹄乱踢一阵。

㊺ 她现正在家待业,闲得心烦意乱,整日在家看那些乱七八糟的录像,录像看完了,就一头扎进舞厅,跳一阵"狂风迪斯科"。

㊻ 贾春明夫妇读着朱琳同志的亲笔信,读一句,哭一阵,两颗濒临绝望的心又升起了新的希望。

(2) 天

㊼ 学生的月考、季考在此举行,每科的乡会试也要先在这里考一天,然后才

能到贡院下场。

㊽ 想起 20 多年前第一次去黄山,还是和我弟弟骑自行车去的呢,200 多公里的路,骑了三天,现在可好了,开上自己的车,五六个小时就到了。

"天"作为动量词是计量行为、动作、变化等的时间。"天"指二十四小时或者白天,与"日"同义。但语料显示,"天"的使用频次远远高于"日",因为"日"的书面语色彩更浓一些。

(3) 夜

㊾ 但是毛泽东有夜里办公的习惯,大家要跟着熬夜。朱德年岁已大,熬一夜是很疲劳的,却不抓紧时间休息,又赶到这里来,可能有急事。

"夜"是计量夜晚时间的量词,与"晚上、宿"同义。但"半夜"和"半宿"含义不同,半夜是指夜里 12 点或之后,而"半宿"则是指夜里时间的一半。

(4) 春

㊿ 您瞧,这天儿多好!大风刮了一春,爆土狼烟的,总算刮完啦。风沙没啦,树叶儿绿啦,不冷不热,您还不上街遛个弯儿?

"春、夏、秋、冬"是对四个季节的指称,在此作为动量词,表达"刮"动作的持续时间,因为"春"是高度突显的概念,更容易激活。

6.2.6 拷贝类转喻

"拷贝类转喻"主要针对借用动量词中"拷贝类"动量词的形成而言。"动量词"是直接用"同形"动词借用而来。与"动作类"不同的是,动作类是借用另外一个动词做动量词。如:"吓一跳"属于"动作影响转喻",而"跳一跳"属于"拷贝类转喻"。

动作过程整体抽象为一个概念,作为动量标记,这种转喻方式具有经济性,简单明了。从形式上说就是选用动词本身去充当动量标记,语法上是动词直接借用为动量词,从意义上说动词语义本身的抽离,是一种对具体动作抽象化的操作。前面列举的动量标记属于动作过程中的工具论元,是参与者角色之一,是可见的、通过观察动作过程中工具的使用频次认知动作频次,使动作变得具体可观察,成为一个可计量的离散单位。但是动作的另一个特征是其在时间的一维坐标轴上是连续的,其最本质的特征就是一维的不可逆性,一个动作代表一个事件,在认知动作的过程中,通过感受动态的变化,实现变化中的连续,整个过程可以看作是一个整体,无须切分,成为一个可计量的独立整体单位。也就是说,整个动作过程被抽象为一个动作概念,这个动作概念就具有了概念的内涵与外延。

内涵是其区别于其他动词的语义特征，外延是动作所指称的每一个具体动作。使用这个抽象的动作概念作为动量标记，经济、省力、一目了然，因为此刻动作过程与动量标记之间在语义上实现了“同一”，建立了直接的对应关系。例如“挨一挨，爱一爱，熬一熬，掰一掰，摆一摆，挥了一挥，挥了几挥，校了十几校，开两开，拍了一拍，锄几锄”。当我们说出上述词语的时候，不用考虑动作的具体语义特征，不用考虑动作所依赖的器官和可能用到的外部工具，只需要使用整个抽象的概念代替具体的动作过程中的全部特征，就实现了动量的标记行为。

笔者对自建汉语封闭语料中出现的拷贝类动量词进行了统计，总计 1173 条，约占总数的 22.22%，所占比例在借用动量词中最高。在 530 个具有动量形式的单音节动词中，具有拷贝动量形式的动词共 433 个，约占全部单音节动词的 81.70%。

通过语料分析发现，有拷贝动量形式的动词必须是“可控动词”，其动词具有可抽离出的整体语义，可用来指代整个动作事件。例如：

(51) 王静凭什么要扼杀我同吴越的激情呢？我又凭什么就不敢对她说请你出去，我们要自由地爱一爱呢？

(52) 之后日朝关系就急转直下，急得日本几乎在任何的外交场合都要把“绑架人质问题”摆一摆，寻求国际声援。

(53) 逼一逼是有必要的，总不能就那么站在岸上干看。

下面我们以动词“渴”为个案，分析一下其无拷贝动量词的原因。

“渴”的意义是“口干想喝水”，描述的是一种状态，动作主体不能控制这样的状态。因此，其突显的语义次结构就是在时间轴上的持续或这个动作状态的频次。

我们来看一下《汉语动词用法词典》（孟琮等 1999：225）中的用例：

(54) 渴了我半天

(55) 渴过两次

(56) 渴了一阵儿

(57) 渴了一上午

(58) 我渴了好半天了

我们再来看一下 CCL 语料库中的例句：

(59) 假若可能的话，他想要一点水喝；就是要不到水也没关系；他既没死在山中，多渴一会儿算得了什么呢？

(60) 伪军们干渴了一天一夜，好容易得到点水，真比命也贵重，只顾大口喝，谁也不听话。

拷贝动量构式具有客观上的瞬时性、主观上的轻随义,要求动词必须是主体可控动词,且动作是持续性动词。通过语料统计发现,状态动词、瞬间动词一般没有拷贝动量形式。拷贝动词经转喻借用为动量词,满足"语言的最大经济化原则",并且符合"整体比部分更突显"的原则。

6.3 小结

本章主要基于同一 ECM 来分析动量转喻参照点的选择,并把现有借用动量词分为六种转喻类型,逐一分析其目前在整个动量体系中的分布情况,以自建汉语封闭语料中的例句,来说明动量转喻参照点的成因。现按照它们的使用频次从高到低排列如下:

拷贝类转喻＞时间类转喻＞器官类转喻＞伴随类转喻＞工具类转喻＞因果类转喻

通过分析,我们发现:

(1)"因果类转喻",多借自另一动词。因动作受力的结果是动态的呈现,所以高度突显,可成为转喻参照点,从而激活人们对该 ECM 中动作"量"的认知。但这类动量词的数量不多,在 5278 个例句中,只有 8 例。

(2)"伴随类转喻",多借自名词。在同一 ECM 中,某人实施某一动作,伴随着动作过程会产生某种新创客体。具有强烈而新鲜的变化性,因此在动作过程中十分突显,且它们必须伴随动作而出现,因此与动作关系紧密,可以作为动量标记。在笔者自建汉语封闭语料中,伴随类动量词 7 种,共计 156 例。

(3)"器官类转喻",借自器官名词。人体器官是发出动作的根本之源,在同一 ECM 中,某人运用人体器官实施某一动作,此时,人体器官在动作过程中十分突显,并与动作关系紧密,可作为动量标记。在笔者自建汉语封闭语料中,器官类动量词共 12 种,总计 213 例。

(4)"工具类转喻",借自工具名词。在同一 ECM 中,某人借助工具实施某一动作,因此,外部工具在动作过程中十分突显,可作为动量标记。笔者对自建汉语封闭语料中出现的工具进行了统计,共有 21 种,总计 100 例。

(5)"时间类转喻",主要借自时间名词。时间名词借用为动量词是通过转喻,并与动作自始至终相伴相随。在同一 ECM 中,动态过程所涉及并可归结为"量"的认知因素中,动态过程所占据的时间量的认知是基于人类对时间范畴的认知模式。动作的量就是在时间轴上的延展,在笔者自建汉语封闭语料中时间类动量词共 16 种,总计 889 例。

(6)"拷贝类转喻"主要指借用动量词中的"拷贝类"形式,直接从"同形"动词借用而来。笔者自建汉语封闭语料中共有 1173 条拷贝类动量构式,占总数的22.22%。笔者发现拷贝动量形式中的动词必须是"可控动词",其动词具有可抽离出的整体语义,可用来指代整个动作事件。

借用动量词的形成基于转喻机制,在同一 ECM 中可作为动量参照点的概念实体须是突显因子,经过一定频次的使用而固化为动量构式。

第七章 动量图式构式分布类型与特征

Langacker(1987)提出的自主-依存理论,是一种组配机制。其中,依存成分不能独立存在,它的存在预示着另一成分的存在,需要这一成分对其进行精细化描写。通常情况下,依存结构中的详述位是一种抽象的图式,可以由很多具体例示填入。动量构式在自主-依存的组配运作中,动量词作为依存成分,可由不同的动词填入详述位,对其进行精细化描写。但通过前几章对大量语料的分析,我们发现,不同动量词提供的图式,对准入的动词的限制和范围大小存在明显差异。根据图式的详略度,即其抽象程度,拟将动量构式分为三种:(1)全图式动量构式;(2)半图式动量构式;(3)零图式动量构式。下面我们对这三种图式构式的界定和在动量组配中的分布情况进行详细分析。

7.1 全图式动量构式的分布特征

全图式动量构式是指由专用动量词提供详述位的图式构式。专用动量词经历时间的演变,已经高度语法化,语义变得更加抽象,可以和很多动词搭配。

7.1.1 单音节动词与专用动量词组配分布统计

单音节动词与动量词组配的语料在 CCL 语料库中总计 5408 条。其中专用动量词"次、回、下、把、番、顿、气、通、遍、趟、场、遭"出现 2421 次,占总语料的 44.77%。具体分布见表 7.1。

表 7.1 与单音节动词组配的专用动量词统计表

序号	动量词	数量	比例
1	次	565	10.45%
2	回	185	3.42%
3	下	1066	19.71%

续表

序号	动量词	数量	比例
4	把	31	0.57%
5	番	88	1.63%
6	顿	74	1.37%
7	气	30	0.55%
8	通	51	0.94%
9	遍	149	2.76%
10	趟	51	0.94%
11	场	124	2.29%
12	遭	7	0.13%

通过表 7.1 可见,在与单音节组配的专用动量词中,"下"是 1066 次,占总语料的 19.71%;其次是"次",占 10.45%;第三是"回",占 3.42%,但数量占比明显下降。专用动量词的抽象度是存在差异的,有些虽然是专用动量词,但语义中的特殊限制还是比较明显,使得和其组配的动词受到限制。但本研究将这些专用动量词归为全图式构式,主要是基于使用的,在汉语本族语使用者使用这些动量词时,已基本不会新创用法,动词的类型基本固定下来。这些动量词中,还在继续泛化的是"把",但语义也基本固定,这个词是观察动量词从临时借用到固化专用的最好窗口,很多学者对"把"这个动量词从各个维度进行研究。

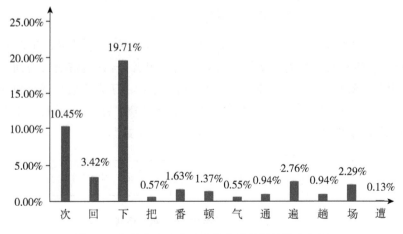

图 7.1 与单音节动词组配的专用动量词的分布图

通过图 7.1 的动量词分布可见,与动量词"下"组配的动词数量最多,"遭"最少,排序如下:

下＞次＞回＞遍＞场＞番＞顿＞趟＝通＞把＞气＞遭

单音节动词在《汉语动词用法词典》中与专用动量词组配的总数为 2460 次,其动词频次分布见表 7.2。

表 7.2　单音节动词在《汉语动词用法词典》中的动量词搭配的分布统计

序号	动量词	数量	比例
1	下	744	30.24%
2	次	749	30.45%
3	回	416	16.91%
4	遍	261	10.61%
5	通	93	3.78%
6	气	69	2.80%
7	番	17	0.69%
8	趟	78	3.17%
9	把	23	0.93%
10	顿	10	0.41%

《汉语动词用法词典》中动量词按照组配的比例由高到低排序如下:

次＞下＞回＞遍＞通＞趟＞气＞把＞番＞顿

CCL 语料库和《汉语动词用法词典》中动量词与单音节动词的组配频次高度一致。这些动量词是表示动作频次的专门承担者,与它们搭配的动词范围最广、使用频次最高,如"下、次、回"。其他专用动量词由于自身语义泛化程度没有"下、次、回"高,还要受到动量词本身的语义限制,如和"遍"组配的动词就要满足"遍"的语义"动作从开始到结束的整个过程,表示次数"。

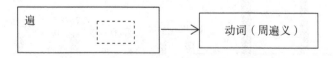

图 7.2　"遍"的自主-依存组配图式

在图 7.2 中,动量词"遍"提供了语义空位,也是一个全图式,只要满足周遍义的动词,就可以填入空位,完成组配。

7.1.2 双音节动词与专用动量词组配分布统计

双音节动词与动量词组配的语料在 CCL 语料库中总计 3219 条,其中双音节动词与专用动量词"次、回、下、把、番、顿、气、通、遍、趟、场、遭"出现的次数为 2148 次,占双音节动词与动量词组配频次的 66.73%。

表 7.3 与双音节动词组配的专用动量词在 CCL 语料库中的分布统计

序号	动量词	数量	比例
1	次	646	30.07%
2	回	67	3.12%
3	下	752	35.01%
4	把	2	0.09%
5	番	324	15.08%
6	顿	43	2.00%
7	气	8	0.37%
8	通	57	2.65%
9	遍	148	6.89%
10	趟	16	0.74%
11	场	84	3.91%
12	遭	1	0.05%

双音节动词与动量词组配的例证在《汉语动词用法词典》中,主要与专用动量词"下、次、顿、通、气、番、回、遍、趟"组配,总计 1409 次。

表 7.4 与双音节动词组配的专用动量词在《汉语动词用法词典》中的分布统计

序号	动量词	数量	比例
1	下	443	31.44%
2	次	481	34.14%
3	顿	2	0.14%
4	通	57	4.05%

续表

序号	动量词	数量	比例
5	气	12	0.85%
6	番	108	7.67%
7	回	211	14.98%
8	遍	82	5.82%
9	趟	13	0.92%

CCL语料库中的专用动量词按照组配的比例由高到低排序如下：

下＞次＞番＞遍＞场＞回＞通＞顿＞趟＞气＞把＞遭

《汉语动词用法词典》中的专用动量词按照组配的比例由高到低排序如下：

次＞下＞回＞番＞遍＞通＞趟＞气＞顿

通过表7.3、表7.4及排序可见，与双音节动词组配的专用动量词在"下、番、遍、通、趟、气"上的排序保持一致，但在语料库中"下"的使用频次明显高于《汉语动词用法词典》。"回"在语料库中的使用频次不高，但在词典中却排位较高。在《汉语动词用法词典》中没有"场、把、遭"的用例。下面以"变化"为例，对比CCL语料库和《汉语动词用法词典》中的搭配差异。

CCL语料库中，双音节动词"变化"有4条用例。

① 伏羲氏根据这种图像画出八卦。以后有人又将图像的意思变化了一下，写成《周易》《洪范》两本书。

② 最近三场比赛，有的锋线也变化了三次。

③ 她先对某一个人做了一阵媚眼，然后转过去又找第二个人。对两个人都使了个眼色，眼珠子从棕到黑，从黑到棕变化了好一会儿。

④ 谦，日子真快，一眨眼你已经死了三个年头了。这三年里世事不知变化了多少回，但你未必注意这些个，我知道。你第一惦记的是你几个孩子，第二便轮着我。

而在《汉语动词用法词典》中有三种组配形式，"变化了一番"和"变化了几回"，还有"变化＋时间量词"，如"变化了很久"。《汉语动词用法词典》中没有"变化"与"下"和"次"的组配。但CCL语料库中未找到"变化了一番"，语料库中有"变化了一下""变化了三次"。

通过语料分析，单音节中的动作事件明显高于双音节，借助工具和器官作为动量词的比例大增；另外，单音节动词的拷贝式动量词也远远高于双音节动量词。这12个专用动量词提供的详述位，其抽象化程度在三种动量词中最高，语义也比较固定，经过长期使用，已固化为有固定成员的庞大语例族，故称其为全图式动量构式。我们在分析中还发现，有些专用动量词和动词或数词语义关系紧密，已形成高一层级的固化图式构式，成为依存成分，由另一满足图式空位的成分填充。

比如"了解一下"，已成为一个固化图式，随着使用频次的增多，形成高阶图式"X了解一下"。X可以由名词或名词性短语充当，有时也可由谓词性成分充当。例如：

⑤ "丽娅，奶茶了解一下。"（《佟丽娅的三连暴击：最胖就是现在85斤！网友：奶茶了解一下》，《潇湘晨报》，2018年1月24日）

⑥ 陪老婆逛街，她突然问我："我和你妈掉水里你救谁？"我不禁陷入沉思。旁边一个小哥见此情形，走过来对我说："游泳健身了解一下。"（《"游泳健身了解一下"到底是什么梗？》，百度网，访问日期：2018年1月25日）

⑦ 专业卖手电筒了解一下，一局照瞎小丑五次，这兄弟可能已经气卸载了。（《第五人格：初始求生者谁最强？触手人皇》，中关村在线，访问日期：2018年5月10日）

例⑤中的"奶茶"是名词，例⑥中的"游泳健身"是名词短语，例⑦中的"专业卖手电筒"是具有谓词性成分的短句，由于构式压制，均可用在这个构式中。所以，专用动量词的图式还可以具有层级性，前提是"一下"已高度泛化，意义较具体的动量词一般不这样使用。

另外，就是数词的使用。在语料和实际使用中，"一"表数量的语义已经虚化，在组配中数词"一"出现的频率最高。但也有个别搭配出现了变异。例如：

⑧ 我关大胡子不是扒小肠，忙了一溜十三遭，没有功劳也有苦劳……

⑨ 叫金永河收拾了一溜十三遭，还反过来对他低三下四！

这两句中，数词和动量词已固化在一起，只能根据它们的语义特征选择适合的动词，形容费时费力地做了很多回。"一溜十三"中的"溜"是名量词，用于计量某些成排或条状的东西，如"一溜儿三间房"（郭先珍2002：94）。专用动量词经过历时演化，语义也发生了泛化，用法比较固定，提供了全图式的空位，由较稳定的动词集合满足该图式提供的空位，故此称为全图式构式。

7.2 半图式动量构式的分布特征

半图式动量构式是指由借用动量词提供详述位的图式构式。借用动量词的语义一般较具体,抽象固化程度不高,因此,能满足条件的动词数量比较有限,称为半图式动量构式。

7.2.1 单音节动词与借用动量词组配分布统计

与单音节动词组配的借用动量词在 CCL 语料库统计中共计 1513 次,占单音节动词总语料(5408 次)的 27.98%。其中"因果类(动作类)转喻"动量词出现 5 次;"伴随类转喻"动量词出现 182 次;"器官类转喻"动量词出现 219 次;"工具类转喻"动量词出现 114 次;"时间类转喻"动量词出现 993 次。详细分布见表 7.5—7.9:

表 7.5 "因果类转喻"动量词的分布统计

序号	动量词	数量(共 5 例)	比例	共现动词
1	跳	3	60.00%	吓 3
2	滚	1	20.00%	煮
3	转	1	20.00%	游

这类动量词或突显动作的结果,或强调动作事件的过程呈现方式,或者表明动作的空间轨迹。它所提供的图式空位,语义非常具体,对动词的限制较强,因此称为半图式构式。

⑩ 当你面对客户时,强而有力的说辞①竟脱口而出,让你自己都吓一跳,你有过这种经验吗?

⑪ 李振德说:"我常划算,我要有福气,能活到咱们胜利那一天,我就要到全中国游一转。"

⑫ 先把鸡煮极烂后,放入云南白药,只煮一滚,加好酒一杯,调匀服食。

上述各例中,动量词均借自动词,它所提供的详述位需要由会产生这种语义结果的动词对其进行精细化描写。这种动量词及与其组配的动词,在语料中显示都不多。

---

① CCL 语料库中作"说词"。

表 7.6 "伴随类转喻"动量词的分布统计

序号	动量词	数量(共182例)	比例	共现动词
1	步	84	46.15%	迈 27、踏 10、差 3、靠 3、挪 3、跑 3、抢 3、推 3、退 3、赶 2、爬 2、下 2、扑 2、让 2、凑、跌、盯、跟、挤、进、摸、扭、飘、闪、升、剩、逃、跳、追、走
2	圈	51	28.02%	围 21、绕 5、看(kàn)3、转(zhuàn)3、逛 2、划 2、扫 2、摆、捣、飞、扭、跑、骑、让、撒、跳、咬、栽、长、走
3	声	28	15.38%	说 4、叹 4、叫 3、夸 2、嚷 2、递、叮、发、喊、讲、哨、扣、哭、拦、敲、喂、谢、嘻
4	程	12	6.59%	送 2、抱、背、奔、扶、赶、搂、跑、骑、拖、追
5	周	4	2.20%	捡、看(kàn)、扫、转(zhuàn)
6	招	2	1.10%	挡、还
7	串	1	0.55%	堵

这类动量词所提供的图式空位特点是,它们都是在动作事件中,伴随着动作出现的计量方式,如"步"指行走时两脚之间的距离;"圈"计量绕圈的动作、行为;"声"计量人或物发出声音的次数;"程"计量一段路程的约略量;"周"计量绕行的次数;"招"计量走棋或武术的招式;"串"计量连贯成串的东西。这些动量词和动作是相生相伴的,有些在词典中并没有成为词条,但根据其用法,可判断为动量词。例如"串":

⑬ 各主要大城市日复一日地重复一种怪现象:路上塞满车,车上塞满人,一车停下,堵一串,就像"多米诺"骨牌,喊声、骂声、怨声不绝于耳,有人称为"钳制城市的粥样动脉硬化"。

例⑬ 中的"堵一串",描述了"堵车"这一动作事件,并对堵车程度用空间上形成的纵向排列来计量,非常形象、生动。虽然字典中并未收录这种用法,但在实际生活中有这种场景,语言中出现贴切的表达方式是非常必要的。这个动量词和"圈"作为动量词的使用很相似,只不过"圈"是环形轨迹。

⑭ 他们两人眼瞪着眼,弓着腰转动着。助战的,助威的,看热闹的,劝架的,围了一圈。

"圈"是一个观察动量词从借用到专用、从语义具体到语义泛化的窗口。典型的"圈"所提供的图式必须由有"围绕义"的动词来填写。但泛化的"圈",与其组配的动词不再受此限制。

表 7.7 "器官类转喻"动量词的分布统计

序号	动量词	数量（共 219 例）	比例	共现动词
1	口	64	29.22%	咬 11、吐 7、叮 6、啃 6、嚼 4、吸 4、舔 3、拧 2、喷 2、捧 2、吞 2、咽 2、噇 2、喘、夹、泡、陪、掐、亲、伸、透、喂、吻、歇
2	眼	48	21.92%	看(kàn)19、盯 16、钉 2、望 2、瞎 2、描、抛、让、扫、顺、探、忘
3	手	34	15.53%	防 3、插 2、递 2、留 2、摸 2、烧 2、伸 2、摊 2、帮、藏、吹、搭、倒(dǎo)、靠、捆、练、漏、磨(mó)、弄、凭、塞、使、写、沾、抓
4	头	21	9.59%	磕 13、奔、浇、埋、冒、碰、洒、长、撞
5	脚	16	7.31%	踢 6、端 3、射 2、插、靠、扫、踏、写
6	巴掌	9	4.11%	给 4、扇 3、拍 2
7	拳(头)	7	3.20%	挨、吃、捣、给、划(huá)、还、摸
8	脸	6	2.74%	抹(mǒ)2、啃、流、喷、披
9	掌	3	1.37%	砍、拍、劈
10	嘴	3	1.37%	啃 2、靠
11	脑袋	2	0.91%	扛、烫
12	嗓子	2	0.91%	喊、嚷
13	鼻子	2	0.91%	碰、闻
14	膝	1	0.46%	跪
15	屁股	1	0.46%	欠

这类借用动量词数量较多,在动作过程中,非常突显,大多是可见、可活动的器官。比如"喊一嗓子",我们喊,是通过发音器官嗓子的。而伴随动量"喊一声",则是强调发出的声音。最常出现的原型图式是"口、眼、手、头、脚",和它们组配的动词类型也比较丰富。但从图式空位来说,这些动作一定要和人体器官

有着密切的联系。

表 7.8 "工具类转喻"动量词的分布统计

序号	动量词	数量(共114例)	比例	共现动词
1	刀	44	38.60%	砍14、捅8、割4、拉3、劈2、切2、挨2、裁、插、吃、吹、刮、描、抹(mǒ)、剃、宰
2	笔	15	13.16%	存4、带2、减2、写2、发、划、捞、贪、宰
3	针	8	7.02%	缝4、扎(zhā)3、漏
4	剑	7	6.14%	砍3、劈2、斗、练
5	盘	5	4.39%	输3、胜2
6	棍	4	3.51%	挨2、吃、扫
7	枪	4	3.51%	射3、挨
8	锥子	3	2.63%	扎(zhā)3
9	板	3	2.63%	抽、催、扣
10	铁锹	2	1.75%	铲、拍
11	杠子	2	1.75%	插、扛
12	槌	2	1.75%	捣、敲
13	勺	2	1.75%	砍2
14	梭(子)	2	1.75%	挨、扫
15	锤	1	0.88%	敲
16	锹	1	0.88%	铲
17	锅	1	0.88%	煮
18	竹杠	1	0.88%	敲
19	弹丸	1	0.88%	挨
20	鞭(子)	1	0.88%	抽
21	砖	1	0.88%	拍
22	鞋底子	1	0.88%	拍
23	筷子	1	0.88%	夹
24	绳子	1	0.88%	捆
25	兜	1	0.88%	摘

表 7.8 可见,这类动量词在借用动量词家族中,数量也比较多,它所提供的图式要求与其组配的动词中一定要含有工具空位。例如,排在第一位的动量词"刀",与其组配的动词虽然数量很多,但在这个动作的完成中,一定要有工具"刀"的使用。在语料中出现最多的是"砍",接下来依次为:捅、割、拉、挨、切、劈、裁、插、吃、吹、刮、描、抹(mǒ)、剃、宰等。在这些动词的语义中,均含有用刀子做事的工具空位。

在动量词家族中,还有一类出现频率非常高的动量词,这类动量词表示动作的时间,有些语法书把它归为"时量词",本研究把其归为动量词。时间和空间是动作事件的存在维度,无论是在时间上的延续,还是空间上的运动轨迹,都是对动作的计量或分类描写。由表 7.9 可见表时间动量词的使用频次和分布规律。

表 7.9 "时间类转喻"动量词的分布统计

序号	动量词	数量(共 993 例)	比例	备注
1	一阵	189	19.03%	
2	天	175	17.62%	
3	一会儿	155	15.61%	
4	年	125	12.59%	
5	辈子	79	7.96%	
6	夜、晚上	49	4.93%	夜 38、晚上 11
7	钟头、小时	39	3.93%	小时 36、钟头 3
8	月	38	3.83%	
9	周、星期、礼拜	19	1.91%	星期 11、周 4、礼拜 4
10	宿、通宵	18	1.81%	宿 14、通宵 4
11	一时	16	1.61%	
12	日	16	1.61%	日 6、下午 5、晌午 2、上午、早上、中午
13	季	14	1.41%	季 6、冬 4、春 2、夏 2
14	分钟	12	1.21%	
15	一生	11	1.11%	

续表

序号	动量词	数量（共993例）	比例	备注
16	昼夜	2	0.20%	
17	一世	2	0.20%	
18	刻	2	0.20%	
19	歇	1	0.10%	
20	时辰	1	0.10%	
21	其他	30	3.02%	一段时间13、岁5、一根香3、时期2、世纪、一伏、暑假、学期、一盏茶、一炷香、一股香

时间动量词排在前五位的依次为：一阵、天、一会儿、年、辈子。通过语料分析发现，动词的语义抽象度越高，动量词表时间的精确性越差；动词的语义越具体，时间的精确度越高，但动作的时间是长是短，是确称还是概称，主要还是由动作事件和主体的意向性决定。例如：

⑮ 有句关于爱情的话说：要爱就爱一年吧，春夏秋冬，四季一个轮回，该开的花也开了，该结的果也结了，结不了果的，就该结束了。

⑯ "您真的相信，她会真心实意地爱他？而且爱一辈子？"作家有点激动，又有点犹豫不决，声音颤抖着。

⑰ 郭芙却在半山腰里停住脚步，仰头观看。杨过奔了一阵，眼见前面是个断崖，已无路可走。

⑱ 几分钟后，大家背着缴获的枪跑出来，骑上自行车沿着大路向南疾驶。敌人追了一阵没了目标，而且天快黑了，只得垂头丧气返回。

⑲ 转弯后，他发现被越过的这辆德国人开的车在他后面紧追不舍，一直追了一个半小时。

"爱"对人或事物有很深的感情。"辈子"是计量人一生活动的某一段时间。爱的语义里包含有很深很长的意味，一般对时间的要求不能太短，我们一般不说"爱一秒"。无论是"一辈子"还是"半辈子"，持续的时长都和爱的语义相一致，"辈子"提供的图式构式要求动词是可持续性动词。动词"奔"是急走、急跑，后面的双音节动词"奔走"，除了有急走和跑的意思外，还有"为一定目的而到处活动"的意思。因此和"奔"相组配的动量词一般时间不会特别精确和具体。"追"意为

"追赶",指加快速度赶上前去打击或捉住。所用时间也是以动作"追"的界标为基准的,多和模糊时间组配。

动时量所提供的空位,要和动词本身的语义相匹配,表达时间的方式也很多,要根据语境和主体意向选择合适的表达,时间动量词所提供的是半图式构式。

7.2.2 双音节动词与借用动量词组配分布统计表

依据《汉语动词用法词典》中的 703 个双音节动词,在 CCL 语料库中收集到 3219 条语料。借用动量词在语料库中出现 1068 次,占双音节动词总语料的 33.18%。其中,"伴随类转喻"动量词出现 176 次;"器官类转喻"动量词出现 7 次;"工具类转喻"动量词出现 2 次;"时间类转喻"动量词出现 866 次;特殊类出现 17 次,见零图式构式的分析。

与借用动量词组配的动词,按照出现频次排序如下:时间类＞伴随类＞工具类＞器官类。通过数据可见,时间类的频次远远高于其他类动量词。工具类和器官类的动量词组配频次远远低于单音节动词。这主要是因为单音节动词的动作性减弱,抽象性增强。下面逐一分析具体图式特征。

伴随类动量词与动作事件的情节相伴相生,与日常生活的"说话、行走"等类动词,语义关联度最紧密。与其组配的动词,要依据动量词的语义特征,看两者的语义是否具有一致性。由于借用动量词自身语义较专用动量词并不固定,与其组配的动词数量有限,提供的是半图式构式。

在此类动作事件中,依据搭配频次,排序如下:句＞声＞步＞圈＞周＞轮＞程。与"句"组配的动词都要满足"句"提供的图式空位,即"用于话语或诗文"。此处和"抱怨、表扬、重复、翻译、交代、解释、警告、夸奖、流行、埋怨、盘问、批评、商量、说明、听说、相信、议论、应付、责备、增加、招呼、总结"组配形成动量构式。郭先珍(2002:76)认为,"句"是计量语言的最小运用单位,她将其归为名量词。但本研究认为要根据其运用的实际情况确定。如果是修饰名词,"两句老话""一句废话"是名量词;如果是伴随动作而生,对动作进行计量,应视为动量词,如"寒暄两句""问了一句"。具体组配详见表 7.10。

表 7.10 双音节动词与伴随类借用动量词的组配统计

序号	动量词	数量(共176例)	比例	共现动词
1	句	86	48.86%	抱怨2、表扬2、重复2、翻译2、交代2、解释2、警告2、夸奖2、流行2、埋怨2、盘问2、批评2、商量2、说明2、听说2、相信2、议论2、应付2、责备2、增加2、招呼2、总结2、答应、打听、道歉、得到、发挥、奉承、告诉、鼓动、关心、交换、揭露、纠正、抗议、朗读、弥补、模仿、评论、期待、启发、谦让、设计、声明、使用、谈论、挑拨、透露、推荐、挖苦、维护、慰问、响应、晓得、泄露、欣赏、选择、寻找、掩盖、掩饰、邀请、赞美、争吵、嘱咐
2	声	36	20.45%	听见4、答应3、报告2、回答2、咳嗽2、念叨2、招呼2、抱怨、爆发、出来、道歉、告诉、号召、交代、夸奖、联络、埋怨、命令、声明、提醒、通知、突击、吓唬、应付、嘱咐、祝贺
3	步	23	13.07%	移动3、下降3、接近2、靠近2、旅行2、提高2、推动、推广2、巩固、解放、扩大、拖延、妥协
4	圈	18	10.23%	观察2、移动2、驾驶、介绍、扩大、旅行、散步、收拾、缩小、形成、旋转、游行、增加、招呼、折腾、挣扎
5	周	6	3.41%	旋转2、散步2、游行、观察
6	轮	6	3.41%	比赛、进行、举行、停留、通过、休息
7	程	1	0.57%	散步

表中"句"与"声"借用为动量词的方式基本一致,均为伴随说话行为而产生的动量词。"句"突显动作产生的语句内容,"声"突显动作过程发出的声音,均为转喻。例如:

⑳ 手臂被树枝刮伤,"可恶",他低声抱怨了一句继续往上爬。
㉑ 他们的毅力,镇定,深入心灵的组织性与纪律性,教他们宁可死在小洞里,也不抱怨一声,不违犯命令!

与"圈"组配的动词语义须与"圈"的动量义"计量绕圈的动作、行为"(郭先珍2002:122)保持一致。其中"移动、驾驶、旅行、散步、旋转、游行"等动词属于典型成员,具有空间位移,而"观察、介绍、扩大、收拾、缩小、形成、增加、招呼、折腾、挣扎"等动词的语义与"圈"的直接关联性很小,都是虚拟位移圈。例如:

㉒ 地球一年绕太阳转一周,我们从地球上看成太阳一年在天空中移动一圈,太阳这样移动的路线叫做黄道。

㉓ 很可能造成一边是国家从银行里提钱发给穷人,另外一边穷人排队再把钱存进银行,折腾了一圈,这些钱还是回到政府和富人手里。

"轮"的语义为"计量事物按周期进行的次数。一个周期叫一轮",与其组配的动词要具有周期性。"轮"不像专用动量词的使用频次和固化度高,提供的为半图式构式,如果频次足够高,也会逐渐向全图式转化,全图式与半图式的界限并非截然清晰,相对来说,专用动量词的使用图式化程度更高。例如:

㉔ 第二天,运动员们又苦苦等到下午1时半才盼来一阵小风,也仅仅勉强比赛一轮而作罢。

㉕ 法国队希望今后再同巴西队比赛一次。

㉖ 刘勋苍抬头望了一下王团长,直截了当地道:"二○一首长,咱俩比赛一下,看看你的马快,还是我的滑雪板快!"

例㉔中的"一轮"比㉕和㉖中的语义更加具体,对动词的限制更强,而"一次"和"一下"语义已泛化,基本有动量用法的动词都可以和这两个动量词组配,提供了全图式构式。

下面分析双音节动词与器官动量词组配的情况,详见表7.11。

表7.11 双音节动词与器官类借用动量词的组配统计

序号	动量词	数量(共7例)	比例	共现动词
1	口	4	57.14%	呼吸2、品尝2
2	眼	2	28.57%	欣赏、探望
3	脚	0	0%	无
4	脉	1	14.29%	流传

和双音节动词组配的器官动量词只有三个,其中"口、眼"是动量事件中涉及最多的人体器官,可见、可操控,比较突显,常转喻为动量词使用。而"脉"比较少见,在《现代汉语量词用法词典》中未收录。《现代汉语词典》中"脉"指血管,血管用来输送血液,也是流动的,虽然不可视,但通过脉搏可以感受到。另外,血液也指有血统关系的,如"血亲"。因此,它们之间语义一致,具有关联,可以和动词"流传"组配。

㉗ 写完总统简历,天色已经微明,宋霭龄来到院子里,深深地呼吸了一口清晨里那凉丝丝湿漉漉的空气,清爽、惬意,还有一些说不太清的朦朦胧胧的喜悦在心底萦绕。

㉘ 几分钟后,面包车在一个简易的小型机场停了下来,巴尔被护送到一架黑色的利尔飞机旁。他短暂地欣赏了一眼这架飞机,便跟随拉里登上梯子。

㉙ 以今代学术眼光观之,自陈抟而下,皆是儒德道素的人物,流传一脉,皆可谓玄学天才,尤其是尧夫。

在收集语料的过程中,我们也排除了一些干扰句,通过语义和结构分析,重新判定在形式上看似是所选703个双音节动词的动量结构的句子。如:

㉚ 日本现在采用自由落体的实验办法,它在北海道,*利用了一口710米深的废矿井,经过改装以后来做失重的模拟实验,这是它的装置,焊机就放在这里头。

例㉚中,"利用了一口"不是一个合适的组配,"利用"的意思是"使事物或人发挥效能;用手段使人或事物为自己服务"。和其组配的动量词有"利用一下""利用了两次""利用了一会儿""利用了十天"。在"利用"的语义空位里,没有"口"的位置,因此不能和"一口"提供语义匹配,而专用动量词提供的是全图式空位,语义泛化,可以和"利用"组配在一起。通过分析句子,可发现"一口"在此处是名量词,修饰后面的名词"井"。在例㉛、㉜句中,"一脚"都是在状位,和后面的动词"踢"和"出球"具有一致的语义关系,可以组配。而动词"准备"和"注意"与"脚"发出的动作无关。

㉛ 邓丽君指出,她……一直想出一张自己作曲、自唱的唱片,所以最近利用学回来的电脑知识去尝试编曲作曲,*准备一脚踢出唱片,以完成心愿。

㉜ 球员脚下的功夫并不差,但是更重视整体配合,*注意一脚出球,比赛节奏快,进攻时冲击力相当强。

在语料搜集和处理的过程中,这种人工判断必不可少,只凭"形式输入规则"得到的数据是不可靠的。与双音节动词组配的工具动量词只有"笔"一个。"笔"作为动量词,用于计量用笔勾、画、写的次量,或与需要用笔办理的事件相联系。具体动词见表7.12。

表 7.12 双音节动词与工具类借用动量词的组配统计

动量词	数量(共 2 例)	比例	共现动词
笔	2	100.00%	登记、交代

㉝ 许久,才查到书所置放的书架及位置,拿出一本叫《近代散文钞》的书来给我,然后又在他的小册子上登记了一笔。

㉞ 重印时为什么必须删掉呢?当时瞿秋白问题还没有澄清,在《后记》中交代一笔不也可以么?

而"笔"作为名量词的语义为"计量款项或与款项有关的事物"。在整理语料的过程中,发现了很多"笔"作为名量词的用法。

㉟ 据调查,运洗只在中行开户,自 1991 年停产以来,没有发生过一笔账目往来。

㊱ 我于 1990 年 3 月下旬[办理了]一笔 3 年期定期储蓄,当时的年利率是 13.14%。

㊲ 我们结婚后,她把每一块钱节省下来,投资再投资,替我积累了一笔财产。

㊳ 有个年轻人忽然知道只要某个老人一死,他就可以继承一笔财产。他怎么办?他不告诉任何人,安排了某种借口在当天晚上去拜访他的委托人。

在统计双音节动词时,与其组配的表时间的动量词特别多,双音节动词的动作性减弱,但大多可以在时间上延续,与时间关系紧密。动作的时间量使用频次非常高,但因其数量众多,类型丰富,每一种对动词的语义要求不同。虽然从时间性上来说,更像全图式构式,但具体到每一个时间动量词,应归为半图式构式。

表 7.13 双音节动词与时间类借用动量词的组配统计

序号	动量词	数量(共 866 例)	比例	备注
1	年	186	21.48%	
2	天	133	15.36%	
3	阵	93	10.74%	
4	月	63	7.27%	
5	周、星期、礼拜	51	5.89%	周30、星期19、礼拜2

续表

序号	动量词	数量(共 866 例)	比例	备注
6	一会儿	49	5.66%	
7	钟头、小时	48	5.54%	钟头 3、小时 45
8	辈子	38	4.39%	
9	时间	36	4.16%	一段时间 35、很长时间
10	一生	27	3.12%	
11	夜、晚上	20	2.31%	夜 15、晚上 5
12	世纪	19	2.19%	
13	一时	18	2.08%	
14	分钟	16	1.85%	
15	久	16	1.85%	
16	时期	9	1.04%	一定时期 8、很长时期
17	日	8	0.92%	一日 5、日子、大半日、五六十日
18	秒	5	0.58%	秒钟 3、秒 2
19	刻	5	0.58%	一刻 3、一刻钟、片刻
20	宿、一宵	4	0.46%	宿 3、宵
21	昼夜	4	0.46%	
22	上午	3	0.35%	
23	一季	2	0.23%	
24	刹那	2	0.23%	
25	霎	1	0.12%	
26	中午	1	0.12%	
27	其他	9	1.04%	钟点 2、世 2、载 3、半晌 2、

这类动量词在搜索语料的时候需要注意,根据其实际语义,判断是否是对动作的时间进行描述。例如:

㊴ 生活质量逐渐提高,人们越来越重视健康。在厨房里准备一日三餐,人们越来越不能容忍它环境的恶劣。

在㊴句中，"一日三餐"形成固定搭配，做"准备"的宾语。而不是"准备一日"。"年、月、日"是计量时间的基本单位，出现频次最高。而"一阵"表示约量，特别符合语言的模糊特性。

7.3 零图式动量构式的分布特征

零图式动量构式是指由拷贝动量词所提供的详述位，能满足条件的动词只有一个，和拷贝动量词同形的动词填入。还有一些特殊的动量用法，出现频次特别低。

7.3.1 单音节动词与拷贝动量词组配分布统计

与单音节动词组配的拷贝动量词数量较庞大，总计1254次，占总语料(5408次)的比例为23.19%；特殊动量词出现220次，占总语料的比例为4.07%。

㊵ 陈文婷也不坐下，只扭动着她那苗条的身体，这里站一站，那里挨一挨，问清了情由，就说……

㊶ 王静凭什么要扼杀我同吴越的激情呢？我又凭什么就不敢对她说请你出去，我们要自由地爱一爱呢？

㊷ 天天夜里，你拿个五更鸡罐子上一抓，熬一熬，临睡前喝这么一碗，很能补点血气的，我看你近来有点虚浮呢，晚上还出汗不出？

㊸ 现在人民不知道军队在干什么，经过阅兵式、分列式，把军队摆一摆给大家看，给人民看，这样更加强了军民关系，对加强军队训练也有作用。

㊹ 她风趣地补充了一句："我们好像老红木家具，搬一搬就要散架了。"

拷贝动量构式只动词和动量词是同形的，动量词用来计量动作事件，拷贝动量词的形式特殊，提供的图式只能由同形动词填入，因此称为零图式构式。

7.3.2 双音节动词与拷贝动量词组配分布统计

拷贝动量词在语料库中出现3次，占双音节动词总语料(3219次)的比例为0.09%。特殊动量词在语料库中出现17次，占双音节动词总语料的比例为0.53%。双音节拷贝动量词的数量非常有限，在所搜集的语料中只有3个：摆弄11、帮忙14、打扮93。

㊺ 女人似乎觉得不过瘾，又将变曲的五指直探进皮包，抓捣了几下，拎出一管玫瑰色羽西口红来，拧开，摆弄了摆弄，扔回去。

㊻ 老远的一个小场上有人喊："有余！能不能给我匀一个人来帮一帮忙？"

㊼ 我热爱的国民党，当他十三岁的时候，交了共产党做朋友，替他打扮了打扮，也觉得相当漂亮，很有出息。

从以上这三个例子可见，并不是所有的句子都是严格的"动词＋一＋动量词"形式，如例㊺和㊼没有数词，例㊻中的"帮忙"是离合词，没有"帮忙一帮忙"的说法。双音节动词与动量词的特殊组配，详见表7.14。

表7.14 双音节动词与特殊动量词的组配统计

序号	双音节动词	特殊动量词	语料数量
1	表演 42	一曲	1
2	驳斥 45	一点	1
3	补充 46	一点	2
4	卖弄 345	一段，一点	2
5	呕吐 366	一地	1
6	便宜 389	好几倍，三成，一大截	3
7	抢劫 415	一起	1
8	商量 446	一毕	1
9	试验 467	一段	1
10	通过 517	一斑	1
11	召集 648	一班	1
12	争吵 656	一架	1
13	嘱咐 684	一道	1

7.4 单音节和双音节动词与动量词组配差异分析

单音节动词中包含大量的动作动词，因此，和其组配的借用动量词中的器官类和工具类动词明显高于双音节动词。单音节动词中的拷贝类动量词数量非常多。

和双音节动词搭配最多的是表示时间的动量词，这可以从双音节自身的特点推断出，双音节一般表示的动作都比较抽象，在时间上不受限制，可以延续，出现最多的是"年""天""阵""月""周"等。例如：

㊽ 台湾在被荷兰殖民者霸占了38年之后，重新回到祖国的怀抱。

㊾ 台港澳学生凭国家教委录取批准函,各有关公安机关出入境管理部门视其学习期限,为他们办理一年或两年有效的多次出入境和暂住手续。

㊿ 是不是她本来就想摆脱我,现在正好有了借口呢?她在心里头抱怨了十三年,现在我终于自己走了,她松了一口气,这种情况不也是很有可能的吗?

㉑ 其时,抗战胜利了,我正为了复员回上海奔走得苦痛非凡。我已经奔走了五十多天,还弄不到船票或飞机票。这可以证明我也还是很聪明的。

㉒ 她到张家来,我们没有亏待她,好吃的尽她吃,好穿的尽她穿,家务事没让她操过一天心,不管是大人小孩的活,都是我一个人在家做。

通过对孟琮等《汉语动词用法词典》中 537 个单音节动词和 703 个双音节动词在词典中的动量词语料整理,其搭配出现频次见表 7.15 和图 7.3。

表 7.15 单音节动词和双音节动词与动量词搭配统计

序号	动量词	与单音节动词搭配频次	与双音节动词搭配频次
1	下	744	443
2	次	749	481
3	时	1790	1035
4	顿	10	2
5	通	93	57
6	气	69	12
7	番	17	108
8	回	416	211
9	遍	261	82
10	趟	78	13
11	把	23	0
12	工具	59	0
13	器官	32	2
14	伴随	0	19

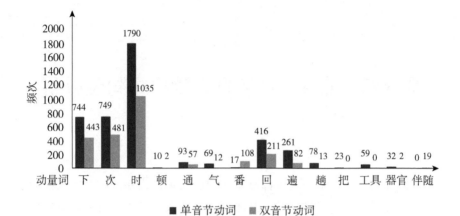

图 7.3 单音节动词和双音节动词与动量词搭配频次分布图

通过图表清晰可见单双音节动词和动量词组配的分布情况，在专用动量词方面，时间动量词使用频次最高，其次为"次"，然后是"下"，两者一致。这也可以说明"次"和"下"的高度图式化。"通、回、遍"也是单音节高于双音节。但动量词"番"的使用，双音节动词明显高于单音节动词，说明双音节动词语义的繁复性和"番"的语义形成一致对应，更容易组配在一起。据此，专用动量词提供全图式构式，借用动量词提供半图式构式，拷贝动量词提供零图式构式。

第八章 自主-依存的动量构式句位分析

张国宪(1998)说:"每一词类都有激活句法表现形式获得最大实现值的典型句法位置,一旦偏离这一句法位置,其典型的句法表现形式就会衰减或丧失。"在本书的第四、五、六章,笔者从"语义依存"的角度探讨了动词和动量词的组配规律,根本原因在于动词和动量词的语义特征及其所提供的"详述位"具有依存关系。动量词与动词组合主要有两种句位关系:

(1)"动词+数词+动量词"的动补式;

(2)"数词+动量词+动词短语"的状动式。

补位动量构式主要用于计量动作发生的次数和持续时量,是动量构式的无标记典型形式;状位动量构式主要用于计量事件的量,很少与动作动词直接关联,是动量构式的有标记、非典型形式。目前学界对动量词与动词的位置关系研究,主要集中在补位的句法、语义和功能上,而对状位的探讨还不够深入,只有一些零星的个案研究。本章将深入探讨基于 ECM 自主-依存的动量词补位和状位的用法特征,且基于封闭语料,调查其具体分布情况。

8.1 动量自主-依存之"句位依存"

8.1.1 "句位依存"简述

某个语法位置经过长期使用后便出现一种倾向,反映在频率上多固定地表示一种或一些语法意义。如:"主位"和"宾位"表示事物、事件,多由名词或名词性质的词填入;"定位"表示属性、范围或类别,多由形容词填入;"状位"表示状态、方式等,多由副词填入;"补位"表示结果,多由能表示动作结果的趋向词、形容词、副词、动量词等填入。这些句法位置的语法意义对所能填入构式的语法意义影响很大,使得构式能与对应句位上的语法意义趋同。现将这一观点归纳成图 8.1。

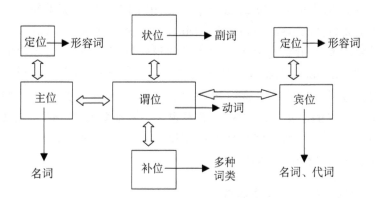

图 8.1　汉语"句位依存"关系整体图解

图 8.1 所反映的"句位依存"关系是自主-依存的延展,Langacker(1987)在论述自主-依存关系理论时指出,序列是"构式要素成分逐次结合以能形成精细化复合构式的顺序"。本研究提出的"句位依存"是基于汉语语法中语序的重要性而提出的,它是一种相对静态的位置关系,每个位置关系都能提供一个"详述位",表示特定的语法意义,由具体的词类填入。

"句位依存"是指语句的每个位置都是一个抽象的句位图式,其中都包含了一个侧显的"e-site",由满足该句位特征的具体语词填入,对其进行精细化描写。通常来说,每个位置都有待一些典型的、对其高度依存的具体词类来表达其特定的句法功能。

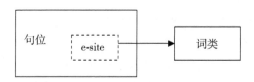

图 8.2　汉语"句位依存"关系运作图

图 8.2 为汉语"句位依存"关系运作图,显示出其在句法操作中的具体运作过程。句位是比词类更抽象的语法形式,它本身就有意义,能决定词类的属性。用比喻的方式来说,句位是一座空房子,里面无任何东西。这有待房子主人来安排里面摆设什么样的家具,住什么样的人,在里面从事什么样的活动。同样,句位填入什么词取决于表达主体的交际需要。句位就像房子一样,它含有"详述位",需要由具体的词类填入,形成不同的表达方式。从这个意义上讲,图式性构式也是"形功配对体"。Goldberg(2006:3-9)在 *Constructions at Work: The*

Nature of Generalization in Language(《工作中的构式：语言的概括性本质》)中将构式定义为："conventionalized pairings of form and function(形式与功能的规约性配对体)"，并认为每个构式将某些形式特征与"某一交际功能进行配对"①。可见，Goldberg 所指的"形"与"义"主要是指"语法角色"和"语义角色"，"语法角色"包括语法关系组合结构，而"语义角色"包括语义功能结构。基于 Goldberg 对构式的定义，"句位依存"关系也是一种抽象的"构式"。此处"句位"是"形"，是一种更高层次的图式性构式，同时这个句法位置也具有一定的意义，其具体的功能执行要由一些词类来完成。

8.1.2 "句位依存关系"与动量构式

动量构式的句法分布主要有"补位"和"状位"两种形式，依据上文的"句位依存"假说，本书首先分析这两种句位的含义，然后再考察它们的位置关系对动量构式意义的影响。

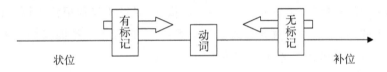

图 8.3 "补位""状位"与标记理论

8.1.2.1 补位和状位的句位义分析

第一，补位的句位义

《现代汉语词典》(第 7 版)将"补语"释义为："动词或形容词后边的一种补充成分，用来回答'怎么样？'之类的问题，如'听懂了'的'懂'，'好得很'的'很'，'拿出来'的'出来'，'走一趟'的'一趟'。"可见补语的位置一定是在动词或形容词后面，起到补充说明的作用，表示动作行为的结果。根据自主-依存模型，(1)从横向依存来看，动作结果可能会涉及其中的施事 E_1 和受事 E_2，这个动作使施事或受事达到何种状态；(2)从纵向来看，动作结果可能是说明动作的时长，表明动作起始或结束的时间，或者计量动作的频次，或者表明动作进行的方向，或者说明动作的终点位置，或者动作产生的影响等。

从语义指向来看，结果义不仅指向谓语动词，还可以表达句中其他成分的性质、状态。根据认知语言学的象似性原则，语言形式与所指意义之间具有一定的

---

① 原文为"Each pairs certain formal properties with a certain communicative function"。

理据性，人们用语言符号去临摹他所关注、所观察的世界的过程。如：顺序象似性的认知基础是按事件发生顺序来叙事。Langacker 的认知语法理论从人类对外部世界结构的感知过程去理解语言结构的种种特征。

在时间轴上或人们的意念中有一个起始点和一个终止点，它必然会产生一定的结果，可表现为"动作时间"和"动量频次"等。动作和该动作产生的结果在时间上很显然有前后的必然序列，这与人们的感知顺序是一致的。根据顺序象似性原则，表示结果意义的动量构式其典型位置应是补位。

第二，状位的句位义

《现代汉语词典》（第7版）将"状语"释义为："动词、形容词前边的表示状态、程度、时间、处所等的修饰成分。形容词、副词、时间词、处所词都可以做状语。例如'你仔细看'的'仔细'（状态），'天很热'的'很'（程度），'我前天来的'的'前天'（时间），'你这儿坐'的'这儿'（处所）。状语有时候可以放在主语前边，例如'昨天我没有出门'的'昨天'，'忽然他对我笑了笑'的'忽然'。"

在句法结构平面上，状语是谓词性偏正短语中的修饰成分；而在语义结构平面上，状语并非只修饰后面的谓词，它可能与结构中的其他成分发生直接和紧密的联系。

8.1.2.2 动量构式的补位和状位

下面以动量词为例，具体阐释动量构式补位和状位的意义差异。

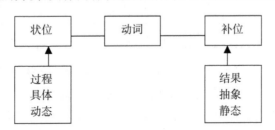

图 8.4 补位与状位动量构式的语义区别

每个句法位置都有特定的句位意义，它由哪些动量词填入，取决于句位义与动量词义的一致性。当动量词义与句位义具有较高的依存度时，这个动量词对该句位进行精细化描写，便可自然地进入该句法位置；而当动量词与句位义的依存度较低时，这个动量词在进入该句法位置时则会受到较多的限制。因此，状位与补位的句位义是动量词能否进入该句位的根本原因。状位的典型句位义是方式，补位的典型句位义是结果或频度计量。

我们发现，动量构式占据补语位置，其基本语法意义是"计量动作的量"，也是其在典型句法位置即补语位置所表现出来的语法意义。动量词的语义多指向动词,在句中尽可能在距离上与动词接近;而处于"状位"的动量词产生了其他的附加义,一般语义不会直接指向动词,而是指向整个动作事件。

8.2 动量构式句位依存的表现形式

8.2.1 专用动量构式的句位依存分布

动量构式按其句法位置可分两大类:补位动量构式和状位动量构式,其中补位动量构式又可分为以下三种:(1)补位单纯式;(2)补位宾前式;(3)补位宾后式。

下面具体分析四种专用动量构式句位依存的分布情况。

8.2.1.1 频次类动量词"次、回"的句位依存

"次、回"的句位依存情况见表8.1。

表8.1 频次类动量词"次、回"的句位依存分布统计表

序号	动量词	总数	状位数量	状位比例	补位数量	补位比例	单纯式	宾前式	宾后式
1	次	108	41	37.96%	67	62.04%	35	4	28
2	回	183	11	6.01%	172	93.99%	101	9	62

表8.1反映出"次""回"在补位时,均是"单纯式"最多,分别占补位总数的52.24%和58.72%;"宾后式"位居其次,分别占补位总数的41.79%和36.05%;而"宾前式"最少,分别占补位总数的5.97%和5.23%。比例基本一致,说明在"频次"义的统领下,两者在补位上的用法基本相同。"次"和"回"是最典型的专用动量词,动量词发展到一定的成熟阶段,都有向这种分布靠拢的趋势。下面具体分析其句法分布。例如:

① 他们在村边寨旁种植了大量发火旺、萌蘖力强的铁刀木,每隔二、三年轮换砍一次,把萌生的枝干当燃料和建筑用材。
② 罗森鲍姆先生手中握着这张王牌,给巴克利参议员打了两次电话。
③ 去年年终考核一结束,他就带领由司政机关干部组成的工作组,用半个月时间,对所属连队、营部逐个走访,召开了座谈会十九次,听取了各类专业人员的意见。

例①用"砍一次"给动作"砍"计量,语义表达完整,不用带宾语;例②"打了两次"语义表达不完整,因此,要带上宾语才能达意。例③主要强调"召开座谈会"的次数之多,这种情况多用补位宾前式,如转换为补位宾后式"召开了十九次座谈会"也可,但没有达到强调"频次"的效果。这类用法主要是强调,已经具备了修辞格调,不是普通用法,所以分布不广。

因为专用动量词的语义比较泛化,通常要带上宾语,才能表达完整的含义,这也是其补位宾后式较多的原因。

④ 就是锦林的工钱问题,组联会去找苏国富谈过一回。
⑤ 二三里高山,一天砍五六回苜蓿,跑几十里路,她全当游山玩景哩。
⑥ 我埋怨过你多少回了——你早该知道了,安姐儿就跟她娘一样的小家子气,不上台盘。

例④"谈过一回",可以表达完整的意义,因为动词本身的语义比较明晰,"谈话"已是一个完型构式存在心智之中,不言自明。例⑤如若去掉宾语,无法判断出"砍"的对象,不像例①,根据上下文可推断出来,因此需带上宾语。例⑥表强调,并且也因宾语是代词,是已知信息,"埋怨你"和"多少回"也形成了三音押韵的格局。

总之,"次""回"在补位选择哪种形式,和其语义表达能否自足密切相关,如若语义表达可自足,则多用单纯式;如无法推断其确切含义,此时多带上宾语;表强化或需加强修辞效果时多用补位宾前式。

⑦ 当社会上一些青年拉拢和引诱时,他便为了打抱不平而一次次聚众打架斗殴,从此走向歧路。
⑧ 然而,为了它,王玲穿起那颇像"和尚服"的柔道服,一回回地交手搏斗,曾经顶住了围观的人群中多少好奇、疑惑、甚至是嘲笑的目光啊。

"回"在状位时,其出现频次明显低于"次",原因在于"回"是表"时间段"频次的动量词,很少高频反复出现。语料显示,此类动量词在状位多以"一+动量词的重叠形式"出现,强调不断地做某事。据此,"回"在状位就要受到限制,而"次"则不受此限制,出现频次更高一些。例⑦"一次次"和"一回回"语义基本相同,但"聚众打架斗殴"是平常事,随意性强,而"穿柔道服交手搏斗",多是比赛场合,较正式,比赛也需要一定的时间,故一般不高频反复。

8.2.1.2 数时类动量词"下、把"的句位依存

"下、把"的句位依存情况见表 8.2。

表 8.2 数时类动量词"下、把"的句位依存分布统计表

序号	动量词	总数	状位数量	状位比例	补位数量	补位比例	单纯式	宾前式	宾后式
1	下	362	16	4.42%	346	95.58%	199	5	142
2	把	223	149	66.82%	74	33.18%	32	16	26

表 8.2 反映出"下""把"在补位时，均是单纯式最多，分别占补位总数的 57.51% 和 43.24%；"宾后式"位居其次，分别占补位总数的 41.04% 和 35.14%；而宾前式最少，分别占补位总数的 1.45% 和 21.62%。两者比较，单纯式和宾后式的比例基本一致，但宾前式和状位复合式略有不同。原因在于"下"是一个成熟度较高的专用动量词，语义更泛化，而"把"是一个新生专用动量词，其泛化程度低，语义相对具体。下面具体分析其分布情况。例如：

⑨ 说罢缩入轿内，用手照着轿杠拍了三下，在保丁护拥之下，轿夫们抬上他摇摇晃晃地走了。

⑩ 李丽忙喊道："宁，快过来，帮我扶一把！"

例⑨"拍了三下"和例⑩"扶一把"比较起来，前者语境提示因素较多，上下文明确指出受事和工具，而后者"把"的语义更具体，多为"与手相关"的动作，无须再说明。

⑪ 以往老队长碰到这种茬口，他只消瞪起眼珠子拍几下桌子，几个班长就得乖乖地服从分配——他是船厂开山的八个祖师爷之一，连厂长都敬他三分，震几个班长还不是小菜一碟！

⑫ 老人抹了一把眼泪哭诉着："我出门卖茶有半个多月了。"

上述两例，"拍桌子"和"抹眼泪"都是固化度较高的动宾构式，在其中间加入动量词，使语义变得具体，因为"拍桌子"已经发生了隐喻转化，表示人生气、发怒，所以，只用"拍几下"无法体现出其所蕴含的意味，而"抹一把"也是不完整的，加上宾语"眼泪"才和后面的"哭诉"形成语义对应。

⑬ 她掏出手帕来替那个小黑脸擦干了眼泪，带笑地拍了他几下。

⑭ 臧延秀看她不吱声，推了她一把："你聋了吗？"

例⑬"拍了他几下"和例⑭"推了她一把"都强调频次，但"一把"的这种用法

更多一些,原因在于"一把"的语义与"手"相关,就含有"帮扶"义,而"帮谁一把"这种构式很普遍,因此,其补位宾前式较"下"要多。"下"没有这种语义蕴含。例如:

⑮ 只是一下又一下地揪扯辫梢,揪着,揪着,忽然一甩辫子,仰脸格格大笑起来。

⑯ 儿媳笑嘻嘻地提着篮子进厨房去;珠珠却急了,一阵风跑到妈妈身边,一把抓住篮子不放,"不能杀!"

"一下又一下"表示快速高频地反复做某事,其分布比例不高,原因在于状位更加注重表示动作的状态方式,而"一下"的语义已经高度泛化,情景义不再突显,更强调动作的时间短、速度快;而"把"则不同,它正处在转化初期,主要表示动作的迅速和时间的短暂,但其语义比"下"更具体,因此,状位是其语义和句法表现的最佳位置,故比例较高。

8.2.1.3 累积类动量词"番、通、气、顿"的句位依存

表 8.3 累积类动量词"番、通、气、顿"的句位依存分布统计表

序号	动量词	总数	状位数量	状位比例	补位数量	补位比例	单纯式	宾前式	宾后式
1	番	62	11	17.74%	51	82.26%	38	/	13
2	通	59	2	3.39%	57	96.61%	43	2	12
3	气	73	34	46.58%	39	53.42%	35	/	4
4	顿	273	19	6.96%	254	93.04%	117	56	81

从表 8.3 可见,四个累积类动量词中,"番"和"气"没有补位宾前式,它们在补位的比例从高到低依次为:

通>顿>番>气

在状位的比例从高到低排序如下:

气>番>顿>通

"番"的补位单纯式占补位总数的 74.51%,补位宾后式占 25.49%,没有补位宾前式。"通"的补位单纯式的比例为 75.44%,补位宾后式为 21.05%,补位宾前式比例很低,为 3.51%。"气"的补位单纯式占 89.74%,补位宾后式为 10.26%,没有补位宾前式。"顿"的补位单纯式占补位总数的 46.06%,补位宾后式占

31.89%,补位宾前式占 22.05%。下面依次分析呈现这种句位分布的原因。

(1) 番

"番"的语义中具有"轮番"的意思,据刘世儒(1965:254)考证,在魏晋南北朝,"番"所表示的次数就"总含有多次重复或反复出现的意味",它前边所结合的数词绝少是用"一"的。据此,可推断"番"自身就蕴含"频次强化义",这与"补位宾前式"的句位义重复,因此,"番"没有这种句位形式。

⑰ "动身以前我也考虑过一番的。"她望着我,现出很抱歉的样子。
⑱ 明成祖朱棣为了表示他的一片孝心,在建碑时着实动了一番脑筋。
⑲ 在长达两小时的摧残中,几番被打,两次被烧,他表现了忠贞不屈的英雄气节。

例⑰是"番"的补位单纯式,"考虑"与"一番"组配后,表达经过一段时间的反复思量。由于"番"的语义中带有"繁复"义,对与其组配动词的语义起到了限制作用。因此,"番"的用例并不多。例⑱,在"动脑筋"中间加入动量词"一番",表示的意义更具体,这类词数量较多,"番"的补位宾后式多为此种类型。"番"在状位表达动作的复杂性。

(2) 通

"通"的语义突显了动作过程的"混乱"或"狂猛",有宣泄义,其语义较具体,对准入动词的语义限制较大。

⑳ 超过光速五倍的飞船上已不存在失重的问题,所以也用不着吃那种牙膏式的压缩食物了,完全可以像在地球上一样刀叉碟盘地大吃一通。
㉑ 我真想拿炸药轰你一通。
㉒ 我想,这些办法可能比我们干巴巴地讲一通道理强得多。
㉓ 楼板格崩楞登一通响,像是滚下了一个铁蛋蛋。

"通"的四种构式与其语义密切相关,"通"更强调动作发生后的结果,因为情感的宣泄,重在结果,即"一通"之后怎样,而不强调宣泄的过程。所以,其状位复合式仅有两例。

(3) 气

"气",古人云:"天地合气,万物自生。""一气"具有"一贯到底"义,而这样的过程需要很长时间,一般不强调动作的频次,所以没有"补位宾前式"。"气"的"累积整体义"更突显,所以"一气"在状位的比例相对增高。

㉔ 柳大翠饿坏了,一气把两碗大米饭扒拉进去,起身说:"张书记,有你这话,俺这颗心就跌到肚里啦。"

㉕ 解放前,这里的恶霸地主和土匪串通一气,横行霸道,鱼肉山区人民。
㉖ 任务是顺利地分下去了,可是老王头是老经验,他回到办公室里算了一气账,心里就有点不放心,尤其是老李刚才那个眼神,有点奇怪,别是这些家伙搞什么鬼吧?

(4) 顿

"顿"主要用于表达"集中进行"的饮食类行为或"急促宣泄"的斥骂行为的频次。"顿"对动词的语义限制比较集中,且固化度较高,所以,"顿"的四种构式分布比较均衡,尤其是"补位宾前式"比例较高。

㉗ 高作家气呼呼地说,"那个老警说我骑的是反道,训了一顿还不算,还被他罚去了两元钱!"
㉘ 这时已经是半夜三点多钟,大家才感到肚子有些饿,高高兴兴地吃了一顿饭,天明时起程回京。
㉙ 邬叔叔骂了我爸爸一顿,说孩子不是家庭的私有财产,孩子是属于民族和国家的,应该让他到第一流的大学去深造。
㉚ 苏福康被吊在梁上一顿狠揍,然后严士达递片子把他送进县大狱。

例㉗"训一顿"是补位单纯式,"顿"的补位单纯式中,与其共现的动词"训""吃"所占比例较大,并且受事宾语在上下文中均可找到,如本例中为"我"。例㉘"吃了一顿饭"是补位宾后式,在"吃饭"中间加入动量词"一顿",语料显示这种构式比例很高,除了"吃饭"之外,"吃"后面也会接一些具体食物,如"面条、烤鸭"等。其余还有"挨骂、挨打、挨揍"等。"顿"的补位宾后式比例较高,与这些离合词密切相关。例㉙"骂了我爸爸一顿"是补位宾前式,这种构式在动量词"顿"中比例较高的原因在于,动词多为训斥打骂类,如"批评、数落、捶、打、揍"等,而宾语是被训斥对象,是已知信息,而该构式主要强调"骂了我爸爸"这件事,因此将"一顿"置于句末,表强调。例㉚"一顿狠揍"强调受事挨打的情景,整个语句对场景描述得较为详细。

8.2.1.4 整体类动量词"遍、场(cháng)、场(chǎng)、趟、遭"的句位依存

表 8.4　整体类动量词"遍、场(cháng)、场(chǎng)、趟、遭"的句位依存分布统计表

序号	动量词	总数	状位数量	状位比例	补位数量	补位比例	单纯式	宾前式	宾后式
1	遍	479	33	6.89%	446	93.11%	392	23	31
2	场(cháng)	97	0	0	97	100%	72	1	24

续表

序号	动量词	总数	状位数量	状位比例	补位数量	补位比例	单纯式	宾前式	宾后式
3	场(chǎng)	30	0	0	30	100%	15	0	15
4	趟	220	8	3.64%	212	96.36%	172	19	21
5	遭	15	0	0	15	100%	13	1	1

"遍"的补位单纯式占补位总数的87.89%,补位宾后式占6.95%,补位宾前式占5.16%。"场(cháng)"的补位单纯式比例为74.23%,补位宾后式为24.74%,补位宾前式比例很低,为1.03%。"场(chǎng)"的补位单纯式占50%,补位宾后式为50%,没有补位宾前式。"趟"的补位单纯式占补位总数的81.13%,补位宾后式占9.91%,补位宾前式占8.96%。"遭"的补位单纯式占补位总数的86.67%,补位宾后式占6.67%,补位宾前式占6.67%。

13个"专用动量词"的句位依存分布统计表显示,3个动量词"场(cháng)""场(chǎng)"和"遭"没有动量词在状位的形式。7个动量词在补位的比例远远高于其在状位的比例,分别为:通96.61%,趟96.36%,下95.58%,回93.99%,遍93.11%,顿93.04%,番82.26%。动量词在补位的比例略高于其在状位的动量词共2个,分别为:次62.04%,气53.42%。其中只有动量词"把"在状位的比例高于其在补位,其在状位的比例为66.82%。它们的句位分布情况表明,动量词在补位是动量词在句中的典型位置。而动量词在状位的位置是非典型有标记位置。为什么"把"在状位的句位分布高于其在补位的分布,需要根据其在句法中的实际语例探究原因。13个动量词通过穷尽性搜索得到的含有动量词的句子为2184条,动量词在补位可分为三种情况,其中补位单纯式1264条,占总数的57.88%,补位宾前式136条,其所占比例为6.23%,而补位宾后式460条,占全部句例的21.06%。动量词在补位的句子总数为1860条,占全部句子的85.16%。而动量词在状位的句子总数为324条,占总数的14.84%。通过分析以上数据,我们发现专用动量词在补位的主要形式是补位单纯式,其次为补位宾后式,而补位宾前式的比例很低。这种分布态势可以用自主-依存模型的构式观作出合理解释。在ECM的自主-依存模型中,由于专用动量词的语义比较泛化,对动词的限制较小,有时,为了表意明确,多在动量词后面加上宾语。并且,有很多补位宾后式是插在离合词中间的,表示具体指称,因此,补位宾后式在这种情况下就产生了"具指义"。

8.2.2 借用动量构式的句位依存分布

表 8.5 "借用动量词"的句位依存分布统计表

序号	动量词	总数	状位数量	状位比例	补位数量	补位比例	单纯式	宾前式	宾后式
1	眼	33	2	6.06%	31	93.94%	9	18	4
2	针	37	9	24.32%	28	75.68%	20	/	8
3	辈子	155	34	21.94%	121	78.06%	53	63	5
4	圈	216	2	0.93%	214	99.07%	186	10	18
5	跳	143	2	1.40%	141	98.60%	125	16	/

表 8.5 为 5 个"借用动量词"的句位依存分布统计表,动量词"针"没有补位宾前式,而动量词"跳"没有补位宾后式。全部借用动量词的补位比例都远远高于其在状位的分布,5 个动量词的例句总数为 584 条,其中动量词在补位的例句总数为 535 条,占全部句子的 91.61%,动量词在状位的例句总数为 49 条,占全部句子的 8.39%。

动量词在补位可分为三种情况:(1)补位单纯式 393 条,占总数的 67.29%;(2)补位宾前式 107 条,其所占比例为 18.32%;(3)补位宾后式 35 条,占例句总数的 5.99%。

通过上述数据分析我们发现,借用动量词在补位的主要形式是补位单纯式,其次为补位宾前式,而补位宾后式的比例很低。这种分布态势可以用自主-依存模型的构式观作出合理解释。在 ECM 自主-依存模型中,从横向来看,涉及动词和宾语的组配;从纵向来看,涉及动词和动量词的组配,补位的三种构式实际可从两个方面考虑:第一,动词后有没有宾语;第二,宾语和动量词的前后位置。

无论是借用动量词还是专用动量词,补位单纯式均最多。因为补位单纯式用于一般的动作计量,语义可以明示,而后面加上宾语或者宾语的位置变化,是为了表达动作主体的交际需要。语料分析表明,借用动量词的语义较具体,因此置于动词之后,占据了同一 ECM 中相当于宾语的论元位置,所以,再出现宾语就显得累赘。因此,借用动量词的补位宾后式数量在四种构式中比例最低。

8.3 四种构式的句位"构式义"分析

8.3.1 补位单纯式

动词+数词+动量词(V+num+VC):

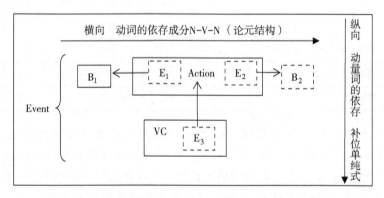

图 8.5　ECM 的补位单纯式

㉛ 第二天的上午,我就坚决地跑到一个外国医院去,请医生详细诊察了一回,他终于断定我并非什么肋膜炎,不过是感冒。

㉜ 他用目光在屋子里搜索了一遍,忽然双眸一亮,发现丁老师送他的两盆花是完全可登大雅之堂的。

㉝ 小人常去东溪村贩酒,今年开春还曾走过一遭,决无差错。

㉞ 要享乐,要刺激,喝酒,喝了可以使你兴奋;失恋了,失意了,喝酒,喝了畅快地狂笑一阵,痛哭一场,然后昏然睡去,暂时间万虑皆空。

例㉛—㉞是专用动量词"回、遍、遭、场"的补位单纯式。通过分析发现,"动作+动量"都含有一种结果义,即"这样一次"会产生什么样的结果,并且在句法上也表现出来。"补位",是对动作行为的补充说明,按照动作的"行为链"依次发生。动量词是对"动作量"的补充说明。"量"必须是离散的,有界的,通常到终点是动量的结束,这个动作结束,必然会产生结果。笔者还发现,不仅动量构式本身蕴含结果义,而且上述 4 例在动量构式后面,均有一个"表结果的分句",更加强了动量构式的"结果义"表现。如"诊察一回"之后的"断定","搜索一遍"之后的"发现","走一遭"后知道"决无差错","痛苦一场"之后的"昏然睡去"。动量构式的基本附加构式义表动作的"结果",语料库统计表明,专用动量构式的补位单纯式总计 1264 例,占专用动量构式例句总数(2184 例)的 57.88%。数据佐证"补位单纯式"是动量构式的最典型形式。

㉟ 奇怪的是，只瞄了一眼，五顶帽子就刻在她前脑子里了，抹也抹不掉。
㊱ 我瞟了一眼，最赖的也是"大前门"。
㊲ 打了一针，已经不那么痛了。
㊳ 我说："三叔公，你辛苦了一辈子，也该享享福了。"
㊴ 突然两个买主过来了，他们显然转悠了一圈，谙熟了行情。
㊵ 公山雀给麻雀吓了一跳，只得连忙飞开，停在一棵苹果树上。

例㉟—㊵是借用动量词"眼""针""辈子""圈""跳"的补位单纯式。通过分析发现，借用动量词的语义比较具体，所以其"结果义"更加明显，且其后的结果义与动量词的语义依存度更高。如：例㉟"瞄了一眼"之后的"印象"刻在脑中；例㊱"瞟了一眼"之后看到"最赖的也是大前门"；例㊲"打了一针"之后的疗效为"不那么痛了"；例㊳"辛苦了一辈子"之后"该享享福了"；例㊴"转悠了一圈"之后的"谙熟"；例㊵"吓了一跳"之后的"飞开"。上述例句表明，借用动量词与其后的分句存在语义照应关系，是更高层次的依存。语料数据显示，借用动量构式的补位单纯式总计393例，占其总数的67.29%，比专用动量词的补位单纯式高近10个百分点。语料分析还发现，借用动量词自身语义较具体，能明示语义，所以后面较少带宾语。

8.3.2 补位宾后式

动词+数词+动量词+宾语（V+num+VC+O）：

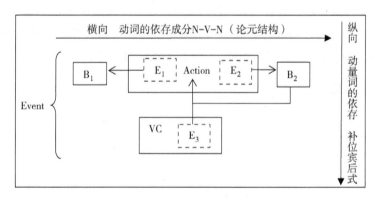

图 8.6　ECM 的补位宾后式

动量词的补位宾后式含有"具指义"，即一种具体指称的功能。下面我们通过例句分析一下。

㊶ 他想，怎么闯发财发得快，怎么干捞钱捞得多，得费一番心思，筹划筹划。
㊷ 老汉话没说完，又一个小伙子跑来了："我再不去选种了，选了一天，不落

一句好话,还挨了一顿批评!"

㊸ 下午牛全德到城里出了一趟差,从城里回来时忽然间变了样儿,快活得像得了外财似的。

㊹ 那时不过晚上十点多钟,虽在春夜,却因在日落以前,下了一场雨,料峭的东风,吹得车中的人,都打几个寒噤。

㊺ 来访的丹麦羽毛球队,十六、十七日先后与中国羽毛球联队、中国青年羽毛球队在北京进行了两场比赛。

例㊶"费心思"与"费一番心思"比较,加上动量词后使语义变得更具体,此处"一番"指前面的一系列想法;例㊷"挨批评"与"挨了一顿批评"相比,前者是泛指,而后者加上"一顿"之后,是针对前面的"选种"事件,具有"具指义";例㊸"出了一趟差"具体指"下午牛全德到城里出了一趟差";例㊹"下了一场雨"指"晚上十点多钟"的这场雨;例㊺"进行了两场比赛"具体指"十六、十七日"的两场比赛。因此,在动宾构式中间插入动量词,就具有了指称功能,把抽象的概念具体化。专用动量词补位宾后式总计 460 例,占总数(2184 例)的 21.06%。

㊻ 三哥重七给人家招了上门女婿,得给人家种一辈子地,也好,家里省一张嘴。

借用动量词"辈子"加在动宾构式"种地"中间,也具有指称功能,指"重七给人家招了上门女婿,得给人家种一辈子地"这件事。借用动量词的"补位宾后式"35 条,占借用动量构式总数(584 例)的 5.99%。远远低于专用动量词,因为借用动量词本身语义比较具体,可自足,其后很少再加宾语。而专用动量词的语义比较泛化,因此有时必须加上宾语,才能表达完整的语义。

8.3.3 补位宾前式

动词+宾语+数词+动量词(V+O+num+VC):

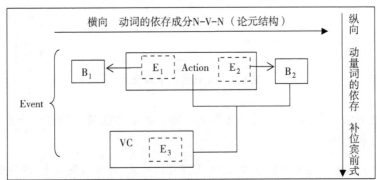

图 8.7　ECM 的补位宾前式

“补位宾前式”是指宾语在动量词的前面，形成了“动宾构式＋动量词”的格式，根据“句末焦点”原则，动量词在构式后面，就突显了动作的“量”，因此整个构式具有了“强化频次义”。

㊼ 日本民间相传，除夕之夜敲钟一百零八下，就能除尽人世烦恼，迎来锦绣前程。

㊽ 心想如果再见到他，定要拽住那截驼绳，数落他一顿，甚至打他一顿，才能解恨。

㊾ 我问你，为什么最近每天早晨，都得妈喊破喉咙叫你三遍，你才起床？

例㊼强调敲钟的“次数”，而不强调敲的“对象”；例㊽强调“打他”的次数和结果；例㊾同样强调次数，多为确数。专用动量词补位宾前式 136 例，占专用动量构式例句总数（2184 例）的 6.23％。

㊿ “还能有谁”，老伴瞪了他一眼，叹息道：“唉，都怪你。”

(51) 陈桂琴，我找你一圈儿。

(52) “吓了我一跳，我以为你出事了……你到哪去了？”

“一眼”“一圈儿”“一跳”置于构式的末端，突显频次，且由于借用动量词的语义较具体，所以借用动量词也占据了论元位置，虽然不是宾语，但比宾语更突显。借用动量词补位宾前式 107 条，占借用动量构式总数（584 例）的 18.32％。这种分布比例也说明借用动量词语义相对自足性较高。

8.3.4 状位复合式

动量词＋动词短语（动趋或动结式）（num＋VC＋VP）：

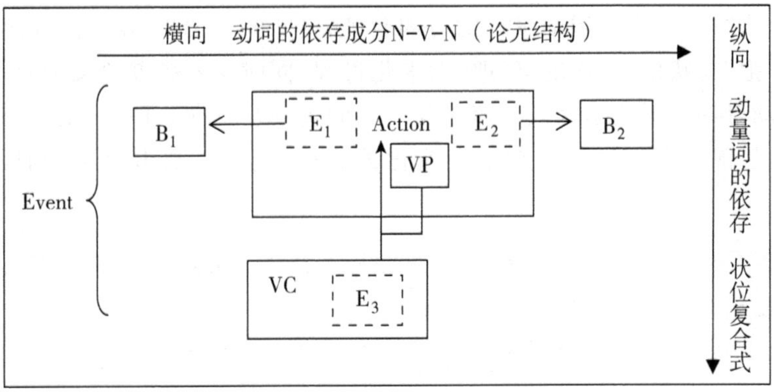

图 8.8　ECM 的状位复合式

(53) 阅历丰富的村党支部书记王世德，一次次找他谈话，一句句情深意长。

(54) 一次，他见到校工种花，便主动去帮忙，又挖坑又填土，后来一趟趟地到远处的水房抬水，累得满头大汗。

(55) 我一口气奔进卧室，把门关上，一遍又一遍读着这封短信，眼睛里充满了幸福的泪水。

(56) 回到屋里，从背篓里取出那卷厚实的包头帕，量了量，剪下一截，裁成几块，又一针针，一线线缝成几个装沙袋子，再一件一件地送到同志们手里。

例(53)“一次次”突显出动作的过程，动词一般不是“光杆”动词，而是复杂的动词短语，尽量具体描述动作发生的全貌。本例中的 VP 不仅描述出“找他”的目的，而且谈话内容也以“直接引语”的方式叙述出来，体现出“在场”。因此，整个动作过程跃然纸上。“一次次”在状位，在计量频次的同时，更加突显出动作施事“王世德”在“劝说事件”中的工作态度，与定语“阅历丰富”形成了语义上的照应。例(54)“一趟趟”在状位，也突出当时的“抬水”事件中动作主体的辛劳情状。例(55)“一遍又一遍”的状位用法，在表达“频次义”的同时，更突出“读信”事件中的情景过程。例(56)“一针针”在状位，生动地再现出动作主体与同志们的深情厚谊，突出状态义。专用动量词在“状位”的例句为 324 条，占总数的 14.84%。

(57) 余立毅听完了周医生的话，一把抓住他的手，兴奋得像一个拾到了什么好玩具的孩子似的。

其中只有动量词“把”在“状位”的比例高于其在补位，“把”的例句总数为 223 条，其中状位 149 条，约占 66.82%。“把”的补位宾前式少于补位宾后式，这和专用动量词总比例趋势是一致的，而且补位单纯式最多。“把”的语义已经虚化，但因为“把”作为专用动量词的时间较晚，是 2005—2012 年期间才逐步确立的。“一把”在状位，既体现出“把”的虚化过程，同时又不失其语义的具体，比一般专用动量词的泛化程度低。随着其语义的进一步泛化，其在补语的用法会越来越多，目前的专用动量词在语义演化的历史进程中，都出现了类似的情况。例如：

(58) 可是他还没走过半个猪市，一眼瞥见了自己的宝贝儿子，那车后的荆条驮篓里竟也缚着一些干毛瘦骨的猪娃。

(59) 英国专家赖特为什么能够一针扎准熊猫的颈动脉？

例(58)和例(59)“一+动量词”表示当时的状态，并且还有一种突然迅速之义。原因在于状位突出整个事件过程，动作主体处于“在场”状态，用“一眼”指代整个事件,而"一针"也是整个事件的"突显"部分,可管窥动作全貌。

以下两句分别是器官动量词和工具动量词在网络上搜到的语例,这种更加鲜活生动的语句更能体现动量词在状位的"状态义",描述动作的过程、方式、动态性。例如:

㊴ 但近日,不少微博网友发出王佳杀夫的消息。据网友透露,王佳于2012年5月结婚,7月就两刀砍死了熟睡中的老公,还企图制作家暴假象,自砍两刀,但被警方识破。(http://news.cntv.cn/2013/01/14/ARTI1358120417476840.shtml,访问日期:2021年12月30日)

㊵ 新闻题目:房子要塌,我一脚把老公踹出门外。
正在洗碗时,刘女士突然看到门口有砖块飞落下来,家里的墙也开始倒了,"我大喊了一声,'老公快跑'。当时老公大概离我1米多吧,我一脚踹了过去,和他一起跑了出来。"(《钱江晚报》,2012年12月17日)

例㊴是工具类动量构式,有两处使用了动量表达,其中状位复合式"两刀砍死"和补位单纯式"砍两刀",前者处于状位,描述出当时的情景,并且动量词在状位也有一种意外之感。而处在补位的动量表达,前面已经分析,具有结果义,这句也表明王佳"自砍两刀"之后伴随的结果是"被识破"。例㊵是人体器官类动量构式,有两处动量构式,即"一脚把老公踹出门外"和"一脚踹了过去"。据报道,当时六层高的楼房在一瞬间就塌了,所以用动量构式"一脚+踹"就能再现当时的"迅速、意外与突然"之义。并且"踹"后面加了趋向动词"出"和"过去",通常动量词在状位后面都接"动趋式"或"动结式",如例㊴"砍死"是动结式。

从上文两例中可见,"工具"和"人体器官"动量构式有一种出人意料之感,这是其在状位产生的临时构式义。

8.4 小结

本章主要论述动量构式在不同句法位置出现时的形式、语法意义及用法特征,以揭示句法位置对语义的制约与影响。

在ECM的自主-依存模型中,选用何种动量构式与动词和动量词本身的语义详略度密切相关。若动词或动量词的自身语义明确,或根据语境可推断出受事,多用补位单纯式。从动词的角度看,轻动词多带有宾语,从动量词的角度看,专用动量词带宾语的比例高于借用动量词,专用动量词内部各小类补位单纯式和宾后式的分布也存在差异。借用动量词内部,固化度越低,动量词带宾语的情况越少。因此,补位单纯式和补位宾后式的分布和自主-依存模型中动词和动量词的语义密切相关。严辰松(2006:11)认为:"构式的整体意义与词义是一种互动的关系。如作为构式的抽象句型,其配价来自于进入其中的原型动词,然而构式一旦形成,便会反过来整合进入其中的其他非原型动词的词义,使之与构式的整体配价相一致。"而补位宾后式和补位宾前式则和主体的表达需要密切相关,新旧信息、音节押韵等也会对其组配方式产生影响。

第九章 "动"与"量"组配的心智机制探源

本章主要从认知语言学的总原则"现实—认知—语言"出发,探究现实的动量事件是如何通过人的心智而转换为符合场景的语言表达的。其中,认知既包括人对世界的体验,也包括大脑的心智加工。

9.1 大脑的量子机制与意识加工

Eccles(1986)指出大脑中的神经传递分子在突触间隙内遵循着量子的不确定性机制。Stapp(2009)也基于其心理物理角度来对感受性进行了解释,他将感受性质理解为对顶层编码的选择。Stapp 认为,不同的感受性特征信息是注册在大脑内不同神经编码中的,当我们体验不同的感受性时,就是对相应神经编码的启动,因而感受性就是对神经编码的选择行为。陈向群(2017:132)指出:"从本体论角度来说,意识的量子理论回答了意识之所'是'是什么,即意识本质上是量子的活动,具有整体性的特征。"意识怎样从所见所想到如何看、如何想?这里面涉及意识的物质性、量子的特点,即非定域性。本研究认为非定域性中蕴涵了"域",定域是定位在某一域,而非定域强调的是不知在哪个域。但我们可以分析出可能存在共域和非共域两个方面。如果共域就是常规表达,那么非共域就是非常规性表达。

徐盛桓、陈香兰(2010:333)指出:"说感受质的来源现在仍无法说明,是指如何解释这样的意识活动的物质基础以及是否可以承认它们体现了大脑某种不同于通常辨识事物的特有的功能,这归根到底是身和心的关系的深层次问题。"但通过量子的非定域性特征,我们可以预测,意识活动的物质基础量子力学所证明的量子的非定域性,可以很好地解释意识感受的身心问题,不仅是大脑的作用,更是身体其他器官积极参与的结果。量子的这种特征为人们能快速恢复和失去意识提供了物质基础。

在原初意识阶段,当我们遇到某一事件,由于量子的非定域性,我们全身的感觉器官,包括大脑、眼、耳、鼻、口、手等都可能参与进来,积极体认事件对主体的影响。在反思意识阶段,融入认知主体的具体感受,此刻将意识固定在某一个特定感受域,从而形成反思意识。在意识方面,从抽象事件到了具体的用例事件,从而促成语言层面的具体表征。

在动量表达方面,我们用量子的理论解释意识,是非常契合的。动量表达通常发生在一个动作事件中,在这个事件里,首先是原初意识,在微博中有关单音节动词"跪"有如下表达。

① 再给神仙姐姐的业务能力跪一跪,我的天,全模块真是不一样。(https://weibo.com/3163482820/IuTQBA6b8? refer_flag=1001030103_,访问日期: 2019 年 6 月 4 日)

② 明代六研斋笔记提到,当时先跪一膝的拜法,叫扯腿。(https://weibo.com/1918121730/HxlK8eJEH? refer_flag=1001030103_,访问日期: 2019 年 6 月 4 日)

③ 一大早姐妹们跟着微微去雍和宫,把所有垫子都跪了一遍,出门感觉膝盖都废了。(https://weibo.com/1444960023/JiF13l0sG? refer_flag=1001030103_,访问日期:2019 年 6 月 4 日)

④ 一群乖乖听琴乖乖鼓掌的小朋友,最后一张是大佬弹千本樱我们跪了一片。(https://weibo.com/5252574724/JiMp8z71L? refer_flag=1001030103_,访问日期:2019 年 6 月 4 日)

⑤ 整座正殿烛火霎时间全部熄灭,富太监和一群官人跪一地,低着头发抖。(https://weibo.com/3639748314/KfpkufiRm? refer_flag=1001030103_,访问日期:2019 年 6 月 4 日)

⑥ 在英语口语听力翻译上跪一地。(https://weibo.com/6992306122/K7WGcz6U4? refer_flag=1001030103_,访问日期:2019 年 4 月 4 日)

⑦ 这个游戏太难了,再玩下去估计跪一夜。(https://weibo.com/5614350686/DpWrK6qFz? refer_flag=1001030103_,访问日期:2016 年 4 月 8 日)

⑧ 茶饭也别给吃。一日不说跪一日,便是铁打的,一日也管招了。(https://weibo.com/7398232580/KFsZQb16V? refer_flag=1001030103_,访问日期:2019 年 6 月 4 日)

⑨ 你怎么这么多废话,啥都不用,今天给我跪一天。(https://weibo.com/6168176933/IzWMDjQUu? refer_flag=1001030103_,访问日期:2019 年 6 月 4 日)

⑩ 今天抽中了两个皮肤,然后让我连跪一天,真的如此真实吗?(https://weibo.com/6683024183/IvIYsvE4d? refer_flag=1001030103_,访问日期:2019 年 6 月 4 日)

⑪ 今天的日语课,被我整出了「いつか」谐音冷笑话,和老师互讲冷笑话五分钟笑得想下地跪一会儿。(https://weibo.com/7155579966/K8WJqghUw? refer_flag=1001030103_,访问日期:2019 年 6 月 4 日)

⑫ 小宋跟我说,昨天复试的时候小宋妈妈和姥姥为我跪了一炷香祈祷,听完心里真的很暖。(https://weibo.com/6464057072/K9cVd4nkV? refer_flag=1001030103_,访问日期:访问日期:2019 年 6 月 4 日)

但这些表达在固定为语言表述前在心智中是如何运作的?其原初意识是"跪事件",一个人发出"跪"这个动作或者看到"跪"这个表达,就会有原初意识,在头脑中出现"跪"的意象。然后,从感觉上升到感受,动作主体会通过格式塔转换,选择需要突出的内容作为前语言事件。最终选用哪种"用例事件",是由语境等诸多要素决定的。这涉及格式塔转换和意向性的主导作用。从相邻和相似关系看,这些表达所选择的动量词都在一个相关范畴内。

从非定域性视角来看,"跪"是动作主体或是旁观者在身体膝盖部位开始发生的动作,这是物理事件。但要考察原因等,其也是社会事件。这个事件也包括周围的环境,包括动作的时空延展、"跪"的社会文化等因素。所有这些感觉,在面对具有非定域性的长距离量子信息转换中,遍布于我们身体的各个生物器官内,实现着人的全身信息的流通,快速传递着事件的本体元素,形成原初意识。然后,意向性将"我"带入,开始了心智加工,基于事件的强调,开始对应外部世界,从量子微观世界进入现实宏观世界,实现从"非定域"到"定域"的转换。运用量子思维,可以合理解释意识的高效、大脑如何与躯体信息对接的问题。经过格式塔转换,形成的表达分别突显了这一事件中的时间,如"跪一夜、跪一日、跪一天、跪一会儿";强调跪的空间,如"跪一地";强调跪的人数,如"跪一片";强调跪的器官,如"跪一膝";强调跪的社会文化因素(中国有烧香磕头的传统),如"跪了一炷香"等;还有跪的拷贝形式"跪一跪"。

9.2 量子的非定域性特征

量子的非定域性使人们对周遭环境与事物能作出快速反应,对于大脑、眼、耳、鼻、舌、身的各种体验作出反应与快速联结。人类的语词特别丰富,只是描述动作就有成千种表达,如果不是量子的非定域性特征,不可能在全身那么快反应。如"我读书"这件事,就涉及好多场景,可以"读一上午""读五个小时""读一宿"。仅仅一个读书的时间问题,就可有多种表达方式,这正是量子细胞的功劳。这些场景如何使主体的大脑和身体快速联系,实现语言表达,物理学的量子理论可以提供支持。

9.2.1 非定域性特征

具有非定域性的长距量子信息转换并不局限在人脑中,它还遍布于我们身体的各个生物器官内,实现了人的全身信息的流通。GHZ定理、哈代定理和加比洛定理从等式的角度揭示了经典定域性与量子理论之间的不相容性,它们阐明量子系统存在量子非定域性。张永德(2006:117)将量子的非定域性称为"关联非定域性"或"纠缠非定域性"。原初意识和反思意识形成的物质基础是量子的非定域性向语言表达的定域性转换的过程,利我的意向性可看作是量子从定域到非定域过程的主观要素。

量子特性为我们解释意识或是大脑内神经元活动提供了可能性。量子系统中量子具有非局域性和纠缠性,这样的量子特性能够保证各个部分随时处于连接状态,同时即便是存在距离,这种相互作用不会被阻隔或是干扰。意识的本质以及其产生过程是哲学家和科学家亟待解决的问题。意识的量子理论解释对意识的产生过程和原因都给予了说明,虽然不同的理论提出引发意识的原因有所不同,但总体来看其机制是类似的,都是在大脑的生物基础上通过物理机制作用的,然后建立了各自的意识模型、理论。高新民、熊桂玉(2012:57)在谈及彭罗斯的 Orch OR 模型时,指出量子态的坍缩是"真实的过程,其特点是具有纯随机性、不可计算性、非定域性、叠加性、自协调性或自和谐性"。这一模型能说明从前意识到意识的过渡、意识的非计算性、当下的"现在"意识如何可能("现在"意识是将各种叠加结合在一起的产物),因而可以看作是关于意识的最合理、最专门的模型。这就是说,他关于意识的模型可以解决意识的困难问题。因为意识的困难问题之所以困难,就在于人们无法说明它是怎样从物质中产生出来的。根据他的模型,意识的产生可以用他的模型给出完全的说明。

下面分别从专用动量词和借用动量词两方面讨论其非定域性特征。

首先,讨论一下专用动量词"下"的非定域性特征。在语言层面,"下"是使用频次极高、抽象程度也极高的专用动量词,几乎所有的动词都可以与其组配。无论是针对具体动作动词还是抽象动词,"一量多动"的现象普遍存在,而这特别需要在意识层面有物质基础支撑。量子的非定域性特征,使得各种动作事件或抽象事件得以与"下"联系,形成迅速反应,从而得以实现对动作相关事件的描摹。

有关"下"的专门研究近年也逐渐增多。蔡燕(2016)专注研究"下"的语法化问题,将其分为计次义、短时义和情态标记。郭祥(2019)认为语言是随着社会的发展而不断变化的。"X下"从最初的本义阶段不断发展演化,直到完成词汇化,成为一个固定的表示动作动量小、时量短的副词,并且被我们广泛地使用。直到今天,"X下"衍生出"一下下"这样的新式用法,并且这种新式用法必将推动"X下"进入语法化演化的下一个阶段。刘艳丽(2020)认为:"'N+一下'中的名词实际上是用工具来指代搜索的行为以及用特殊的名词指代一类人或一类人所具有的特点和气质",是认知语言学中概念转喻的体现,而"'一下'作为凝固成词的表数量的副词只能在动词之后作补语,当一个名词出现在动词的位置上,在语义上与其形态句法环境出现了误配或者说不兼容,造成了语义冲突",此时"词汇项的意义就当遵守其所嵌入运用的结构的意义",即出现了构式压制。这些专门研究都从与"下"组配的动词入手,在语言层面进一步说明与"下"组配的动词,语义在进一步泛化。

其次,借用动量词主要是器官类动量词和工具类动量词的非定域性特征。

器官类动量词的数量虽然是有限的,但用器官类动量词表示动作量的表达却十分丰富,且"一量多动"和"一动多量"现象也十分普遍。语言通过心智表达世界,意识在此过程中发挥重要作用,而意识的物质基础量子的非定域性起了重要作用。有关量子的非定域性,彭罗斯在 Orch OR 模型中指出,量子态的收缩具有纯随机性、不可计算性、非定域性、叠加性、自协调性或自和谐性等特性。本研究主要关注其非定域性,但其他几个特性也在起作用。语料中 219 个器官类动量词的出现频次比例从高到低依次为:

口＞眼＞脚＞手＞巴掌＞拳＞嗓子＝掌＞头＞爪＝膝＝鼻子(详见表 6.2)

我们发现,与我们生活联系越紧密,使用频次越高的器官,可搭配的动词范围就越广,这类器官类动量词的量子非定域性应该越强。而器官类动量词对与其共现的动词,也会有一个限制作用,大部分动词是与该器官密切相关的动作,如"咬一口、吐一口、啃一口、叮一口、嚼一口、吸一口"等。这些器官类动量词有些是动作的器官工具,如"扇一巴掌、踢一脚"等;有些是动作的空间承载体,如"啃一脸"。器官类动量词强调参与动作的人体器官,用器官类动量词对动作进行计量描述,量子的非定域性特征使身体对整个环境作出整体反应,再聚焦某一特定主体意识,选择语言表达。器官动量是一个和谐自洽的体系,在语言表达事件的过程中,正是由于量子的非定域与叠加,才存在多个动量器官量词表达同一事件的现象。但当主体做出选择时,即意识自我加入其中,就完成了量子坍缩,实现从事件到用例事件这一过程的变换。

我们进行动量表达时，还有一类借用动量词特别突显，就是人类在动作事件中用到的工具。工具类动量词在表达动作事件时，和人体对事件的原初意识密切相关，而量子的非定域性又起了重要作用。量子的这种特性表现在语言上，就是每一个工具动量词都对应了多个动作事件，只要曾经有过用某种工具的体验，不管是否在用该种工具，都会由于量子纠缠，而在事件发生时，意识主体很快会找到超越时空的联结。语料中工具类动量词的出现频次比例从高到低依次为：

刀＞笔＞针＞剑＞枪＝棍＞盘＞锥子＞槌＝梭子＝鞭子＝锹＞板＝锤＝竹杠（详见表6.3）

其中，可以和"刀"组配的动词数量最多。正是量子信息的非定域性，使得"刀"这个工具可以存在于无数个量子微观世界中。一旦出现动作情景，量子信息就会从非定域特征中快速做出情景选择。量子的非定域性，是造成语言表达"一量多动"的主要原因。和工具类动量词组配的动词，一般动作性都比较强，语义比较具体。工具类动量词的使用频次越高，其动词的非定域性就越强，使用语境也越广泛，这类词大多和生活世界密切相关。

9.2.2 意识结构与表达实现

本部分主要介绍动量表达在从原初意识到反思意识的过程中，加入了"自我"元素，人的意向会对客观世界塑形，确定在某一范围内进行选择，从而将非定域性的量子信息聚集成整体，形成语言表达意识的第二阶段。在这一阶段，从非定域到定域的过程中，若分布在同一范畴内，则形成"共域常规表达"；若不在同一范畴内，则形成"非共域新奇表达"。在这部分分析中，我们分别以三个动量词的原始义和扩展义为基础，说明其共域和非共域的特性。选择三个动量词，原因在于"圈"是借用动量词的一员，但其目前的语义泛化非常明显；"把"已归入专用动量词一列，但其语义更丰富，意向态度比较鲜明；"下"是动量词中使用频次最高的词，具有典型的图式性。

首先，我们看一下"圈"的共域和非共域表达。"圈"的共域表达是指和"圈"的环绕义密切相关、在同一范畴的动量表达形式，也包括字典中固化的较常规用法。郭先珍（2002:121）指出，"圈"为动量词，主要有两个义项：(1)计量绕圈的动作、行为，前可加形容词"大"；(2)计量打牌的轮数，打一轮叫打一圈，多指麻将牌。我们不可忽视其"所绕或所转"的对象，它是动词和"圈"得以实现语义依存的一个重要因素。"圈"所围绕的客体大多为可以"环绕"或"本身具有圆形特征"的词语，如"城、车间、房四周、地球、场地、山峰、会场、表、脖子、铅笔、湖、脸"等。

第九章 "动"与"量"组配的心智机制探源 219

"圈"的语义和其所环绕的客体形状密切相关,所"圈"客体多为环状,或在人们心中形成虚拟环状位移。

"圈"的非共域表达是指和圈组配的动词已看不出具有环绕义、是新近出现的表达方式。我们主要以微博中出现的非共域表达为例。

① 本来前几天还带着一丝滤镜看你觉得还挺可爱的,今天刷一圈微博找回了理智,只是个相貌平平的普通婴儿,而且还没遗传到我的白白嫩嫩,像个小黄人。(https://weibo.com/7350598512/JiVSizLoV? refer_flag=1001030103_,访问日期:2020 年 9 月 3 日)

② 姐妹们去的话可以玩下午场,没那么热!刷一圈项目回来正好可以看烟花。(https://weibo.com/5720549588/JjgwgziqF? refer_flag=1001030103_,访问日期:2020 年 9 月 5 日)

③ 这一趟去四川旅行收获了很多,在成都旅游一圈,去川西走了稻城亚丁色达旅行 7 天环线下来才发现,在成都旅行更多的是好吃好喝,而稻城亚丁旅游才真正感受到在路上的魅力。(https://weibo.com/6270348762/KeWr1zyp3? refer_flag=1001030103_,访问日期:2020 年 9 月 2 日)

④ 晃了一圈下来被各种阿姨大妈奶奶姐姐塞了一个番石榴一个柚子……(https://weibo.com/5911117344/JmSrWCeIz? refer_flag=1001030103_,访问日期:2020 年 9 月 29 日)

⑤ "唉,我原本以为是我的哪个同事骑走办事了,可问了一圈他们都说没有骑,都怪我太粗心了,让小偷有了可趁之机。"高先生为此懊悔不已,赶紧向罗埠派出所报了警。(https://weibo.com/2660776961/JmSqBBmzZ? refer_flag=1001030103_,访问日期:2020 年 9 月 29 日)

⑥ 我以为考完会激动得去浪一圈,结果累到饭都吃不下了。(https://weibo.com/3178487693/JhhBR4Y3y? refer_flag=1001030103_,访问日期:2020 年 8 月 23 日)

⑦ 上下打量了几圈。(https://weibo.com/2902122357/JmOInBeeT? refer_flag=1001030103_,访问日期:2020 年 9 月 29 日)

⑧ ……先给老师一个个发一圈祝福短信,发完就有点困了。(https://weibo.com/7127851772/JjVLE4NqO? refer_flag=1001030103_,访问日期:2020 年 9 月 29 日)

⑨ 老师拍了一圈晚饭照片,你是光盘光得最彻底的。(https://weibo.com/1450065385/JmTSpg4Gt? refer_flag=1001030103_,访问日期:2020 年 9 月 29 日)

⑩ 我记得上一次内心里的暖流是去年我出去之后,boss 打了一圈电话找到了我,确认我没事。记,又一股小小的暖流。(https://weibo.com/6455383485/JbD5pcl6B? refer_flag=1001030103_,访问日期:2020 年 9 月 29 日)

⑪ 因为小朋友最近几天睡不好,半夜去儿童医院查了一圈,没有找到原因,各种百度看病,一会说吃多了一会说饿着了。(https://weibo.com/1991411807/JmTKqF6Z2? refer_flag=1001030103_,访问日期:2020 年 9 月 29 日)

⑫ 不自恋,只要不戴框架眼镜,我就可以美一圈。(https://weibo.com/2039185061/KyZZ6gnf5? refer_flag=1001030103_,访问日期:2021 年 9 月 29 日)

⑬ 这个可能是单车炼成术,周围的树上挂一圈共享单车,中间的阵眼摆上绑在一起的新车和旧车,施法后新车就可以给旧车续命。(https://weibo.com/2601123601/JfTukkR5s? refer_flag=1001030103_,访问日期:2020 年 9 月 29 日)

⑭ 同事提了辆奥迪 A3,在办公室炫耀他的"四个圈",我接过钥匙试驾了一圈后,果不其然,这车 20 万左右,"四个圈"得占一半。(https://weibo.com/1953607295/JmU9w8sSg? refer_flag=1001030103_,访问日期:2020 年 9 月 29 日)

⑮ 中午媳妇说好久没吃火锅了,要不要撮一顿?我说只吃肥牛肥羊的那种?于是两人就去超市扫荡了一圈。(https://weibo.com/3833161506/JmUCSl7ix? refer_flag=1001030103_,访问日期:2020 年 9 月 29 日)

在上述 15 个语例中,"刷一圈""旅游一圈""问了一圈""挂了一圈"等表达,其中的动词并没有环绕义,但可以实现与"圈"的组配,这种非共域的表达,是量子的非定域特征在语言中的体现。

其次,我们看一下"把"的共域和非共域表达。"把"的共域表达是和其本义密切相关的。"把"的本义是"握,持"。随着语言的发展,"把"从名词义"器物上便于用手握的部分"出发,通过语义的转喻,发生了从部分到整体的转化,即从"把手"到指称整个事物,转喻为用来计量有柄或类似把手的器物的个体量词,之后进一步转化为集合量词,其计量范畴也不断扩大,可被计量的集合名词涉及人的身体部位、生活用品、农作物、植物以及食物等各领域。集合量词进一步发展为名量词,通过不同概念之间的相似性联想,"把"的语义引申进一步抽象化,通过隐喻产生了更加抽象的含义,例如"一把手""一把年纪"等。之后从名量词历经演变发展为抽象的动量词,经历了从事物认知域到动作认知域的投射过程,"把"的名词特征逐渐失去,获得了与动作相关的更抽象的语义,但同样继承了"把"与"手"有关的动作的特点,如"推一把"。

　　动量词"把"和"下"一样,"把"也是既表示动作的频次,又表示动作时间的短暂,属"数时"范畴动量词。"把"的语义次结构突显的最主要特征是所辖动词都是和手部动作相关的,"把"和手部动作动词的依存度最高。但在"把"的自主-依存模型中,新语言现象层出不穷,与"把"依存的动词的范围也在逐渐扩大,只是这时"把"的手抓握的"情状义"降低,"频次义"提高。"把"是一个观察从借用动量词发展到专用动量词的最好窗口,因为从 2005 年第 5 版《现代汉语词典》到 2012 年第 6 版《现代汉语词典》的七年间,比较两部词典对"把"的语义描述发现,"把"新增了义项⑤:"用于动作、事情的次数;过把瘾;玩儿两把牌"。可见,"把"已经成为专用动量词的一员了。以下是来自微博的语料:

① 挽救一下熊猫眼的我,也算是对自己奢侈了一把!(https://weibo.com/6099922766/Jk1QREQZc? refer_flag=1001030103,访问日期:2020 年 9 月 10 日)

② 如童话般的庄园,应为天上有啊!……马上抢购一张,到庄园体会一把豪门生活的奢华吧!(https://weibo.com/1647687670/ygqm8uF91? refer_flag=1001030103_,访问日期:2019 年 4 月 26 日)

③ 可惜我是手残党,不然我也一定要画出这么漂亮的妆,然后拍美美的照片发朋友圈狠狠地①自恋一把。(https://weibo.com/6291140787/IBbsPo11V? refer_flag=1001030103_,访问日期:2020 年 3 月 31 日)

④ 昨天 Redmi 风光一把,2499 顶配 8+512 版本的 K30 至尊版,这紧接着又来游戏本了?!(https://weibo.com/1726366791/JfyZT8jzF? refer_flag=1001030103_,访问日期:2020 年 8 月 12 日)

⑤ 在这举国同庆的日子,我们葵园也要欢乐一把。(https://weibo.com/7197358959/JmRPfBLNJ? refer_flag=1001030103_,访问日期:2020 年 9 月 2 日)

⑥ 2020 的夏天结束了,发完这个小视频我就去做攻略,在国庆节大玩一把。(https://weibo.com/5403179421/JmSxemB5a? refer_flag=1001030103_,访问日期:2020 年 9 月 2 日)

⑦ 王菲又和马云合作,今晚两人在直播中隔空合作了一首改编版《如果云知道》,马云还飙了一把高音。(https://weibo.com/1641549693/JjY43

---

① 微博博文中作"的"。

itw2? refer_flag=1001030103_,访问日期:2020 年 9 月 10 日)

⑧ 在 2020 最后的几个小时忍不住跟风矫情一把。祝福新的 2021 年,自己和父母朋友都能健康快乐、笑口常开、心想事成、爱有所得。(https://weibo.com/6068652746/JB33vn8Bm? refer_flag=1001030103_,访问日期:2020 年 12 月 31 日)

⑨ 另外商业行为从来不是百战百胜,而是能坑一把是一把,哪怕一百次成功一次,只要银子合算就行。(https://weibo.com/2609862472/J9gVmEWNs? refer_flag=1001030103_,访问日期:2020 年 9 月 2 日)

⑩ 想不想在亲戚朋友面前风光一把?要不要让他们大吃一惊?想不想同学聚会时大秀一把身材?来来来都还来得及,告诉我你想瘦多少斤,剩下的交给我。(https://weibo.com/6518721173/H60ZGgqRJ? refer_flag=1001030103_,访问日期:2020 年 9 月 2 日)

⑪ 有一个喜欢的人真是太好了,在我的世界正在崩塌的时候,还是想为了你努力一把。(https://weibo.com/7098525685/Ior8mAzN8? refer_flag=1001030103_,访问日期:2020 年 9 月 2 日)

⑫ 说白了还是偏见太甚呗,本来就看不爽他借着这个事件狠狠黑一把。(https://weibo.com/6460539692/J895O1YcF? refer_flag=1001030103_,访问日期:2020 年 6 月 24 日)

⑬ 宠物就是生前在你家骗吃骗喝走时还骗一把眼泪的小可爱。(https://weibo.com/1736576530/HcWWOfVzH? refer_flag=1001030103_,访问日期:2020 年 9 月 2 日)

⑭ 赌了一把休了 2 天年假,终于赶上了一个好天气,不过心情一般,休个假一点不影响单位的破事糟心。(https://weibo.com/1118185293/JjGhv8gsi? refer_flag=1001030103_,访问日期:2020 年 9 月 2 日)

上述语料表明,"把"与手部相关动词的搭配已经明显下降,由于语料库更新速度跟不上语言的实际使用情况。"把"由于人的"一抓一捏",就有一种"把事物把握其中"之意,因此,会产生一种满足感和成功感。这些表面上看似与手部不相关的动作,事实上是一种手部"抓捏动作"后人的主观感受的延伸。"把"因为其新成员的加入,语义更加丰富,从而也隐含了一种新的构式义。

最后,我们看一下"下"的共域和非共域表达。动量词"下"的共域表达和其本义密切相关。"下"的本义为"事物的底部",又引申指从上到下的动作。"下"作为动量词的用法是由方位词"下"引申出来的。与动量词"下"组配的动词语义主要有:(1)普通动作类;(2)"拍打击抓"类;(3)"跳闪动摇"类;(4)器官类;(5)抽象类。"下"是专用动量词中使用频次最高和使用范围最广的,与其组配的动词经过历时的共域到非共域转化,非共域也已变为一种常态。但随着经济和社会的发展,依然在不断增加新的成员。以下是来自微博的语料:

① 看到抖音会@一下,有趣的微博@一下,不就很香了嘛。(https://weibo.com/6986225309/Jk2v7ov4Y?refer_flag=1001030103_,访问日期:2020年9月11日)

② 有不透明水彩风景入门团练的班请cue我一下,靠我自己可能是不得行了。(https://weibo.com/3472797784/J7JlFrCCb?refer_flag=1001030103_,访问日期:2020年9月2日)

③ 吃饺子意味着团圆,希望你能让我和我的老公肖战团圆一下,谢谢!大恩大德,没齿难忘。(https://weibo.com/1869078700/JiVOmvdUJ?refer_flag=1001030103_,访问日期:2020年9月2日)

量子将信息传达到人的感觉器官,泛化或高度泛化的词,也可以和更多的动词搭配。与"下"组配的动词还出现了符号@及英语汉语混用的情况。

9.3 量子坍缩与动量实现

9.3.1 动量构式的"一动多量"现象

我们可用具体的事件简单生动地描述意识产生的运作方式,假如你正在一家饺子店看菜单,你正在考虑是吃三鲜馅、猪肉馅还是牛肉馅。在你的潜意识中,你拥有了这三者的叠加,然后它坍缩了,你选择了牛肉馅。可能一些非可计算的因素影响了你的选择。这个有趣而生动的例子说明了量子叠加态和量子坍缩的过程。这也和语言研究极为相似。在语言表达世界的过程中,人们对事物的认识是有多个选择叠加在一起的,认识永远是局部的。但当你试图从原初意识上升为反思意识,想用用例事件固化某一场景时,其他量子态就坍缩了。这和著名的薛定谔的猫实验是相通的,在你没观察猫是死是活时,猫处于一种死活叠加状态。但当你试图观察,打开盒子时,猫就只能是一种状态出现了,要不死,要不活,这个概率是随机的。

动量构式在表达一个动作事件时,有很多表达方式是并行的,一个动词可以和多个动量词进行组配,以便更加准确、生动、细致地描述动量事件,可以突显动作的开始、结果,动作的器官、工具,动作持续的时间等。但当你用语言表达这个事件中的动量时,最后只能选择一种,这是由表达主体的意向内容和意向态度共同决定的。

在组配中,单音节动词的动作性强,一般比双音节动词的动量词种类多。但双音节动词与动量词组配时,也有很多组配形式。下面以双音节动词"安慰"为例,具体说明"一动多量"的使用,以下例句来自微博。

① 所有人都收到小作文了,就我没收到,快安慰我一下。(https://weibo.com/6033448178/L8BNNyNYZ? refer_flag=1001030103_,2020 年 12 月 31 日)

② 一早上崩溃了八百次,终于拿到一个章一个签名,被女神好好安慰了一通,顿时走路发飘,连最后一个字都忘记找她签了。(https://weibo.com/1645882783/I7uk5krbH? refer_flag=1001030103_,访问日期:2020 年 9 月 18 日)

③ 她只能这样自我安慰一番,放弃纠正边凯的措辞不当。(https://weibo.com/6631173903/Je56O3oQm? refer_flag=1001030103_,访问日期:2020 年 9 月 2 日)

④ 前天娃打完疫苗,听孩她爸说在那里哭得稀里哗啦的,吓得她爸在医院里安慰了好一会才敢把她抱出来。(https://weibo.com/1267295730/J9wun5jH1? refer_flag=1001030103_,访问日期:2020 年 9 月 2 日)

⑤ 我妈说第一次见到我因为作业没了哭成这样,被安慰了半天之后,我只能从头开始再做一遍。(https://weibo.com/3243180164/J8CTqz2oa? refer_flag=1001030103_,访问日期:2020 年 9 月 2 日)

⑥ "笑一笑就好了",这话安慰了自己多少年。(https://weibo.com/6128155719/HiCr8ETbj? refer_flag=1001030103_,访问日期:2020 年 9 月 2 日)

⑦ 小周不明白女朋友为什么在约会时生气,甚至连饭也不吃。安慰了一阵,他还是没有安慰好,于是他放弃安慰开始吃饭。(https://weibo.com/5654829611/HsvB051H1? refer_flag=1001030103_,访问日期:2020 年 9 月 2 日)

⑧ 昨天和朋友吃饭,她婚姻遇到了巨大难题可能要解体了,我们安慰了她很久。(https://weibo.com/2686877841/JetsettqR? refer_flag=1001030103_,访问日期:2020 年 9 月 2 日)

⑨ 我安慰了妻子几句,又去安抚了埋怨不能继续陪他玩耍而哇哇大哭的儿子。(https://weibo.com/2129116090/IuA8k0bru? refer_flag=1001030

103_,2020 年 9 月 2 日）

⑩ 然后我就有点烦躁,他看我有点烦躁安慰了我两句就去跟店家沟通,然后我们才终于拿到了饭。(https://weibo.com/5530654002/InZ1a0C2l?refer_flag=1001030103_,访问日期:2020 年 9 月 2 日）

上述例句可见,双音节动词"安慰"可以与专用动量词"一下""一通""一番"和表时间的借用动量词"好一会""半天""多少年""一阵""很久"及表示伴随的借用动量词"句"组配。"安慰"作为动词的语义为"使心情安适",安慰和不同的动量词组配,表达的安慰程度会随动量词的变化而不同。和专用动量词"一下"组配,语义为比较随意的安抚,与"一通"和"一番"组配,则表示要费一番周折。而安慰别人是要花时间让对方情绪稳定、安心舒适的,所以也常和表时间的动量词连用。但若强调安慰别人的方式,一般用言语劝慰,使用"句"就很自然。在句位方面,只有"补位单纯式"和"补位宾前式",因为安慰的对象一般是人,因此宾语紧跟在动词之后、动量词之前的位置。这些动量词的用法已固化在心智中,形成一个叠加网络,当"安慰"事件发生时,语言使用者会依据语境,迅速根据身体体验,将身体和大脑联系起来,量子的非定域性使信息在身体和大脑间迅速传递,使人们及时对事件进行语言描述或叙事记录。

9.3.2 动量构式的"一量多动"现象

在自主-依存联结的动量构式中,动量词是依存成分,动词是相对自主成分。动量词所提供的详述位,会根据动量词本身的语义特征和事件语境对动词产生限制。对于使用频次高、语义已发生泛化的专用动量词来说,一个动量词通常可以和很多动词组配,形成"一量多动"。在专用动量词家族中使用频次不高的"遭",也可以和很多动词组配。详见以下来自微博的例句:

① 下周度假,美国游一遭。拜访老朋友,呼吸呼吸新鲜的空气。(https://weibo.com/1885952481/z7es9FNhS?refer_flag=1001030103_,访问日期:2019 年 11 月 28 日）

② 旅行是去拜访一个完整的自己,人生短暂,能有机会活一遭,不亲眼看看世界的美好,怎么能就此闭眼?(https://weibo.com/5729631636/CFFfC6jfI?refer_flag=1001030103_,访问日期:2019 年 11 月 18 日）

③ 虽然我居然也当了妈,但是我还是我,这世上,我只是来玩一遭。不做奴隶。(https://weibo.com/1945872277/HmUTaAwh3?refer_flag=1001030103_,访问日期:2019 年 11 月 28 日）

④ 但终归是由看台里下来蹚了一遭,只是步履有些虚浮,也未曾着力。

(https://weibo.com/5343974311/KDSP6dulI? refer_flag=1001030103_,访问日期:2021 年 9 月 2 日)

⑤ 过年前一天突发事件到住院,鬼门关走一遭。望虎年大吉,身边人平安健康。(https://weibo.com/5738528704/LdjZKvqve? refer_flag=1001030103_,访问日期:2021 年 9 月 2 日)

⑥ 我那本该在风月里狠狠滚几遭的好年纪,便孤零零地就过了。(https://weibo.com/6011688625/G5nND5gbi? refer_flag=1001030103_,访问日期:2019 年 11 月 18 日)

⑦ 打车上瘾,花钱上瘾,晚睡上瘾,嗑 CP 上瘾,上瘾的事情很多,有伤身的,有伤钱的,但总归让精神愉悦的。忙了一溜十三遭,也不知道忙出来啥。(https://weibo.com/1670996081/KxwUq3sbf? refer_flag=1001030103_,访问日期:2021 年 9 月 10 日)

⑧ 收拾了一溜十三遭,屋里东西一点没少。(https://weibo.com/3104168245/KlHKIpL38? refer_flag=1001030103_,访问日期:2021 年 9 月 10 日)

⑨ 我终于知道我之前翻各种动态时候难受的点在哪了,就是被凡学搞的。经过热搜一遭,我似乎有免疫力了。(https://weibo.com/5362230329/JtjgQDfW1? refer_flag=1001030103_,访问日期:2020 年 11 月 10 日)

⑩ 彼端良久无语,你不是酒厂的? 吾气而挂之,我是做成护的,害我在天堂与地府轮回一遭! (https://weibo.com/2528963641/zdH4kfJgV? refer_flag=1001030103_,访问日期:2019 年 11 月 18 日)

⑪ 前往阿里总部,拜访一遭。(https://weibo.com/7399311771/Jvp3xyVCx? refer_flag=1001030103_,访问日期:2020 年 9 月 2 日)

⑫ 似乎只是来历练一遭,看看过往的风景。你到的地方,岁月都温柔安静。(https://weibo.com/1786973467/FhMSEdKZk? refer_flag=1001030103_,访问日期:2019 年 11 月 18 日)

"遭"可以和"游、活、玩、踱、走、滚、忙、收拾、热搜、轮回、拜访、历练"等组配在一起。这些动词与"遭"的语义具有一致性,可以匹配。焦凡主编的《汉英量词词典》(华语教学出版社,2001)解释"遭"的语义为动量词,语义有二:①用于计量动作的次数,数词只限于"一",同"回、次",如"白来一遭""走一遭";②相当于"圈儿、周","跑了一遭""绕了一遭"。在这部词典的释义中,提到数词只限于"一",但在语料中发现可用"一溜十三"和"几",这可对词典表述进行修正。

量子的非定域性特征为"一动多量"和"一量多动"现象提供重要的生理和物理基础,使得这些表达在心智中可以叠加存在,它们彼此纠缠,语义相似而又有差别，在情景和主体意向性的选择下，会发生量子坍缩，实现语言上的用例表达。

9.4 小结

语言通过心智表达世界，它的总公式可以是"现实—心智—语言"，而认知语言学的总公式是"现实—认知—语言"，心智涉及心智哲学，关注意识问题、探究身心关系，可以从更加本质的层面揭示语言背后的心智运作规律。而认知科学和认知语言学更加关注人们经体验形成的对世界的认知加工方式，包括隐喻和转喻、范畴化、识解、意象图式等，也更加具体。目前，认知语言学也有实证倾向，通过认知神经的成果验证认知假设，但心智哲学是哲学的反思，范围更广，所探究的问题更加深刻。追溯这些认知方式的深层物理身体和心灵的关系，以意识为突破口，借鉴科学哲学和物理学的观点，寻找原因。语言表达方式丰富，源于世界的丰富多彩，但语言所能表现出来的世界的色彩斑斓，我们微观世界的量子身体特征也起了重要作用。目前的物理学已将量子和意识研究相结合，但意识和语言表达也密切相关，因此，又有一条新的路径，"量子—意识—语言"，量子和意识的特征有很多相似之处，量子特征对语言表达又会有怎样的影响呢？正是由于量子的非定域性，将不连续、不相干和远距离的事件或物体联系在一起，使得语言表达能在那么错综复杂的元素之中，迅速找到属于自己的"域"。动量词的意象确立尤其复杂，动词和动量词的组配有"一量多动"和"一动多量"现象，"一动多量"是指一个动词可以和多个动量词组配在一起，但为什么可组配，未见有学者从意识层面进行研究。意识分为原初意识和反思意识，量子的非定域性特征，使得身体和心灵的联结成为可能，使得没有在一个范畴内的事物或事件彼此联系，即使他们没在一起，也会有某种感应，可组配在一起。物理学中的量子特性在语言中有很多体现，量子的非定域性、量子纠缠和量子叠加为语言研究中很多特殊现象提供了合理解释。

第十章 结 论

本书以体验哲学和认知语言学中的"现实—认知—语言"原则为指导,以 Langacker 的认知(构式)语法为基础,基于自主-依存组配理论、ECM、转喻机制、图式构式理论和量子的非定域性特征,分析动词和动量词的组配机理,探讨动量词的形成原因。以上述理论为基础,以自建的小型现代汉语动量构式封闭语料为研究对象,分析了现代汉语动量词形成的认知动因和机制,并分别以动词和动量词为基准,考察与它们组配的理据、依存程度的差异以及动量构式的语义、句法分布情况,力求对动词和动量词组配背后的认知规律作出统一解释。

本书将回答以下三个问题:

第一,在事件自主-依存模型中,动量构式的动词和动量词的语义分布呈现什么样态?

第二,动量图式构式的类型分布和句位依存的特征是什么?

第三,动量词形成的认知机制和心智基础是什么?

10.1 主要发现

第一,第一部分即第四章,是以动词为基点,对与其组配的动量词特征进行分析。笔者依照孟琮等《汉语动词用法词典》,按动词与动量词组配的特征将动词分为五类:①短时高频反复动词;②整体累积动词;③空间往返动词;④动作强持续动词;⑤瞬间点动词。通过语料分析发现它们与动量词的依存程度并不相同,具体分析如下。

(1)与"短时高频反复动词"依存度最高的动量词是"下",其次为整体类动量词"遍"和频次类动量词"次"。

(2)与"整体累积动词"依存度最高的是拷贝动量词和"次"。由于整体累积动词的典型特征就是"整体"和"持续",语料库也发现了与其组配的动量词具备这一特征,按频次高低依次为:

拷贝动量词＞次＞下＞遍

（3）与空间往返动词依存度最高的是"趟"。语料库发现"去"与各动量词组配的分布频次从高到低依次为：

趟＞次＞下＞回＞遭

（4）与"动作强持续动词"的依存度从高到低，顺序如下：

时间动量＞拷贝动量词＞下

（5）与"瞬间点动词"依存度最高的是"次"。瞬间点动词因为动作的"起讫点"重合，是可"离散"但非"持续"动词，因此，不与"段时间"动量词组配。

通过详细分析与五类动词组配的动量词的具体分布情况，本研究发现，其中前四类动词的动态性从强到弱，呈现动量逐层递减的趋势，依次为：

①短时高频反复动词＞②整体累积动词≥③空间往返动词＞④动作强持续动词

而第五类瞬间点动词，由于其无"时间持续"，无法判断动态强弱。

语料分析显示，与五类动词组配的动量词分布特征佐证了本研究基于动量词对动词分类的合理性与可信性。

第二部分即第五章，发现动量词对动词的依存程度与其语义密切相关。动量词的语义特征越明显，对动词的限制越具体。笔者将动量词分为三类，依照其与动词语义依存程度的不同，发现这三类动量词从高到低形成了一个依存连续统，具体排序如下：

拷贝动量词＞借用动量词＞专用动量词

首先，笔者将专用动量词按语义特征分为四类，通过语料分析，发现其对动词的依存度存在差异，具体差异如下。

（1）频次类动量词"次、回"

根据与"次""回"组配的动词语义分布情况，我们发现两者使用范围非常广，对动词的限制最小，依存程度最低。而"回"由于具有"往返义"，因此，大多表示"段时间"的频次，与动词组配时要受到一定限制。

（2）数时类动量词"下、把"

根据与"下""把"组配的动词语义分布情况，我们发现"下、把"既可以表示频次，又可表示时间。"下"主要表达"短时义""轻随义"，短时高频反复动词是对"下"进行精细化描写的主力军。"把"在语料库中的全部用例均为与"手"相关的动作,使用频率最高的动词是"抓"。

在"动词封闭语料"中,"下"1818条,而"把"只有33条,可见"把"远远不如"下"的使用频次高,可以将其视为专用动量词的新成员。

(3) 累积类动量词"番、通、气、顿"

根据与"番""通""气""顿"组配的动词语义分布情况,我们发现,由于累积类动量词自身的语义特征非常鲜明,对动词的语义限制较具体,依存程度相对较高,这类动量词的适用范围较窄。

与"番"组配的动词都带有一定的"繁复""费时费力"的语义特性;与"通"的语义依存度最高的是"言说哭闹"类动词;与动量词"气"组配的动词按语义可分成三类:①连成义;②贬义动作;③普通行为。"吃喝类"动词与"顿"的语义依存度最高,其次是"言说类"。

在"动词封闭语料"中,累积类动量词"番"总计412条,"通"总计108条,"气"总计38条,"顿"总计117条,累积类动量词由于其语义的特殊性,对进入自主-依存模型与其组配的动词限制较多,使用范围并不广,主要集中于一些具有"持续累积义"的动词上。

(4) 整体类动量词"遍""趟""遭""场(cháng)""场(chǎng)"

根据与"遍""趟""遭""场(cháng)""场(chǎng)"组配的动词语义分布情况,我们发现整体类动量词的语义呈现类聚化趋势,对自主-依存中动词的辖制较强,动词要具有类聚整体义,对一些特定动词依存度较高。

"遍"要求与其组配的动词具有周遍义的特征;"趟"强调动作过程的空间往返运行义;"遭"强调动作过程巡走、环绕义;"场(cháng)"的语义要求与具有"自然终点的历程性动词"组配;"场(chǎng)"主要强调动作在一定空间场所进行的完整事件。

在"动词封闭语料"中,"遍"共计297条,"趟"77条,"场(cháng)"共计76条,"场(chǎng)"共计24条,"遭"共计8条。从出现频次可见,与"遍"组配的动词范围更广,而与"遭"组配的动词数量最少。

其次,笔者将借用动量词分为五类:①动作类,如"跳"等;②结果类,如"圈"等;③器官类,如"眼"等;④工具类,如"针"等;⑤时间类,如"辈子"等。基于语料分析发现,借用动量词的语义相对来说较为具体,所以,对动词的语义限制比较大,只能和某一类与该借用动量词语义密切相关的动词组配。我们还发现"借用动量词"对与其"共现"的动词语义限制在较具体的范围内,借用来源多为名词。

在"动词封闭语料"中,"辈子"共计155条,"圈"216条,"眼"33条,"针"37条,"跳"143条。从出现频次可见,"辈子"在借用动量词中的固化度最高,而

"跳"的出现频次最低。

最后,拷贝动量词与动词的语义依存度最高,只能是原动词以同形填入详述位。在"动词封闭语料"中,拷贝动量词共计 1173 条。

第二,本部分通过对图式构式的考察,发现单音节和双音节动词的构式图式存在差异,与单音节动词组配的动量词类型和频次更高,与双音节动词组配的动作时间性更突显。通过分析动量构式的句法分布情况,笔者发现动量词有状位和补位两种句位形式,两者句位义不同,并且专用动量词和借用动量词补位的三种形式分布情况也不相同。通过对语料的细致分析发现,这与动量词的语义详略度密切相关,借用动量词语义较具体,大多占据了宾语的论元位置,语义可自足,所以其补位宾后式明显少于专用动量词。具体数据分布如下:

13 个动量词通过穷尽性搜索得到的含有动量词的句子为 2184 条,动量词在补位的可分为三种情况,其中①补位单纯式 1264 条,占总数的 57.88%;②补位宾前式 136 条,占总数的 6.23%;③补位宾后式 460 条,占总数的 21.06%。

动量词在补位的句子总数为 1860 条,占全部句子的 85.16%;而动量词在状位的句子总数为 324 条,占总数的 14.84%。通过分析以上数据,我们发现专用动量词在补位的主要形式是补位单纯式,其次为补位宾后式,而补位宾前式的比例很低。

这种分布态势可以用自主-依存模型的构式观作出合理解释。在 ECM 自主-依存模型中,由于专用动量词的语义比较泛化,对动词的限制较小,有时,为了表意明确,多在动量词后面加上宾语。并且,有很多补位宾后式是插在离合词中间的,表示具体指称,因此,补位宾后式在这种情况下就产生了"具指义"。

五类借用动量词的补位比例都远远高于其在状位的分布,从每类动量词中取一典型用例进行在线检索,共得例句总数 584 条,其中动量词在补位的例句总数为 535 条,占全部句子的 91.61%;动量词在状位的例句总数为 49 条,占全部句子的 8.39%。

借用动量词在补位可分为三种情况,其中:

① 补位单纯式 393 条,占总数的 67.29%;

② 补位宾前式 107 条,其所占比例为 18.32%;

③ 补位宾后式 35 条,占全部句例的 5.99%。

通过上述数据分析我们发现,借用动量词在补位的主要形式是补位单纯式,其次为补位宾前式,而补位宾后式的比例很低。这种分布态势可以用自主-依存模型的构式观作出合理解释。在 ECM 的自主-依存模型中,从横向来看,涉及动词和宾语的组配;从纵向来看,涉及动词和动量词的组配,补位的三种构式实际可从两个方面考虑：一是动词后有没有宾语；二是宾语和动量词的前后位置。

无论是借用动量词还是专用动量词，补位单纯式都是最多的，因为补位单纯式用于一般的动作计量，语义可以明示，而后面加上宾语或者宾语的位置变化，是为了表达动作主体的交际需要。语料分析表明，借用动量词的语义较具体，因此放在动词后面，占据了同一 ECM 中相当于宾语的论元位置，所以，再出现宾语就显得累赘。因此，借用动量词的补位宾后式数量在四种构式中比例最低。

第三，笔者将借用动量词形成的转喻机制分为六种类型：①因果类转喻；②伴随类转喻；③器官类转喻；④工具类转喻；⑤时间类转喻；⑥拷贝类转喻。我们通过细致地阐明每一类转喻类型的借用来源、形成原因和在语料库中的分布情况，从而发现：借用动量词的形成基于转喻机制，在同一 ECM 中可作为动量参照点的概念实体须是突显因子，说明人们在对动量认识的过程中，突显的事物最易成为转喻参照点。在"动词封闭语料"中，因果类转喻的数量只有 8 例；伴随类转喻总共 7 种，共计 156 例；器官类转喻共 12 种，总计 213 例；工具类转喻共有 21 种，总计 100 例；时间类转喻共 16 种，总计 889 例；拷贝类转喻共有 1173 例。

动量词的形成除了基于转喻机制外，动量表达还依赖于大脑中的心智运作，基于量子的非定域性。这使人们对周遭环境与事物能做出快速反应，对于大脑、眼、耳、鼻、舌、身的各种体验做出反应与快速联结。

本书的贡献主要体现在以下几方面：

（1）Langacker(1987)基于纯粹的自主-依存关系提出了在依存结构中存在 e-site，一般情况下动词为依存成分。而笔者在研究动量构式中发现，在动词和动量词组配过程中，动词不再是依存成分，而转化为自主成分，而作为描写动作的动量词必须依附于动词，是依存成分。本研究把 Langacker 的自主-依存理论扩展到句层面，且分别从横向和纵向两个维度详细论述了含动量构式语句的组配的运作机制。这是对 Langacker 自主-依存理论的一个重要发展，扩展了认知（构式）语法的研究范围。首次将该理论用于分析现代汉语动量构式中动词和动量词组配的自主-依存运作过程，从认知构式观出发，双向探悉组配过程中它们的语义特征和分布规律。这一研究不但为现代汉语动量词研究提供了新思路，也有利于进一步探索基于构式的计算机语义信息处理。

（2）基于动词的量性特征，对动词进行重新分类；基于同一 ECM 中动量参照点的选择对动量转喻类型进行了分类，并以自建汉语封闭语料为支撑对动量构式中动词与动量词组配的依存程度进行了区分，对借用动量词的转喻类型进行了详尽分析，并佐以翔实的数据。

(3) 本书通过对动量组配关系的分析,还进一步借助心智哲学中有关意识的量子力学研究成果,发现动量构式的"一量多动"和"一动多量"的形成,与量子的非定域性特征密切相关,这为动量构式组配的心智探源提供了重要依据。

10.2 研究展望

由于个人的理论水平有限,本书还存在许多不足,这些不足之处为动量词的后续研究提供了空间。

第一,定性分析只有基于大型的真实语料分析,得出的观点才具有扎实的现实基础。本书更加注重对真实语料的考察与分析,归纳整理的丰富语料为后续研究奠定了良好的基础。例如,我们可以在现有语料的基础上,对基于动词语义特征的动量词所占比例进行更大规模的统计分析,以更直观的数据展现动量词分布的特征,以便能对这些动量构式的组配方式以及它们之间的关系作出更准确的描述。部分语料,由于人工筛选,判断不够准确,可能会出现偏差。今后,应积极寻找合适的语料库工具,进行更加标准的检索。

第二,可以预测各种语言都有动量表达,只是使用不同的表达方式而已,基于语言的普遍性与类型性研究,尤其是对印欧语系的动量表达方式进行考察,可以利用英汉语平行语料库(王克非 2012:23)作一些跨语言的对比及英汉动量翻译研究。

第三,我们期待在现有动量状位与补位研究的基础上,进一步考察动量在其他非典型位置上的语义、形式及句法功能,并据此探究现代汉语动量构式的来源与演化过程,可继续探索意识和动量表达的关系。

参考文献

Adams, K. & Conklin, N. 1973. Toward a Theory of Natural Classification. *Papers from the 9th Regional Meeting, Chicago Linguistic Society*: 1-10.

Aikhenvald, Alexandra Y. 2000. *Classifiers: A Typology of Noun Categorization Devices*. Oxford: Oxford University Press.

Allan, K. 1977. Classifiers. *Language* 53: 285-311.

Beck, F. & Eccles, J. C. 1992. Quantum Aspects of Brain Activity and the Role of Consciousness. *Biophysics* 89: 11357-11361.

Bennett, C. & DiVincenzo, D. 2000. Quantum Information and Computation. *Nature* 404: 247-255.

Craig, C. 1986. Noun Classes and Categorization. *In Proceedings of a Symposium on Categorization and Noun Classification, Typological Studies in Language* 7. Amsterdam: John Benjamins Publishing Company.

Croft, W. 2001. *Radical Construction Grammar: Syntactic Theory in Typological Perspective*. Oxford: Oxford University Press.

Denny, J. P. 1976. What are Noun Classifiers Good for? *Papers from the 12th Regional Meeting, Chicago Linguistic Society*: 122-132.

Eccles, J. C. 1986. Do Mental Events Cause Neural Events Analogously to the Probability Fields of Quantum Mechanics? *Proceedings of the Royal Society of London. Series B, Biological Sciences* 227: 411-428.

Goldberg, A. E. 1995. *Constructions: A Construction Grammar Approach to Argument Structure*. London: The University of Chicago Press, Ltd.

Goldberg, A. E. 2006. *Constructions at Work: The Nature of Generalization in Language*. Oxford: Oxford University Press.

Her, O-S. 2017. Deriving Classifier Word Order Typology, or Greenberg's Universal 20A and Universal 20. *Linguistics* 55 (2): 265-303.

Kay, P. & Fillmore, C. J. 1999. Grammatical Constructions and Linguistic Generalizations: The What's X Doing Y? Construction. *Language* 75(1): 1-33.

Kövecses, Z. & G. Radden. 1998. Metonymy: Developing a Cognitive Linguistic View. *Cognitive*

Linguistics 9 (1): 37-77.

Lakoff, G. 1987. *Women, Fire, and Dangerous Things*. Chicago: The University of Chicago Press, Ltd.

Lakoff, G. & Johnson, M. 1999. *Philosophy in the Flesh: The Embodied Mind and its Challenge to Western Thought*. New York: A Member of the Perseus Books Group.

Langacker, R. W. 1987. *Foundations of Cognitive Grammar, Vol. 1: Theoretical Prerequisites*. Stanford: Standford University Press.

Langacker, R. W. 1991. *Foundations of Cognitive Grammar, Vol. 2: Descriptive Application*. Stanford: Stanford University Press.

Langacker, R. W. 1999. *Grammar and Conceptualization*. Berlin: Mouton de Gruyter.

Langacker, R. W. 2002. Deixis and Subjectivity. In F. Brisard (Ed.), Grounding: The Epistemic Footing of Deixis and Reference: 1-28. Berlin: Mouton de Gruyter.

Langacker, R. W. 2008. *Cognitive Grammar: A Basic Introduction*. Oxford: Oxford University Press.

Li Xuping. 2013. *Numeral Classifiers in Chinese: The Syntax-Semantics Interface*. Berlin: Mouton de Gruyter.

Panther & Thornburg. 1999. The Potentiality for Actuality Metonymy in English and Hungarian. In *Panther & Radden (eds.) Metonymy in Language and Thought*. Amsterdam: John Benjamins.

Senft, G. 2008. *Systems of Nominal Classification*. Cambridge: Cambridge University Press.

Simpson, A. 2017. Bare Classifier/Noun Alternations in the Jinyun (Wu) Variety of Chinese and the Encoding of Definiteness. *Linguistics* 55 (2): 305-331.

Stapp, H. P. 2009. *Mind, Matter and Quantum Mechanics*. Berlin: Springer.

Talmy, L. 1985. *Lexicalization Patterns: Semantic Structure in Lexical Forms*. Cambridge: Cambridge University Press.

Talmy, L. 1988. Force Dynamics in Language and Cognition. *Cognitive Science* 12: 49-100.

Taylor, J. R. 2002. *Cognitive Grammar*. Oxford: Oxford University Press.

Ungerer, F. & H. J. Schmid. 1996. *An Introduction to Cognitive Linguistics*. London: Longman.

Wu, Y. C. 2017. Numeral Classifiers in Sinitic Languages: Semantic Content, Contextuality, and Semi-lexicality. *Linguistics* 55 (2): 333-369.

Zhang, N. N. 2017. Unifying two General Licensors of Completive Adverbials in Syntax. *Linguistics* 55 (2): 371-411.

辞海编辑委员会,1999,《辞海》,上海:上海辞书出版社。

蔡燕,2016,《现代汉语补位"一下"的语法化研究》,济南:山东大学出版社。

曹芳宇,2010,唐五代量词研究,天津:南开大学博士学位论文。

陈俊芳,2009,单层构式语法框架下英汉典型致使移动构式的认知对比分析,《西安外国语大学学报》第1期,14—15页,20页。

陈练军,2002,试析《居延新简》中的动量词,《龙岩师专学报》第5期,49—51页。

陈平,1988,论现代汉语时间系统的三元结构,《中国语文》第6期,401—421页。

陈香兰,2012,现代汉语疑问句意义偏离的语境观与高层转喻机制,《外语学刊》第6期,30—34页。

陈香兰、高著浩,2016,基于语料库单字"词"意义延伸中的转喻机制,《外国语文》第5期,66—70页。

陈香兰、禹杭,2018,基于历时语料库的量词"套"的演变及转喻机制研究,《外语电化教学》第3期,26—32页。

陈向群,2017,意识问题的量子力学解释及其哲学研究,南京:东南大学博士学位论文。

陈颖,2003,《苏轼作品量词研究》,成都:巴蜀书社。

成祖堰、刘文红,2016,英汉双及物构式的几个类型特征,《外语与外语教学》第4期,79—86页,149页。

董秀芳,2012,领属转喻与汉语的句法和语篇,《汉语学习》第6期,32—38页。

方梅,1993,宾语与动量词语的次序问题,《中国语文》第1期,5—464页。

复旦大学语言研究室(编),1980,《陈望道语文论集》,上海:上海教育出版社。

甘智林,2003,"V+数词(一)动量词+N"的认知分析,苏州:苏州大学硕士学位论文。

甘智林,2008,动量词"下"、"次"语义特征的比较研究,《湖南文理学院学报(社会科学版)》第3期,121—123页。

高名凯,1948/1986,《汉语语法论》,北京:商务印书馆。

高新民、熊桂玉,2012,新心身二元论的量子力学路径,《华中师范大学学报(人文社会科学版)》第3期,53—61页。

郭先珍,2002,《现代汉语量词用法词典》,北京:语文出版社。

郭祥,2019,"X下"的词汇化语法化探究——以"一下"为例,《忻州师范学院学报》第6期,67—70页,74页。

过国娇,2019,《汉语工具动量词的共时、历时及认知研究》,上海:学林出版社。

何爱晶,2008,"自主—依存分析框架"下汉语歇后语认知机理再探析,《河南教育学院学报(哲学社会科学版)》第3期,132—134页。

胡裕树(主编),2011,《现代汉语(重订本)》,上海:上海教育出版社。

黄伯荣、廖序东(主编),2011,《现代汉语(增订五版)》,北京:高等教育出版社。

黄洁,2013,汉语隐喻和转喻名名复合词的定量定性研究,《语言教学与研究》第1期,63—71页。

黄曼、廖美珍,2020,汉英习语变异构式的理据研究:隐喻—转喻连续统新释,《外语教学》第3期,41—46页。

霍恩比,2012,《牛津高阶英汉双解词典(第7版)》,北京:商务印书馆。

吉益民,2016,汉语主观极量构式"N中的N",《汉语学习》第3期,22—32页。

季小民、陈新仁,2017,关联理论观照下新被字句的弱暗含探究,《外语研究》第3期,7—11页。

蒋宗霞,2006,现代汉语动量词与动词的语义类别及其搭配关系,《语文研究》第4期,27—29页。

焦凡(编),2001,《汉英量词词典》,北京:华语教学出版社。

金桂桃,2007,《宋元明清动量词研究》,武汉:武汉大学出版社。

金桂桃,2011,汉语动量词的产生,《江南大学学报(人文社会科学版)》第2期,124—128页。

黎锦熙,1924/2007,《新著国语文法》,北京:商务印书馆。

李爱民,2001,《金瓶梅词话》专用动量词研究,《山东教育学院学报》第2期,42—43页,55页。

李建平,2003,唐五代动量词初探,《泰山学院学报》第4期,89—93页。

李恬,2009,仿体对应和双关——自主-依存分析框架的新应用,《外语研究》第3期,19—24页。

李文竞,2020,基于量子力学的事件回指可供性研究,《外语学刊》第6期,27—34页。

李湘,2011,从实现机制和及物类型看汉语的"借用动量词",《中国语文》第4期,313—325页,383页。

李晓蓉,1995,浅议动量短语的前置现象,《汉语学习》第2期,37—40页。

李艳华,2006,现代汉语动量短语及相关问题的研究,芜湖:安徽师范大学硕士学位论文。

李宇明,1998,"一量VP"的语法、语义特点,《语言教学与研究》第3期,102—113页。

李宇明,2000,《汉语量范畴研究》,武汉:华中师范大学出版社。

廖光蓉,2019,汉语转喻搭配超常及其典型性探讨,《西北师范大学学报(社会科学版)》第4期,71—79页。

刘芬,2012,英汉非原型被动句的生成方式,《外语研究》第6期,17—22页。

刘庚、卢卫中,2016,汉语熟语的转喻迁移及其英译策略——以《生死疲劳》的葛浩文英译为例,《外语教学》第5期,91—95页。

刘街生,2003,现代汉语动量词的语义特征分析,《语言研究》第2期,51—55页。

刘街生、蔡闻哲,2004,现代汉语动量词的借用,《世界汉语教学》第3期,49—53页。

刘梅丽,2018,语法转喻解读的认知语用机制探究——以汉语"很＋N"构式为例,《西安外国语大学学报》第1期,30—34页。

刘倩,2014,"新被字句"的心智研究,《山东外语教学》第1期,22—27页。

刘世儒,1965,《魏晋南北朝量词研究》,北京:中华书局。

刘艳丽,2020,非常规结构"N+一下"多角度分析,《枣庄学院学报》第4期,98—102页。

刘伊娜,2015,网络新称谓构式的原型事件域整合模型分析,《重庆理工大学学报(社会科学版)》第2期,138—141页,162页。

刘玉梅,2010a,Goldberg认知构式语法的基本观点:反思与前瞻,《现代外语》第2期,202—209页,220页。

刘玉梅,2010b,"吧"族词形成的认知机制研究,《解放军外国语学院学报》第 1 期,10—15 页,127 页。

陆谷孙(主编),2007,《英汉大词典》(第 2 版),上海:上海译文出版社。

吕叔湘,1942/1982,《中国文法要略》,北京:商务印书馆。

吕叔湘,1953,《语法学习》,北京:中国青年出版社。

吕叔湘(主编),1999,《现代汉语八百词(增订本)》,北京:商务印书馆。

马建忠,1898/2010,《马氏文通》,北京:商务印书馆。

马庆株,1984,动词后面时量成分与名词的先后次序,载北京大学中文系《语言学论丛》编委会(编)《语言学论丛(第十三辑)》,北京:商务印书馆,40—56 页。

马应聪,2020,汉语成语的隐转喻分析——以含方位词"上""下"的空间四字格成语为例,《语言教育》第 2 期,79—85 页。

孟琮、郑怀德、孟庆海、蔡文兰(编),1999,《汉语动词用法词典》,北京:商务印书馆。

牛保义,2008,自主/依存联结:英语轭式搭配的认知研究,《四川外语学院学报》第 2 期,1—6 页。

牛保义,2010,心智模拟概念化——量词"把"的语义概念化研究,《外语教学》第 5 期,1—5 页,14 页。

牛保义,2011,新自主/依存联结分析模型的建构与应用,《现代外语》第 3 期,230—236 页,328 页。

潘艳艳、张辉,2005,英汉致使移动句式的认知对比研究,《外语学刊》第 3 期,60—64 页。

彭睿,2019,关于图式性构式历时扩展的理论思考,《语言教学与研究》第 2 期,1—17 页。

秦洪武,2002,汉语"动词+时量短语"结构的情状类型和界性分析,《当代语言学》第 2 期,90—100 页,157 页。

人民教育出版社中学汉语编辑室,1956,《暂拟汉语教学语法系统》简述,载张志公(主编)《语法和语法教学——介绍"暂拟汉语教学语法系统"》,北京:人民教育出版社,5—41 页。

邵敬敏,1996,动量词的语义分析及其与动词的选择关系,《中国语文》第 2 期,100—109 页。

邵勤,2005,汉语动量词认知研究,上海:华东师范大学硕士学位论文。

沈家煊,1995,"有界"与"无界",《中国语文》第 5 期,367—380 页。

沈家煊,1999,转指和转喻,《当代语言学》第 1 期,3—15 页,61 页。

沈阳、郭锐(主编),2014,《现代汉语》,北京:高等教育出版社。

施安全、金春伟,2009,认知语用视域下间接言语行为转喻研究,《浙江工商大学学报》第 4 期,40—43 页。

石毓智,1992,《肯定和否定的对称与不对称》,台北:台湾学生书局。

石毓智,2000a,《语法的认知语义基础》,南昌:江西教育出版社。

石毓智,2000b,汉语的有标记和无标记语法结构,载中国语文杂志社(编)《语法研究和探索(十)》,北京:商务印书馆,19—30 页。

石毓智、李讷,2001,《汉语语法化的历程—形态句法发展的动因和机制》,北京:北京大学出版社。

[日]太田辰夫(著),蒋绍愚、徐昌华(译),2003,《中国语历史文法(修订译本)》,北京:北京大学出版社。

田臻,2009,汉语静态存在构式对动作动词的语义制约,上海:上海外国语大学博士学位论文。

田鑫,2014,《汉语动量词及动量短语研究》,北京:中国和平出版社。

王炳炎,1999,英汉被动结构对比,《解放军外国语学院学报》第 6 期,14—17 页,117 页。

王静,2001,"个别性"与动词后量成分和名词的语序,《语言教学与研究》第 1 期,48—54 页。

王克非,2012,中国英汉平行语料库的设计与研制,《中国外语》第 6 期,23—27 页。

王力,1943,《中国现代语法》(上册),北京:商务印书馆。

王绍新,1997,从几个例词看唐代动量词的发展,《古汉语研究》第 2 期,40—46 页。

王天翼,2011,汉语拷贝构式的象似性机制——兼述容器/方位概念隐喻与象似性原则的关系,《外国语文》第 5 期,75—78 页。

王雅刚,2019,"被 X"雪克隆的言知分化与构式压制,《外国语(上海外国语大学学报)》第 2 期,34—44 页。

王艳滨,2012a,现代汉语动量构式"相互依存"的认知分析,《外语学刊》第 6 期,45—49 页。

王艳滨,2012b,《历史认知语言学》述评——认知语言学发展新观,《中国外语》第 6 期,105—108 页。

王艳滨,2016,现代汉语借用动量词的转喻类型研究,《外语教学》第 3 期,30—34 页。

王毅力,2011,动量词"顿"的产生及其发展,《语言研究》第 3 期,71—74 页。

王寅,2001,《语义理论与语言教学》,上海:上海外语教育出版社。

王寅,2005,事件域认知模型及其解释力,《现代外语》第 1 期,17—26 页,108 页。

王寅,2007,《认知语言学》,上海:上海外语教育出版社。

王寅,2011,《构式语法研究》,上海:上海外语教育出版社。

王寅,2012a,中国后语哲与体验人本观——十一论语言学研究新增长点,《外语学刊》第 4 期,3—8 页。

王寅,2012b,认知语言学和历史语言学的最新发展——历史认知语言学,《外语教学与研究》第 6 期,925—934 页。

王勇、周迎芳,2012,"有"字句的历时考察和横向比较,《华中师范大学学报(人文社会科学版)》第 5 期,91—99 页。

魏在江,2019,体认语言学视域下汉语成语的转喻机制研究,《中国外语》第 6 期,26—33 页。

文旭、丁芳芳,2017,对称型汉语成语的自主/依存框架语义模式分析,《外语与外语教学》第 3 期,30—41 页,52 页,147 页。

吴国林,2006,量子非定域性及其哲学意义,《哲学研究》第 9 期,90—96 页。

吴怀成,2011,动量词与宾语的语序选择问题,《汉语学报》第 1 期,56—61 页,96 页。

吴淑琼,2013,汉语动结式非典型内在致事的语法转喻研究,《外语研究》第 2 期,19—25 页,112 页。

吴淑琼,2014,汉语反义词共现构式的转喻解读,《外文研究》第 1 期,15—20 页,30 页,104 页。
萧国政,2004,汉语量词"把"的意义、分类及用法——面向第二语言教学的认知解释与功能研究,《江汉大学学报(人文科学版)》第 1 期,5—10 页。
徐琦,2010,从事件域认知模型看"hand"的多义现象,《湖北经济学院学报(人文社会科学版)》第 7 期,117—118 页。
徐盛桓,2007,自主和依存——语言表达形式生成机理的一种分析框架,《外语学刊》第 2 期,33—40 页。
徐盛桓,2012,从"事件"到"用例事件"——从意识的涌现看句子表达式雏形的形成,《河南大学学报(社会科学版)》第 4 期,137—144 页。
徐盛桓,2021,对偶性与转喻的理解和表达,《当代修辞学》第 2 期,1—14 页。
徐盛桓、陈香兰,2010,感受质与感受意,《现代外语》第 4 期,331—338 页,436 页。
徐盛桓、华鸿燕,2020,直陈式含意和会话式含义——量子思维与语言研究之三,《浙江外国语学院学报》第 4 期,1—8 页,33 页。
徐盛桓、王艳滨,2021,语言运用中的不连续现象——量子思维与语言研究之二,《外语教学》第 3 期,8—13 页。
严辰松,2006,构式语法论要,《解放军外国语学院学报》第 4 期,6—11 页。
杨伯峻、何乐士,1992,《古汉语语法及其发展》,北京:语文出版社。
杨娟,2004,动量短语在句法结构中的位置及意义,南京:南京师范大学硕士学位论文。
杨黎黎、汪国胜,2018,基于使用的语言观下频率对图式构式的建构作用,《语言教学与研究》第 4 期,22—33 页。
杨文滢,2015,概念转喻视角下汉语诗词意象的解读与英译研究——以"凭阑"为例,《外语与外语教学》第 2 期,75—79 页。
姚伟嘉,2010,动量词"番"探源,《南京师范大学文学院学报》第 4 期,185—188 页。
殷国光、南北,2010,上古汉语动量范畴的表达,载徐丹(主编)《量与复数的研究——中国境内语言的跨时空考察》,北京:商务印书馆。
殷志平,2000,动量词前置特点论略,载中国语文杂志社(编)《语法研究和探索(九)》,北京:商务印书馆,299—307 页。
袁红梅、梁婧玉,2016,"被+X"构式义的概念整合分析,《外语研究》第 1 期,33—39 页。
袁仁智、王莉娟,2004,谈谈《元曲选》中动词动量词的语法特征,《贵阳金筑大学学报》第 1 期,44—46 页。
张国宪,1998,略论句法位置对同现关系的制约,《汉语学习》第 1 期,3—7 页。
张辉、卢卫中,2010,《认知转喻》,上海:上海外语教育出版社。
张建理,2005,汉语"心"的多义网络:转喻与隐喻,《修辞学习》第 1 期,40—43 页。
张建理、骆蓉,2014,致使位移构式的英汉对比与习得,《外语教学理论与实践》第 3 期,30—36 页,95 页。
张立飞,2012,"自主/依存"概念对立的语法体现——以指称性"X 的"结构的使用为例,《解放军外国语学院学报》第 6 期,5—9 页,125 页。

张美兰,1996,论五灯会元中同形动量词,《南京师范大学学报(社会科学版)》第 1 期,109—113 页。

张美兰,2001,《近代汉语语言研究》,天津:天津教育出版社。

张敏,1998,《认知语言学与汉语名词短语》,北京:中国社会科学出版社。

张天伟,2011,认知转喻的研究路径:理论与应用——兼评张辉、卢卫中著《认知转喻》,《外语教学》第 3 期,14—18 页。

张旺熹(主编),2009,《汉语句法结构隐性量探微》,北京:北京语言大学出版社。

张文,2015,影响汉语给予类双及物构式句式选择的制约因素,《语言教学与研究》第 2 期,54—65 页。

张永德,2006,《量子信息物理原理》,北京:科学出版社。

张媛,2012,现代汉语动量词层现的认知研究,济南:山东大学博士学位论文。

郑桦,2005a,动量词的来源,《宁夏大学学报(人文社会科学版)》第 2 期,19—24 页。

郑桦,2005b,动量词的流变,《西北第二民族学院学报(哲学社会科学版)》第 2 期,129—132 页。

郑良伟,1988,时体、动量和动词重叠,《世界汉语教学》第 2 期,73—80 页。

中国社会科学院语言研究所词典编辑室(编),2012,《现代汉语词典(第 6 版)》,北京:商务印书馆。

周娟,2007,现代汉语动词与动量词组合研究,广东:暨南大学博士学位论文。

周娟,2010,动量词"番""通""气"的语义差异及其历时解释,《宁夏大学学报(人文社会科学版)》第 4 期,35—40 页。

周娟,2011,器官名词借用为动量词的语义条件,《韩山师范学院学报》第 2 期,55—60 页。

周娟,2012,《现代汉语动量词与动词组合研究》,广州:暨南大学出版社。

朱德熙,1982,《语法讲义》,北京:商务印书馆。

附 录

现代汉语动量词 CCL 语料库摘录

第一部分：与单音节动词组配的动量词语料

1 挨（ái）

（1）陈文婷也不坐下，只扭动着她那苗条的身体，这里站一站，那里挨一挨。（文件名：\当代\文学\大陆作家\欧阳山 苦斗.txt）

（2）有几个人就用随身带着打鸟的弹弓打他，他那赤裸的溃烂不堪的身体挨一下石子就往上爬一截，直爬到三丈多高的树梢上并在那儿哆嗦着。（文件名：\当代\报刊\作家文摘\1993\1993B.TXT）

（3）男学生女学生，一个个全赛是得发瘟疫的鸡似的，挨一下碰一下，他就叫喊，就像是捅了他一刀似的，我早就恨透了他们。（文件名：\当代\报刊\作家文摘\1995\1995A.TXT）

（4）这是因为在开平方的过程中，铁连枷挥得十分有力，不但打麦子绰绰有余，人挨一下子也受不了。（文件名：\当代\文学\大陆作家\王晓波.txt）

（5）快跑吧。没准扔个炸弹下来。到那石头底下去，别呆在这树底下，万一挨一下呢。（文件名：\现代\文学\老舍长篇2.txt）

（6）电影也乌七八糟，而且叫人感到恶心。不用教员问，这位学员就感到羞愧，主动伸出头来要挨一棍。（文件名：\当代\文学\大陆作家\王晓波.txt）

（7）群众演员的片酬大致如下：出场露个脸25元，有一句台词50元，装一次死人100元，做一次替身200到300元，挨一记耳光500元，被打得"满地找牙"最高，一般在800到1000元。（文件名：\当代\史传\中国北漂艺人生存实录.TXT）

（8）对此，对方心中有底，突然挨一闷棍，无法反击。（文件名：\当代\报刊\

1994年报刊精选\05.txt)

(9)切了。要不她早晚还得挨一刀。(文件名:\当代\报刊\1994年报刊精选\10.txt)

(10)棋队领导作出这项决策,出发点只有一条:怕他连遭三记闷棍之后,再挨一记重锤,今后再也爬不起来了。(文件名:\当代\报刊\1994年报刊精选\12.txt)

(11)"你他妈早这么说,我还会去偷吗?我倒他妈八辈子的霉了,从此破相……白挨一枪!"(文件名:\当代\报刊\作家文摘\1997\1997A.TXT)

(12)"花木和人一样,都是有生命的。你要是冷不丁挨一拳,能好受吗?"(文件名:\当代\报刊\市场报\市场报1994年A.txt)

(13)谁要走错门,谁就得认宰,搞得人逛商业街还得提心吊胆,说不定什么时候,就得挨一刀。试想,这受得了吗?(文件名:\当代\报刊\市场报\市场报1994年A.txt)

(14)吴先生扮演螳螂,鄢人权充黄雀,而且意识到自己背后可能有个小孩拿着弹弓,随时准备挨一弹丸。(文件名:\当代\报刊\读书\vol-185.txt)

(15)不少男人希望美丽温柔的女性为他们吃苦,不问酬劳心无旁骛地挨一辈子,郑博文有权嫌她硬邦邦。(文件名:\当代\文学\香港作家\亦舒 异乡人.txt)

(16)"急什么?"阿道尔夫告诫我道,"再挨一段时间。等你到了我这个岁数,你就会发现时间可以解决许多问题。[文件名:\当代\报刊\读者\读者(合订本).txt]

(17)……这么样娇嫩的人到了那里,不出半天就会被咬得全身发肿,你若是要叫,立刻就会挨一顿鞭子,若是运气不好,遇着凶恶的牢头,说不定还会淋你一身臭尿。(文件名:\当代\文学\台湾作家\古龙 陆小凤传奇.txt)

(18)我听着楼道里杂乱的脚声,不敢贸然开门出去,怕一开门就挨一梭子。(文件名:\当代\文学\大陆作家\佳作2.TXT)

(19)挨一天是一天瞬。(文件名:\当代\文学\大陆作家\姚雪垠 李自成1.txt)

(20)章明清的心里是汹涌着悲愤和焦灼。他觉得,他多挨一分钟,他的妻子的危险就多加重一分。(文件名:\当代\文学\大陆作家\曾卓.txt)

2 爱

(1)王静凭什么要扼杀我同吴越的激情呢?我又凭什么就不敢对她说请你出去,我们要自由地爱一爱呢?(文件名:\当代\文学\大陆作家\莫怀戚 透支时代.txt)

(2) 有句关于爱情的话说:要爱就爱一年吧,春夏秋冬,四季一个轮回,该开的花也开了,该结的果也结了,结不了果的,就该结束了。(文件名:\当代\史传\中国北漂艺人生存实录.TXT)

(3) 这感受并不仅仅是因为"青年号"的青年"投入地爱一次,忘了自己"地把青春融入了我们时代的主潮——经济建设。(文件名:\当代\报刊\1994年报刊精选\01.txt)

(4) 不可能作出一个计划:我今天去爱一次或恨两次。(文件名:\当代\报刊\人民日报\1993年人民日报\5月份.txt)

(5) "父爱"可以爱一时,但爱不了一辈子。(文件名:\当代\报刊\人民日报\1993年人民日报\7月份.txt)

(6) 他的举动感动了在场的每一个人,许多到场的客人都觉得玛格丽特总算没有白爱一场。(文件名:\当代\报刊\作家文摘\1997\1997C.TXT)

(7) "您真的相信,她会真心实意地爱他?而且爱一辈子?"[文件名:\当代\报刊\读者\读者(合订本).txt]

(8)(她们)很想如电视里一样也拼死拼活爱一场,看看孩子,再看看丈夫,更看看周围,便英雄气短,咽下一口已到嘴边的口水,将欲望如球压进水中。[文件名:\当代\报刊\读者\读者(合订本).txt]

(9) 她至今还没发现这样一个人可以让她爱一生许诺一生。(文件名:\当代\文学\大陆作家\百合 哭泣的色彩.txt)

(10) 正是凭了这条金科玉律,我和余重才吵吵闹闹地爱了七八年,无数次地有惊无险或化险为夷,但最终又不可能永保太平。(文件名:\当代\报刊\作家文摘\1995\1995A.TXT)

3 安

那时是50年代,林场才初建,条件极艰苦,职工们过的是游牧生活:造一片林,搭一次棚,安一次家。住的是难以避风遮雨的茅草工棚,吃的是杂粮加野菜。(文件名:\当代\报刊\人民日报\1996年人民日报\6月份.txt)

4 熬

(1) "我这病时好时歹,熬一熬也许就过去了,斌儿回来也没用。"(文件名:\当代\报刊\人民日报\1995年人民日报\7月份.txt)

(2) 从这些实际情况出发,只能允许少数人结婚,大多数同志不能结婚。这是不大合情理,但是为了坚持抗战,只好请同志们熬一熬。(文件名:\当代\报刊\作家文摘\1994\1994B.TXT)

(3) 请别人熬一熬,首先得自己熬一熬,因此黄师长好多年没有考虑婚姻问

题。(文件名：\当代\报刊\作家文摘\1994\1994B.TXT)

(4)安琳转过脸来,回答说:"好不容易弄到了一点中草药,给郭主任熬一熬。"(文件名：\当代\报刊\作家文摘\1994\1994B.TXT)

(5)文浩完全是靠自己搏杀,以穿山甲的精神开拓业务,终于搬进主管的单间办公室,再熬一熬做到区经理,即便自己不跑,下面也有一条人马,展开团体战。(文件名：\当代\报刊\作家文摘\1997\1997B.TXT)

(6)天天夜里,你拿个五更鸡罐子上一抓,熬一熬,临睡前喝这么一碗,很能补点血气的,我看你近来有点虚浮呢,晚上还出汗不出?(文件名：\当代\文学\台湾作家\白先勇 玉卿嫂.txt)

(7)二十六,炖羊肉;二十七,杀只鸡;二十八,把面发;二十九,蒸馒头;三十晚上熬一宿;大年初一扭一扭。(文件名：\当代\报刊\新华社\新华社2004年1月份新闻报道.txt)

(8)自己苦熬一辈子方挣得的如许家产今后却要归了旁人,你叫他如何能不愤懑难当?(文件名：\当代\报刊\1994年报刊精选\12.txt)

(9)"一张人头像5镑钱,7分钟画成,不像不收费。"他说在这儿熬一通宵,收入能抵平时一个月。(文件名：\当代\报刊\人民日报\1995年人民日报\2月份.txt)

(10)熬到次日凌晨一时,无奈了,说睡,倒头便入了梦乡。有时候,他要检点意志,嘴里说再熬一会儿,果然就逛了眼,到天明没有嗑睡。(文件名：\当代\报刊\作家文摘\1995\1995B.TXT)

(11)但在商海中煮一遍、炖一遍再熬一遍,终于挣扎到滩涂后,才蓦然发现除了遍体创伤和远不足圆梦的金钱之外,原先拥有的一切已荡然无存。(文件名：\当代\报刊\作家文摘\1997\1997B.TXT)

(12)朱德年岁已大,熬一夜是很疲劳的,却不抓紧时间休息,又赶到这里来,可能有急事。[文件名：\当代\报刊\读者\读者(合订本).txt]

(13)他抱起最小的宝贝儿,叹口气:"唉,孩子们,你们筋骨还嫩点儿,咱们再熬一年吧!"[文件名：\当代\报刊\读者\读者(合订本).txt]

(14)他真需要些小衣裳,他冷。还不如压根儿就不上城里来。在乡下,和哥哥们一锅儿熬,熬一辈子,也好。(文件名：\现代\文学\老舍短篇.TXT)

5 拔

(1)他试图把身子向前扑,然后侧闪,可是每试拔一次,他就觉得自己陷得更深。[文件名：\当代\报刊\读者\读者(合订本).txt]

(2)听说金狗的船也不怎么出海了,只是在海里栽了流网,隔几天进海拔一

次网。(文件名:\当代\文学\大陆作家\佳作 4.TXT)

(3)见一次面拔一次,弄得她怕见孙毛旦。(文件名:\当代\文学\大陆作家\刘震云 故乡天下黄花.txt)

6 掰

(1)这些东西都是自然的,然后我们就要看她的软度,来掰一掰她是不是很软,你别使劲,看看是不是还有韧性,好像硬了一点。(文件名:\当代\电视电影\百家讲坛\020930-021107\11 月 6 日 如何欣赏古典芭蕾 赵汝蘅.txt)

(2)当我准备击球时,我总是先停下来调一下眼镜,我把它掰一下,使一个镜片高一点,另一个低一点。[文件名:\当代\报刊\读者\读者(合订本).txt]

(3)他掰两个棒子,挟在腋下,完了伸手又去掰两个,胳膊一松,头里挟的两个掉下来,又挟两个新掰的。这么掰一宿,完了还是不多不少,挟着两个棒子走。(文件名:\现代\文学\周立波 暴风骤雨.txt)

7 摆

(1)之后日朝关系就急转直下,急得日本几乎在任何的外交场合都要把"绑架人质问题"摆一摆,寻求国际声援。(文件名:\当代\应用文\新闻\新华社 2004 年新闻稿_002.txt)

(2)哪知这位经理根本瞧不起,并说:"看在主任的面上,让你们的酒在柜台上摆一摆吧。"(文件名:\当代\报刊\1994 年报刊精选\07.txt)

(3)该局还和团县委联合向全县团员青年提出了"少摆一次宴席,安装一部电话,获得致富信息"的倡议,在全县团员青年中产生了积极的反响。(文件名:\当代\报刊\人民日报\1994 年人民日报\第 1 季度.txt)

(4)首先到了老舍夫人胡青老人家里,谈了良久,我表示告辞想再去溥杰老人家,这时青老人,摆一摆手,说:"您别去了,他现在身体很不好。"(文件名:\当代\报刊\人民日报\1994 年人民日报\第 2 季度.txt)

(5)只好油盐酱醋、锅碗瓢盆乱摆一气。(文件名:\当代\报刊\人民日报\1994 年人民日报\第 3 季度.txt)

(6)既要肯定取得的成绩,更要正视存在的问题,要好好摆一摆在党的建设特别是组织建设方面存在哪些差距、哪些问题,并深入分析差距和问题产生的原因。(文件名:\当代\报刊\人民日报\1994 年人民日报\第 4 季度.txt)

(7)当门是一间十分宽敞的厅室,四周摆一圈藤椅、茶几。(文件名:\当代\报刊\作家文摘\1993\1993A.TXT)

(8)现在人民不知道军队在干什么,经过阅兵式、分列式,把军队摆一摆给大家看,给人民看,这样更加强了军民关系,对加强军队训练也有作用。(文件名:\

当代\报刊\作家文摘\1994\1994B.TXT)

(9)但是,母亲是长门长媳,她就是侯姓人家权力和财富的全权代表,摆一下架子,那是谁都要敬畏三分的。(文件名:\当代\报刊\作家文摘\1995\1995A.TXT)

(10)我们那班姐妹,大都有主了,就你这名门闺秀还孤身一人,难道你真想摆一辈子阔架子?"(文件名:\当代\报刊\作家文摘\1996\1996B.TXT)

(11)后者因未作公开发行,第一版由"王克昌奖学基金会"全部包下,我手里有少量自留书,只能象征性摆一摆。(文件名:\当代\报刊\作家文摘\1996\1996B.TXT)

(12)他摆一摆手叫她走开,中止了讲话,开始飞快地吃起来。(文件名:\当代\报刊\作家文摘\1997\1997A.TXT)

(13)宋人笔记和其他史料中,对寇准生活有两种截然相反的意见,说他俭朴者有之,说他豪侈者更不少。我们不妨都摆一下。(文件名:\当代\报刊\读书\vol-050.txt)

(14)确实,大多后现代主义的研究者都少不了要摆一下他对后现代主义的特征明细表。(文件名:\当代\报刊\读书\vol-167.txt)

(15)孙怀清知道刀锋已压得够紧,他对葡萄摆一下头。葡萄打开门出去,把五合两个脚抱住,倒着往外拖。(文件名:\当代\文学\大陆作家\严歌苓 第九个寡妇.txt)

(16)老派的公家机关,总不免摆一下衙门脸,尽量在口气上过官瘾,碰到这种情形,不免要说"违者送警"或"违者法办"。[文件名:\当代\报刊\读者\读者(合订本).txt]

(17)"哎,又是这个!"水山不耐烦地摆一下手,"还有别的吗?"(文件名:\当代\文学\大陆作家\冯德英 迎春花.txt)

(18)魏强向身后摆一下手招呼他们:"安静点,别说话。"(文件名:\当代\文学\大陆作家\冯志 敌后武工队.txt)

(19)只是他每当回自己村时,还想摆一摆威风,借个牲口,挑几个战士。(文件名:\当代\文学\大陆作家\刘震云 故乡天下黄花.txt)

(20)该撤退时,他向号兵摆一下手,号兵吹撤退号,队伍"哗"地一下就撤了下来。(文件名:\当代\文学\大陆作家\刘震云 故乡天下黄花.txt)

(21)有些问题牵涉的面很广,没顾上和支委谈清楚,所以决定召开个支委会,大家摆一摆还有些什么问题。(文件名:\当代\文学\大陆作家\周而复 上海的早晨.txt)

(22)他向背后的徒弟和亲兵们摆一下手,叫他们继续前去,自己却跳下马,向高夫人迎着走来。(文件名:\当代\文学\大陆作家\姚雪垠 李自成1.txt)

(23)他摆一摆下颏使曹化淳退出去,然后从椅子上跳起来,在乾清宫中激动地走来走去。(文件名:\当代\文学\大陆作家\姚雪垠 李自成2.txt)

(24)可是他失手守智亭山不是一件小事,大家对他还是有不小成见,因此就想着暂时把他摆一摆,没有上紧安排他带兵的事。(文件名:\当代\文学\大陆作家\姚雪垠 李自成2.txt)

(25)所谓反复,就是事物初步定了以后,还要摆一摆,想一想,听一听不同意见。(文件名:\当代\文学\大陆作家\张正隆.TXT)

(26)(他)摆一摆手说:"今天吃的,都是山珍,海味是吃不到了……"(文件名:\当代\文学\大陆作家\当代短篇小说1.TXT)

(27)剑波喝了一口水,分配道:"今天我们要摆一场'火雷阵',刘勋苍小队负责在山神庙前布火、摆雷……"(文件名:\当代\文学\大陆作家\曲波 林海雪原.txt)

(28)方英达摆一下手:"说吧。"(文件名:\当代\文学\大陆作家\柳建伟 突出重围.txt)

(29)贯英细心观察,见冯大爹毫无破绽,就摆一摆手,叫人把他押了回去。(文件名:\当代\文学\大陆作家\欧阳山 苦斗.txt)

(30)欧阳老爹眼睛也不抬,朝她笑笑,摆一摆手。她马上做错事一样走开了。(文件名:\当代\文学\大陆作家\严歌苓 一个女人的史诗.txt)

(31)鹿泰恒从上房里屋踱出来时左手端着一只黄铜水烟壶,右手捏着一节冒烟的火纸,摆一下手礼让白嘉轩坐到客厅的雕花椅子上。(文件名:\当代\文学\大陆作家\陈忠实 白鹿原.txt)

(32)他一指对面那个树桩说:"嗯,请坐!"又对那几个伪军摆一摆手说:"去吧!"(文件名:\当代\文学\大陆作家\雪克 战斗的青春.txt)

(33)陈奂生……忍不住要摆一摆海,便把自己同吴楚的关系,吹了一遍;末了,又把帽子摘下来指指说:"这就是他送给我的。"(文件名:\当代\文学\大陆作家\高晓生 陈奂生转业.txt)

(34)"我可不愿谈这些,希刺克厉夫先生,"我插嘴说,"先把你的遗嘱摆一摆;你还要省下时间来追悔你所作的许多不公道的事哩!(文件名:\当代\翻译作品\文学\呼啸山庄.txt)

(35)"就为了打听这点事吗,我连鳍都不愿意摆一下。"其他的鱼说道,扭头走了。(文件名:\当代\翻译作品\文学\安徒生童话故事集.txt)

(36)洋人要是跟他过一句半句的话,他能把尾巴摆动三天三夜。他确是有尾巴。可是他摆一辈子的尾巴了,还是他妈的住破大院啃窝窝头。我真不明白!(文件名:\现代\文学\老舍短篇.TXT)

8 搬

(1)她风趣地补充了一句:"我们好像老红木家具,搬一搬就要散架了。"[文件名:\当代\报刊\读者\读者(合订本).txt]

(2)姚满想了一想,就建议冼大妈也搬一搬家,躲避几天,以免祸事临头。(文件名:\当代\文学\大陆作家\欧阳山 苦斗.txt)

(3)吴士举老婆见众人不乐意搬,噜噜苏苏地说道:"好乡亲们哩,搬一搬吧!……"(文件名:\当代\文学\大陆作家\马峰 吕梁英雄传.txt)

(4)王强通知各家属暂时搬一下家,然后带着队员撤出陈庄。(文件名:\当代\文学\大陆作家\知侠 铁道游击队.txt)

(5)特别厂里的各级领导,不能上次分了新房,这次再新房,那样盖一次搬一次,会影响职工利益情绪。(文件名:\当代\报刊\1994年报刊精选\06.txt)

(6)这样,他们还可以照旧继续来往了。反正搬一次家很容易,至少也比不能自由来往要好。(文件名:\当代\翻译作品\文学\美国悲剧.txt)

(7)汉军搬了一个多月,都没有搬完,最后放了把火,把剩下的烧了。(文件名:\当代\应用文\社会科学\中华上下五千年.txt)

(8)跟行走有关的动作行为:搬了一趟土,运了一趟煤,开了一趟车,送了一趟礼。(文件名:\当代\应用文\议论文\语言学论文\037.txt)

(9)我从北影调至童影,搬家我也没求过任何一个人。是靠了自行车、平板车,老鼠搬家似的搬了一个多星期。[文件名:\当代\报刊\读者\读者(合订本).txt]

(10)这时已半上午了,民兵们搬了一夜家,又疲累,又饥饿,大家便向康家寨走来。(文件名:\当代\文学\大陆作家\马峰 吕梁英雄传.txt)

(11)典故……活像人家说过的一般;也有时完全袭旧,只换了一两个字,或者竟一字不易,搬了一回小家,反而会像自己的话语。(文件名:\现代\文学\俞平伯.TXT)

(12)一辆汽车开出来了,他两人把行李替他往一边搬了一搬。(文件名:\现代\文学\赵树理 李家庄的变迁.txt)

9 办

(1)杨清民笑了笑,就想起贺玉茹的事,就说:大刘啊,有件事你得帮我办一办……(文件名:\当代\报刊\作家文摘\1997\1997C.TXT)

(2) 终身大事,他不许红红火火地办一办,叫我一辈子窝心,脸上无光抬不起头。(文件名:\当代\文学\大陆作家\刘绍棠 狼烟.txt)

(3) 他家儿子伙计一大帮,还有几条狼狗,你要有能耐,你去办一办?保证你还)没办人家,就让人家把你办了!(文件名:\当代\文学\大陆作家\刘震云 故乡天下黄花.txt)

(4) 杨百顺……一只腿蹬在椅子上,晃着脑袋说道:"建才,有一桩了不起的事,要请你办一办啊!"(文件名:\当代\文学\大陆作家\李晓明 平原枪声.txt)

(5) 过了好一阵子,胡杏又说:"家姐,还有一桩事儿,你得给我办一办……"(文件名:\当代\文学\大陆作家\欧阳山 苦斗.txt)

(6) 周炳,这儿有一件重要事情,少不免要你去省城办一办。(文件名:\当代\文学\大陆作家\欧阳山 苦斗.txt)

(7) 你能不能替我办一办?叫李民魁给梁森写封信就行了。(文件名:\当代\文学\大陆作家\欧阳山 苦斗.txt)

(8) 那老婆子叫明肖娃。怎么样,您能办一办吗?(文件名:\当代\翻译作品\文学\复活.txt)

(9) 侄女,你肯不肯去把我对你说起过的事情办一办?(文件名:\当代\翻译作品\文学\无事生非.txt)

(10) 我和父母同住在布莱克希斯多林顿寓所,但是昨晚因为有点事要替约纳斯·奥德克先生办一办,就在诺伍德一家旅馆里住下来,从旅馆去他家把事情办了。(文件名:\当代\翻译作品\文学\福尔摩斯探案集 02.txt)

(11) "县长肯不肯是另一问题,交涉必须先去办一办。"陈中第一次发言了。(文件名:\现代\文学\矛盾 蚀.txt)

(12) 要做的事太多了,想办个曲艺社,没搞成;曲艺学校也还没影儿。总有一天,这些事都得好好办一办。(文件名:\现代\文学\老舍长篇 2.txt)

(13) "我简直说,军人土匪倒还情有可原,搅乱天下的就是她们,应该很严的办一办……"(文件名:\现代\文学\鲁迅.TXT)

(14) 究其原因,两个儿子说得再明白不过了:我们平时送了许多情礼,这个时候不办一下,不就亏了吗?(文件名:\当代\报刊\1994年报刊精选\04.txt)

(15) 他儿子现在美国,告诉我说他父亲的一亿多美元也在此次解冻之列,他托我顺便给办一下,他说要把这笔钱连本带息全部捐献给西北人民,我很赞同他这种做法。(文件名:\当代\报刊\1994年报刊精选\05.txt)

(16) 这个事情你去办一下,还要保密,你一人知道就行了,办理过程中,需开什么介绍信,你开就是了。(文件名:\当代\报刊\作家文摘\1993\1993A.TXT)

(17)奏建军的事情你俩办一下。还是那句话,讲政策。(文件名:\当代\报刊\作家文摘\1997\1997B.TXT)

(18)这些地方的农民遇到婚丧嫁娶、乔迁生子总要大办一下,还说什么"不操不办,脸上难看"。(文件名:\当代\报刊\市场报\市场报1994年A.txt)

10 拌

(1)益智仁盐水拌一宿、炒乌药、石菖蒲盐水炒川草薢。(文件名:\当代\应用文\药方\历代古方验案按.txt)

(2)把碎片撒在由黄瓜、生菜、西红柿和干酪组成的沙拉上,再倒点盐面儿、胡椒面儿和一种粘稠的粉红色调料,拌一拌就吃起来。(文件名:\当代\报刊\作家文摘\1995\1995B.TXT)

(3)我的办法是把杀好的鳝鱼在清水中稍冲洗一下(不能来回洗),切段,用少许淀粉拌一下。(文件名:\当代\报刊\市场报\市场报1994年B.txt)

(4)腌浸时每过20分钟左右翻拌一次,共腌4至6小时,即可把肉取出。(文件名:\当代\报刊\市场报\市场报1994年B.txt)

(5)他是不是和你很熟,熟到剁下你一个脚趾头扔到一大堆脚趾头里拌一拌,他上去一拨拉,拨拉出来的那个脚趾头准是你的程度?(文件名:\当代\文学\大陆作家\王朔b.txt)

(6)尹白问:"要不要到我们家来吃冷面,芝麻酱同药芹拌一拌,其味无穷。"(文件名:\当代\文学\香港作家\亦舒 七姐妹.txt)

(7)这个地方似乎是把一个大湖、一条大河、一座大森林和一座大山统统剁成碎块,然后再拌一拌,就这么乱七八糟地摊在地上。(文件名:\当代\翻译作品\文学\尼尔斯骑鹅旅行记.txt)

(8)我们都学父亲,剥得很精细,剥出来的肉不是立刻吃的,都积受在蟹斗里,剥完之后,放一点姜醋,拌一拌,就作为下饭的菜,此外没有别的菜了。(文件名:\现代\文学\散文1.TXT)

(9)新上来的一盘菜,主人也喜欢用自己的筷子去拌一拌。(文件名:\现代\文学\散文2.TXT)

(10)今天晚了,你凉凉罢。你只用盐拌一拌,放到纱厨里去,明朝再下锅。(文件名:\现代\文学\现代短篇.TXT)

(11)回来晚了,小夫妇也拌一通儿嘴,好在是在夜里,谁也不知道。(文件名:\现代\文学\老舍长篇1.TXT)

11 帮

(1)同时,这句话也释解了一些人心中的疑虑,开始较客观地审视廖初江的

言与行,对他善意地帮一帮,拉位的人开始多起来。(文件名:\当代\报刊\1994年报刊精选\09.txt)

(2)在服务区中,党员对普通农户实现"四包",开展了方针政策讲一讲,群众生产问一问,邻居困难帮一帮,军烈属户访一访,发生纠纷劝一劝,迷信赌博查一查,意见建议提一提的"七个一"活动。(文件名:\当代\报刊\人民日报\1994年人民日报\第3季度.txt)

(3)他家过去发生这类事,从不请别人帮忙,现在一身的风湿,使不上劲才求他。张英才很奇怪,怎么过去不叫孙四海帮一帮。(文件名:\当代\报刊\作家文摘\1993\1993B.TXT)

(4)倪二说要去卖鸭,父亲问他要不要请一个赶过鸭的行家帮一帮,怕他一个人应付不了。(文件名:\当代\文学\大陆作家\汪曾祺.TXT)

(5)比如,互相之间有一些基本的理解,在自己没有受到严重损害的情况下表现出一定的忍让,在别人遇到困难的时候帮一下等等,这样的道德观念在许多社会中都存在。(文件名:\当代\报刊\人民日报\1995年人民日报\10月份.txt)

(6)他们说:出租汽车司机讲文明,我们看得见,他们有难处,咱得帮一下呀!(文件名:\当代\报刊\人民日报\1996年人民日报\8月份.txt)

(7)我们现在确实困难,但有毛主席的领导,有老百姓的支持,革命一定会成功。如果你信得过,就来帮一下,我们绝不会忘记的!(文件名:\当代\报刊\作家文摘\1996\1996B.TXT)

(8)如果是你妈妈的话,我可能帮一下,她需要我帮助。(文件名:\当代\翻译作品\文学\小飞人三部曲.txt)

(9)上海政府部门和社会各方给予了三个方面的"降门槛"扶助:一是组织上"扶上马……;二是开业指导人士"帮一把";三是在税收政策等方面"送一程"。(文件名:\当代\报刊文\新华社\新华社2004年新闻稿报道.txt)

(10)杨宝俊从人民机械厂的扭亏实践中深深感到,陷于亏损境地的企业在其复苏的过程中是非常需要帮一把、扶一程的。(文件名:\当代\报刊\1994年报刊精选\01.txt)

(11)一次星期天她请保姆推着轮椅车到街上去看商场,可是轮椅车上不了台阶,她请身边的人帮一把,他们竟无动于衷。(文件名:\当代\报刊\1994年报刊精选\04.txt)

(12)郑忠德却说:"别人有困难,咱该帮一把。"(文件名:\当代\报刊\1994年报刊精选\05.txt)

(13)各级政府要创造良好的外部条件,对企业帮一把,送一程。(文件名:\当代\报刊\1994年报刊精选\12.txt)

(14)如何千方百计地帮一把、拉一把,扶持他们尽快走出困境呢?(文件名:\当代\报刊\1994年报刊精选\12.txt)

(15)大儿子在美国搞科研,小孙子无人看管,李东生老两口还要抽空去帮一手;小儿子读大学,更是需要钱用,李东生一家只好省吃俭用过日子。(文件名:\当代\报刊\人民日报\1995年人民日报\5月份.txt)

12 绑

(1)"我想把她绑在那棵树下。"山岗用手指了指窗外那棵树,"就绑一小时。"(文件名:\当代\文学\大陆作家\余华.TXT)

(2)不过既然有被人绑一辈子的可能,就要看仔细,找一个保鲜好的,老得慢点的。(文件名:\当代\文学\大陆作家\王朔 d.txt)

13 包

(1)为此,就要找出许多理由,找上头很多领导机关和新闻媒体,希望能够包一包,捂一捂。(文件名:\当代\报刊\人民日报\1995年人民日报\3月份.txt)

(2)你先把老冯送卫生所去包一包。(文件名:\当代\报刊\作家文摘\1996\1996A.TXT)

(3)"你看,"我把报纸一扬,"包一包就行。"(文件名:\当代\文学\大陆作家\张贤亮.TXT)

(4)唐龙说:"买块红布把骨灰盒包一下,要不大刺激她们了。"(文件名:\当代\文学\大陆作家\柳建伟 突出重围.txt)

(5)包一次剥一层皮,越包越离谱,越包质量越差,越包造价越低,最后用到工程上的钱就少得可怜。(文件名:\当代\报刊\1994年报刊精选\04.txt)

(6)地主家家都把肥猪和壳囊杀了,退了毛,切成大块,埋在雪堆里,准备过年包一两个月的冻饺子。(文件名:\现代\文学\周立波 暴风骤雨.txt)

14 剥

(1)皮普准开始时并不十分认真,剥一会儿又站起来,走到街上去看热闹。(文件名:\当代\文学\大陆作家\残雪自选集.txt)

(2)这些呐喊,据一八四九年作过横跨大陆旅行的梅里韦瑟爷爷说,跟一个阿帕切人成功地剥一次头皮后的欢叫完全一样。(文件名:\当代\翻译作品\文学\飘.txt)

15 抱

(1)许多市民不满足于这"抱一抱",又把孤儿抱回家中与家人团聚,有43名

孤儿这一天进入了异姓家庭,得到了小家庭的温馨。(文件名:\当代\报刊\1994年报刊精选\05.txt)

(2)当他陪我抽完最后一支烟后,我突然站起身,伸出双手,再一次抱一抱他。[文件名:\当代\报刊\读者\读者(合订本).txt]

(3)在对付这只"洋老虎"的日日夜夜,一个年轻人的妻子生下了婴儿,但他顾不上去看一眼、抱一抱;另一个青年差点成了"负心郎",时已过午,婚礼上却不见新郎,是领导和同事硬把他从"洋老虎"身边拖了回来。(文件名:\当代\报刊\1994年报刊精选\11.txt)

(4)谈歌很喜欢孩子,平时创作的劳累,抱一抱亲一亲小女儿就过去了。(文件名:\当代\报刊\作家文摘\1997\1997C.TXT)

(5)"我爹要骂我的,我就这么抱一抱吧。"(文件名:\当代\文学\大陆作家\余华.TXT)

(6)自从白莲走后,她也渐渐喜欢起来,回到家里,看见她正在学步,高太太也会抱一抱。(文件名:\当代\文学\香港作家\岑凯伦 合家欢.txt)

(7)"我已经当奶奶了!"范冰直言不讳地道出想抱一抱小孙孙的念头。[文件名:\当代\报刊\读者\读者(合订本).txt]

(8)上海外籍专家夫人自发组织了慈善联谊会,80多名成员每周都要到上海儿童福利院里,抱一抱、喂一喂孤儿,把母爱献给这些失去父母的孩子们,对残疾儿童疼爱尤加。(文件名:\当代\报刊\人民日报\1995年人民日报\5月份.txt)

(9)让我抱一下(文件名:\当代\报刊\人民日报\1994年人民日报\第4季度.txt)

(10)大姐,这孩子该喂奶了,你帮我抱一下,我到车站外头买袋奶,马上就回来。(文件名:\当代\报刊\作家文摘\1996\1996A.txt)

(11)陶阿毛说得那么真切,又那么渴望,仿佛就想立刻抱一下巧珠似的神情。(文件名:\当代\文学\大陆作家\周而复 上海的早晨.txt)

(12)打一下不对,骂一下也不对,这都有其它条规定了。抱一下呢——我问大家。(文件名:\当代\文学\大陆作家\王朔e.txt)

(13)好在只进行口试,他觉得抓紧这两个星期,临时抱一下佛脚,混个及格还是有把握的。(文件名:\当代\翻译作品\文学\人性的枷锁.txt)

(14)玉儿妈把德儿的儿子小孬子递给玉儿,说:抱一会儿孩子吧。(文件名:\当代\文学\大陆作家\戴厚英 流泪的淮河.txt)

(15)老太太考虑了许久,才下了第二道解放令:娃娃除在吃奶时间也理合抱

一会儿。(文件名:\现代\文学\老舍长篇2.txt)

(16)四十里的泥泞土道,背一程,走一程,搂一程,抱一程。(文件名:\当代\电视电影\文艺\历史的天空.txt)

16 背

背(bēi)

(1)那几个年轻人放下手里的扑克牌,看了看阴沉沉的天空,又看了看父亲:你去帮忙背一背吧。(文件名:\当代\报刊\读书\vol-132.txt)

(2)田耕两次来到他的身旁,看看史更新的精神怎么样;问问丁尚武累不累;让别人替换着背一背。(文件名:\当代\文学\大陆作家\刘流 烈火金刚.txt)

(3)给他分的分散在三个地点,他妻子就在背后抱怨,他却说:这有什么关系,多跑几趟背一下就行了。(文件名:1950s\1955\报刊\人民日报\rmrb_1955_12.txt)

(4)从此,在王面铺屯通过村小学的2公里多山路上,人们经常看到两个形影不离的小伙伴,走一程,背一程。(文件名:\当代\报刊\人民日报\1996年人民日报\5月份.txt)

(5)妻子怀孕了,张达为了不让未出世的孩子跟着自己背一辈子黑锅,再次到省城申诉,而谢兰芬在期盼与等待中生下了一个男孩。(文件名:\当代\报刊\作家文摘\1997\1997D.TXT)

(6)不管怎么说,我这个资产阶级家庭出身的包袱,要背一辈子。(文件名:\当代\文学\大陆作家\周而复 上海的早晨.txt)

(7)他深刻地体会到,人情是欠不得的,无论跟你是多么亲近的人,只要你欠了,活一天你就得背一天,这个账是刻在灵魂上的。(文件名:\当代\文学\大陆作家\李佩甫 羊的门.txt)

(8)大家一听说发枪,脸上那股愁眉苦脸的样子早跑光了,个个喜笑颜开;接过枪摸摸这,弄弄那,呼哩呼啦乱拉栓,背一会,扛一会,真不知怎么拿才好。(文件名:\当代\文学\大陆作家\李晓明 平原枪声.txt)

(9)一旦做了艺人,自己和全家,就得背一辈子恶名,倒一辈子霉。不过他还是得活下去,想尽量过得好一点,改善环境。不然,更得让人作践。(文件名:\现代\文学\老舍长篇2.txt)

(10)但是,由于封建观念作祟,李商隐的黑锅一直背了一千多年。(文件名:\当代\报刊\读书\vol-190.txt)

(11)1984年,县里为油盆村拨了3万公斤救济粮,村里组织全村青壮年背了一个星期,只背回1万公斤,剩余的无法要了——因为实在背不动了。(文件

名:\当代\报刊\人民日报\1994年人民日报\第4季度.txt)

背(bèi)

(1)这种高考复习,就是做练习。然后把它默一默背一背。[文件名:\当代\电视电影\非文艺\百家讲坛\030307-030410\4月10日 备战高考。英语篇(上)张铁城.txt]

(2)有这样的英文,还有很多例句,你把例句查查背一背。[文件名:\当代\电视电影\非文艺\百家讲坛\030411-030522\4月11日 备战高考。英语篇(下)张铁城.txt]

(3)只要是老师写的文章都比较好,背一背写一写,看怎么说?怎么造句?[文件名:\当代\电视电影\非文艺\百家讲坛\030411-030522\4月11日 备战高考。英语篇(下)张铁城.txt]

(4)我再说一遍,甲戌本开头那一首七律诗,你一看前半和后半的两截,前半四句我背一背不一定正确。[文件名:\当代\电视电影\非文艺\百家讲坛\031013-031121\10月29日 周汝昌答疑《红楼梦》(上)周汝昌.txt]

(5)嘿,朋友!我来背一下胡博士的杰作给你们听听好不好?(文件名:\当代\文学\大陆作家\杨沫 青春之歌.txt)

(6)他稍作停顿,笑着说,"党的基本路线谁能全文背下来?好,现在我把基本路线背一遍。"(文件名:\当代\报刊\人民日报\1995年人民日报\6月份.txt)

(7)我突发奇想,请袁诗人再背一次,我笔录,放在我们《资兴文艺》发表,让更多的文学青年欣赏它。(文件名:\当代\报刊\作家文摘\1995\1995A.TXT)

(8)彭总告诉她:"你不能这么背,你要背一会儿就去干点别的事,过一会儿想想都记住了哪些,把记住的淘汰掉,再背那些没记住的,背背停停,停停背背,很快就都背下来了。"(文件名:\当代\报刊\作家文摘\1995\1995B.TXT)

(9)每背一次,对你的感情便添了一分;每吟哦一遍,对东坡居士良苦用心的理解似乎又加深了一层。(文件名:\当代\报刊\市场报\市场报1994年B.txt)

(10)老师我没看基础知识,明天我把黑体字背一遍吧![文件名:\当代\电视电影\百家讲坛\030307-030410\4月4日《备战高考代数》(下)尹濬淼.txt]

(11)她想先听菲利普背一遍祈祷文,免得在背给大伯听时出什么差错,这样他大伯就会感到满意,明白这孩子的心地还是纯正的。(文件名:\当代\翻译作品\文学\人性的枷锁.txt)

(12)他笑着解释说,这几天晚上研究敌情和地形时,我已把二分区的作战地图背了一遍。(文件名:\当代\报刊\人民日报\1993年人民日报\8月份.txt)

17 奔

(1)在发展的问题上,凡事都要奔一奔,过去我们起步晚、发展慢,关键是缺

少这种"奔"的劲头。(文件名:\当代\报刊\人民日报\1993年人民日报\4月份.txt)

(2)他们发现了一只正在觅食的大熊猫,便端起枪来,射出了一颗罪恶的子弹,大熊猫狂奔一阵之后,终于含恨而亡。(文件名:\当代\报刊\1994年报刊精选\11.txt)

(3)小姐俩大老远奔一趟不转转?(文件名:\当代\报刊\人民日报\1995年人民日报\11月份.txt)

(4)搞光了我们几个倒无所谓,问题是这么吃一顿奔一顿不是事儿。(文件名:\当代\文学\大陆作家\王朔 d.txt)

(5)那怪客又奔一阵,将二人放下地来。(文件名:\当代\文学\香港作家\金庸 神雕侠侣.txt)

(6)天是那么短,那么冷,街上没有多少人;这样苦奔一天,未必就能挣上一顿饱饭。(文件名:\现代\文学\老舍长篇1.TXT)

(7)两人急奔一阵,追上了殷吉、阮士中、周云阳三人。(文件名:\当代\文学\香港作家\金庸 雪山飞狐.TXT)

(8)得,我再奔一趟!按说可没有这么办的!(文件名:\现代\文学\老舍长篇1.TXT)

(9)偶尔有汽车驶过,刮起片片落叶,飞舞着,追逐着,向前奔了一程又静静地躺在地上了。(文件名:\当代\报刊\人民日报\1994年人民日报\第3季度.txt)

(10)杨过奔了一阵,眼见前面是个断崖,已无路可走。(文件名:\当代\文学\香港作家\金庸 神雕侠侣.txt)

18 蹦

(1)如果在安静的状态下总感到胸闷、胸堵或心悸怔忡,胸中突然蹦一下或停一下,或在上楼(3~5层)以后心跳气喘半小时左右,有时还可能心脏停跳(即期外收缩),应及时到医院检查心脏。(文件名:\当代\网络语料\网页\C000013.txt)

(2)那年轻的匪徒,矫健敏捷,像一头被铁夹子夹住了的野兽,不时要乱蹦一阵。(文件名:\当代\翻译作品\文学\悲惨世界.txt)

19 逼

(1)逼一逼是有必要的,总不能就那么站在岸上干看。(文件名:\当代\报刊\1994年报刊精选\05.txt)

(2)话说得有理,但究竟是真话,还是托词,却不易估量;阿巧姐也很厉害,便有意逼一逼;却又不直接说出来。(文件名:\当代\文学\台湾作家\高阳 红顶商

人胡雪岩.txt)

(3)螺蛳太太得意地笑道:"我不是这样子逼一逼,哪里会把你的话逼出来?"(文件名:\当代\文学\台湾作家\高阳 红顶商人胡雪岩.txt)

(4)李莫愁……也常容让她三分,用强胁迫九成无效,但当此生死关头,不管怎么也都要逼一逼了,于是伸指在两人颈下"天突穴"上重重一点。(文件名:\当代\文学\香港作家\金庸 神雕侠侣.txt)

(5)你去把这个消息放给和大德兴有来往的大小商家,咱们要让他们一起去逼一逼乔家!(文件名:\当代\电视电影\乔家大院.txt)

(6)可是,危机一到,逼一下,解决问题的办法就出来了。(文件名:\当代\报刊\人民日报\1994年人民日报\第2季度.txt)

(7)他为什么要采取一个相反的做法,去逼一下孙权,激一下孙权,逼得他们两个结为死党呢?(文件名:\当代\电视电影\非文艺\易中天品三国.txt)

(8)这样逼了几个小时,他一无所得地走了,我也疲累不堪地回到了监房内。(文件名:\当代\报刊\作家文摘\1996\1996A.TXT)

20 比

(1)新旧社会比一比,我没有理由不听话,不正经干,就这跟您说了过节,说这个。(文件名:\当代\口语\1982年北京话调查资料.txt)

(2)石崇到了洛阳,一听说王恺的豪富很出名,有心跟他比一比。(文件名:\当代\应用文\社会科学\中华上下五千年.txt)

(3)他……叫公输般来演习一下,比一比本领。(文件名:\当代\应用文\社会科学\中华上下五千年.txt)

(4)就是50个乡镇100个村子,走集团化、规模化、高新技术产业化的方向,自然地给他们设置了一个大的擂台,让他们比一比看一看。(文件名:\当代\报刊\人民日报\1994年人民日报\第2季度.txt)

(5)不信可以把北京所有影楼的片子摆在一起比一下,看看价格高的照得好,还是价格低的照得好。(文件名:\当代\报刊\1994年报刊精选\10.txt)

(6)我们把这套做法与其他国家比一比,与南斯拉夫、罗马尼亚比一下,才知道还可以有不同的做法。(文件名:\当代\报刊\读书\vol-010.txt)

(7)他们的两只手在袖里藏着,就像是两个初恋的情人一样,悄悄地用手说话,你勾一下,我勾一下,你比一下,我再比一下。(文件名:\当代\文学\大陆作家\李佩甫 羊的门.txt)

第二部分:与双音节动词组配的动量词语料

1 爱好:无

2 爱护

我多么期望这些人能够爱护一下党的荣誉和威信,爱护一下我们这些普通党员对党的信任和期待啊!(文件名:\当代\文学\大陆作家\戴厚英 人啊人.txt)

3 爱惜

我说头儿,你不必疼我总得爱惜一下杨重吧?他昨天起嗓子发炎,现在都说不出话了。(文件名:\当代\文学\大陆作家\王朔 d.txt)

4 安插

(1)他把行李安插下,到外边买着吃了一点东西。(文件名:\现代\文学\赵树理 李家庄的变迁.txt)

(2)农历置闰方法是"十九年七闰",因为19个回归年的长度,与19个农历平年(12个月)加7个闰月的总长度基本相等,所以农历每两三年中安插一个闰月。(文件名:\当代\报刊\人民日报\1995年人民日报\8月份.txt)

5 安排

(1)蒋总司令结婚后太忙了,应该给夫人安排一下可靠的保护。(文件名:\当代\史传\宋氏家族全传.txt)

(2)党员大会你安排一下日程。(文件名:\当代\应用文\议论文\语言学论文\046.txt)

(3)经过深思熟虑,我决定到你的公司去做主管会计,你给安排一下吧。(文件名:\当代\报刊\作家文摘\1997\1997D.TXT)

(4)李士群得到汪要去苏州视察的消息后,马上找唐生明商量,叫他专门安排一次隆重的军事大检阅。(文件名:\当代\报刊\作家文摘\1993\1993B.TXT)

(5)可以说,密特朗总统的顾问正以同样严肃的态度在为现总统出谋划策,安排一次次电视讲话,接见报界……阶段性地营造出有利于右派形象的气氛。(文件名:\当代\报刊\作家文摘\1997\1997B.TXT)

(6)这样每到星期五的休息日,我们夫妻俩总要一起坐车去探望他,帮助他料理安排一周的生活。(文件名:\当代\报刊\人民日报\1995年人民日报\2月份.txt)

(7)每次会议议程太多,每次会议如果要审议法律草案,一般只安排一天或半天时间讨论。(文件名:\当代\CWAC\LCJ0245.txt)

(8)日前,省政府作出决定,开仓赈灾,按每人每天0.5公斤的标准,给灾民安排一个月口粮。(文件名:\当代\报刊\人民日报\1998年人民日报\1998年人民日报.txt)

(9)老人却出乎意料地说,"就想攒俩钱儿,等到死的那天,好给来送行的人安排一顿饭,抽点儿烟喝点酒。"(文件名:\当代\报刊\人民日报\1993年人民日报\12月份.txt)

(10)工作人员来看她,总是问那些老人怎么样了,什么活该干了,把前前后后的事安排一遍才放心。(文件名:\当代\报刊\人民日报\2000年人民日报\2000年人民日报.txt)

(11)国务院已决定从1993年开始,到2000年,每年由中国人民银行为中西部地区单独安排一笔专项贷款,支持乡镇企业的发展。(文件名:\当代\报刊\1994年报刊精选\05.txt)

6 安慰

(1)我们现在可以安慰一下不明真相的群众;事情并不是那么糟糕。(文件名:\当代\应用文\自然科学\上帝掷骰子吗——量子物理史话.txt)

(2)杨建华想安慰一下养父。(文件名:\当代\报刊\作家文摘\1997\1997C.TXT)

(3)别看漏粉的活一天忙到晚,我却暗暗心喜,为是一日有三餐,可敞开肚皮饱食浇上蒜汁、酱油、醋的几碗粉条,来安慰一下总也填不饱的肚皮。(文件名:\当代\报刊\市场报\市场报1994年A.txt)

(4)幻想是一种药,即使治疗不好身体,至少能安慰一下精神。[文件名:\当代\报刊\读者\读者(合订本).txt]

(5)考前我原以为新托福当场能像机考TOEFL一样给我一个成绩范围,好歹安慰一下我8个小时下来疲惫的心灵。(文件名:\当代\网络语料\网页\C000020.txt)

(6)他想方设法说出句把俏皮话来自我安慰一下。(文件名:\当代\翻译作品\文学\尼尔斯骑鹅旅行记.txt)

(7)怕"黑子"认生,给块肉安慰一下。(文件名:\当代\网络语料\网页\C000016.txt)

(8)丽子说完又安慰了一下疯女人,然后和白井同车离开了医院。(文件名:\当代\翻译作品\文学\地狱的滑稽大师.txt)

(9)有时也可以选用"通",这时就可能带上贬义倾向,例如"表扬了一通""安慰了一通""赞美了一通",似乎这些动作都非真心实意的。(文件名:\当代\应用文\议论文\语言学论文\037.txt)

(10)轮到小婷时,她呜呜地哭了起来,老师安慰了她好一会。(文件名:\当代\网络语料\博客\杨恒均博客.txt)

(11)梅花一听就哭开了,李凤鸣安慰了好半天,梅花这才止住了哭。(文件名:\当代\网络语料\网页\C000023.txt)

(12)一连多少天都在设法为四哥讨回那支枪。它陪伴了一位伤残者,安慰了他多少年。(文件名:\当代\文学\大陆作家\张炜.TXT)

(13)就这样,陈大娘回来又安慰了道静一阵子,就去睡觉了。(文件名:\当代\文学\大陆作家\杨沫 青春之歌.txt)

(14)他拒绝,我得说是十分激烈地拒绝离开罗拉娜,直至她解释安慰了很久。(文件名:\当代\翻译作品\文学\龙枪短篇故事集.txt)

(15)钱虽被抢走,人没事最重要了,只好以不幸中之大幸来自我安慰一番。(文件名:\当代\报刊\作家文摘\1995\1995A.TXT)

(16)事情龌龊在于:老婆哭后,小林安慰一番,第二天孩子照样得去给人家当"陪读"。(文件名:\当代\文学\大陆作家\当代短篇小说1.TXT)

(17)蒋锡金着实安慰了她一番。(文件名:\当代\报刊\作家文摘\1994\1994B.TXT)

(18)汤恩伯心中有数,安慰了一番,并说无锡的工作可暂时放下。(文件名:\当代\报刊\作家文摘\1997\1997B.TXT)

(19)毛泽东笑了,安慰一句:"关系还没确定,还是自愿为原则。"(文件名:\当代\文学\大陆作家\权延赤 红墙内外.txt)

(20)开追悼会时,张国华参加了,他握了握樊近真的手,安慰了几句。(文件名:\当代\报刊\作家文摘\1996\1996A.TXT)

(21)赵振江又安慰了张大爷几句,把队伍留下来,独自找大队长去了。(文件名:\当代\文学\大陆作家\李晓明 平原枪声.txt)

(22)我走上前去安慰了两句,她就安静地躺在那里让我诊脉量体温了。(文件名:\当代\翻译作品\文学\福尔摩斯探案集09.txt)

7 安置

(1)当然,我们不得不派军队去照料。你们两位就在这里安置一下吧!(文件名:\当代\文学\大陆作家\杨沫 青春之歌.txt)

(2)家中也得安置一下:钢丝床是必要的,洋澡盆是必要的,沙发是必要的,

钢琴是必要的,地毯是必要的。(文件名:\现代\文学\老舍短篇.TXT)

(3)得知小孩得了急症,70多里路,骑自行车用了3个半小时,下半夜到家后匆匆安置了一下,第二天一大早又摸黑返回了队里。(文件名:\当代\报刊\人民日报\1996年人民日报\6月份.txt)

(4)安置一个月后,我们又回公司去听训,这是合同规定的。(文件名:\当代\文学\大陆作家\王晓波.txt)

8 巴结

"我看他只不过是想巴结一下那些人际关系不错的人罢了。"扎比尼瞪着高尔说,眼里还冒着火。(文件名:\当代\翻译作品\文学\哈利·波特六.txt)

9 把握

(1)有些营养学家推荐,说每天的饮食是不是可以在一二三四五上大家掌握一下,把握一下。[文件名:\当代\电视电影\非文艺\百家讲坛\020930-021107\10月25日 现代人健康生活透视(吉良晨、黄美涓、于小冬、蔡同一).txt]

(2)那么我们从法律来分析,下面几个原因大家可以来把握一下。(文件名:\当代\电视电影\非文艺\百家讲坛\040423-040604\5月20日《兴利除弊话彩票》贾林青.txt)

(3)你可以对已学的作个测试,考察一下掌握情况,然后请二外老师帮你把握一下未来的复习规划和进度安排。(文件名:\当代\网络语料\网页\C000020.txt)

(4)我答应了,也给她敲了警钟:"第一学期是试行期,你自己把握一下,最后给我个数,以后照此进行。"(文件名:\当代\网络语料\网页\C000020.txt)

(5)我建议大家在复习每一门课程时,最好能先把本门课的目录熟练地把握一下,争取先将章节目录的结构记下来。(文件名:\当代\网络语料\网页\C000020.txt)

10 霸占

(1)台湾在被荷兰殖民者霸占了38年之后,重新回到祖国的怀抱。(文件名:\当代\应用文\自然科学\中国儿童百科全书.TXT)

(2)这是当初高等法院的遗物,今春日本人来霸占了三个月,临走仓促,没来得及焚毁,才留给了我们。(文件名:\现代\文学\散文2.TXT)

11 摆弄

(1)她将一切露脸的工作交给了兄弟们,自己则躲在得克萨斯州的农场里每天骑马,摆弄一下自己喜欢的东西。(文件名:\当代\史传\张剑 世界100位富

豪发迹史.txt)

(2)此后又有多位持卡人前来打电话,都是摆弄一番之后,无奈地走到附近的公用电话亭去打。(文件名:\当代\报刊\人民日报\1998年人民日报\1998年人民日报.txt)

(3)原来,两兄弟中的一个把顾客哄骗进店里,劝说顾客试试新装是易如反掌的,这样前前后后摆弄一阵,顾客最后总要问道:"这衣服价钱多少?"[文件名:\当代\报刊\读者\读者(合订本).txt]

(4)他摆弄一会儿,啪嗒响了一声。(文件名:\当代\文学\大陆作家\冯志敌后武工队.txt)

(5)当时,他也是南方医院药局主任、主任药师,自1964年从沈阳药学院毕业以来,摆弄了20年瓶瓶罐罐,从来没有办过企业。(文件名:\当代\报刊\人民日报\1994年人民日报\第3季度.txt)

(6)他在一台旧机床上摆弄了一会儿,用他的只卖20美元的工夹具,加工出了要用1万多美元的机床才能加工出的高光洁度零件。(文件名:\当代\报刊\人民日报\1996年人民日报\10月份.txt)

(7)重要的技术活儿总是少不了他,装推拉门时一个四十来岁的师傅摆弄了半天装不上,张三一上手,不到半个小时就"齐活"。(文件名:\当代\报刊\人民日报\1998年人民日报\1998年人民日报.txt)

(8)他摆弄了好久也无法去掉这些字和图案。(文件名:\当代\报刊\作家文摘\1997\1997A.TXT)

(9)我摆弄了两个多小时,还是没有修好。(文件名:\当代\报刊\新华社\新华社2002年12月份新闻报道.txt)

(10)比如一名防暴警察手中的发声弹在演习中出了问题,在记者的眼皮底下摆弄了好大会,就是发射不出去。(文件名:\当代\报刊\新华社\新华社2002年4月份新闻报道.txt)

(11)女人……拎出一管玫瑰色羽西口红来,拧开,摆弄了摆弄,扔回去。(文件名:\当代\报刊\作家文摘\1997\1997A.TXT)

(12)母亲背对着我们,把已摆好的面包又摆弄了一遍。[文件名:\当代\报刊\读者\读者(合订本).txt]

(13)他醒过来后,马上把梦中所见摆弄了一遍,于是发明了今天用在缝纫机上的尖头上有窟窿眼的针。(文件名:\当代\网络语料\网页\C000023.txt)

(14)阿尔贝托又摆弄了一阵,方才把铁钩抽出。(文件名:\当代\翻译作品\文学\城市与狗 马里奥·巴尔加斯·略萨.txt)

(15)"当心你的嘴巴,"皮拉·苔列娜摊开纸牌,然后又把纸牌收拢起来,摆弄了三次才说……(文件名:\当代\翻译作品\文学\百年孤独.txt)

12 摆脱

(1)例如策略(六)是"暂时降低紧张",包括"暂时摆脱一下,试图休息或度假"。(文件名:\当代\应用文\社会科学\大学生心理卫生与咨询.TXT)

(2)王姬的看法是,方梅华这个人物年轻有为,充满了青春朝气,如果饰演她,能摆脱一下阿春所留下的那种比较沉重的印迹,同时也可以多侧面地展现自己的表演风格。(文件名:\当代\报刊\人民日报\1994年人民日报\第1季度.txt)

(3)我们几个住在西藏大学招待所的援藏教师,多么想摆脱一下远离亲人的孤寂,去亲眼看一看藏族人的风情。(文件名:\当代\报刊\人民日报\1995年人民日报\9月份.txt)

(4)在剑桥的时候,叶常常被一些丹麦的朋友请到丹麦去度假——"摆脱一下配给制度下的生活"。(文件名:\当代\报刊\读书\vol-038.txt)

(5)他很高兴,以为这下可以摆脱一下他的处境,解放了。(文件名:\当代\报刊\读书\vol-076.txt)

(6)因为我头脑里已经装满了这么许多东西,哪怕在这么几天过得飞快的日子里把它摆脱一下,也是快活了。(文件名:\当代\翻译作品\应用文\第二次世界大战回忆录 第六卷 胜利与悲剧.txt)

(7)她去拜访她们,因为这使她感到愉快,她还可以摆脱一下那个枯燥无味的家和她那个守在家里发呆的丈夫。(文件名:\当代\翻译作品\文学\嘉莉妹妹.txt)

13 办理

(1)康伟业只需到总服务台办理一下简单的手续,房间就是他的了。(文件名:\当代\报刊\作家文摘\1997\1997D.TXT)

(2)这项法令规定,任何公民不必在同一个政府机构中办理一次以上的手续,也不必向该机构及其附属机构提供已经提供过的有关公民信息。(文件名:\当代\报刊\新华社\新华社2002年3月份新闻报道.txt)

(3)台港澳学生凭国家教委录取批准函,各有关公安机关出入境管理部门视其学习期限,为他们办理一年或两年有效的多次出入境和暂住手续。(文件名:\当代\报刊\人民日报\1996年人民日报\5月份.txt)

(4)而到了秋天在另一次洽谈会上,他们又照此办理了一次。(文件名:\当代\报刊\1994年报刊精选\05.txt)

14 帮忙

(1)当一排只能再放最后两条金枪鱼的时候,朗尼就交给布莱德,自己只象征性地帮一下忙。(文件名:\当代\史传\经典管理书籍《鱼》.txt)

(2)只要许年华能再帮一次忙,一个省委第一书记,提一个专员还不是跟玩儿似的?(文件名:\当代\文学\大陆作家\刘震云 官场.txt)

(3)老远的一个小场上有人喊:"有余!能不能给我匀一个人来帮一帮忙?"(文件名:\现代\文学\赵树理 三里湾.txt)

(4)玉梅抢着说:"菊英也说他不帮一句忙。……"(文件名:\现代\文学\赵树理 三里湾.txt)

(5)"这一次我能够走,全亏你们给我帮忙,尤其是存仁,他已经给我帮过了几次大忙。"觉慧诚恳地说。(文件名:\当代\文学\大陆作家\巴金.txt)

(6)原先自家的嫂子曾经来帮过一年忙,后来因为太辛苦就打道回府了。(文件名:\当代\网络语料\网页\C000023.txt)

(7)马先生,在你哥哥活着的时候,我就在这里帮过一年多的忙。(文件名:\现代\文学\老舍长篇1.TXT)

(8)我给警察局长帮过一次忙,因此他每年给我寄一张圣诞贺卡。(文件名:\当代\翻译作品\文学\了不起的盖茨比.txt)

(9)在这,这时候呢,就有很多个亲戚了,朋友了,也有帮了很多日子忙了。(文件名:\当代\口语\1982年北京话调查资料.txt)

(10)冬天里,他在仓屋里帮了两天忙,就在人们的眼皮底下,他就能偷去一碗油!(文件名:\当代\文学\大陆作家\李佩甫 羊的门.txt)

(11)后来下了场大雨,把农场的房子和山后的路冲坏了,姚主任还借机把陆老师从学校要到农场来帮了一个星期的忙。(文件名:\当代\文学\大陆作家\艾米 山楂树之恋.txt)

(12)登高又带气又带笑地说:"你才到社里去帮了三天忙,就变成社里的代表了!这话真像社里人说的!"(文件名:\现代\文学\赵树理 三里湾.txt)

(13)她自从一号夜里帮玉生算场磙之后虽然只帮了玉生几次忙,每次又都超不过半个钟头,可是每一次都和拍了电影一样,连一个场面也忘不了。(文件名:\现代\文学\赵树理 三里湾.txt)

15 帮助

(1)老年人自觉让位,在旁边可以帮助一下,但不要作障碍人的事。(文件名:\当代\应用文\议论文\邓小平文选3.TXT)

(2)他跟秘书主任都同意应当帮助一下尤金。(文件名:\当代\翻译作品\文

学\天才.txt)

16 包围
22日,以军还包围了一个多月前刚刚撤出的西岸城市伯利恒。(文件名:\当代\报刊\新华社\新华社2003年8月份新闻报道.txt)

17 保持
(1)工作中的吴宗宪幽默而充满活力,这样的状态,吴宗宪保持了二十多年。(文件名:\当代\口语\电视访谈\鲁豫有约 开心果.txt)

(2)他们之间这种默契与合作,在以后共同从事的事业中,一直保持了一生。(文件名:\当代\史传\张清平 林徽因.txt)

(3)在原始社会中,人们共同生产、共同消费的一种结合形式,如氏族公社等,在阶级社会中也保持了很长一个时期。(文件名:\当代\应用文\词典\倒序现汉词典.txt)

(4)有的经济发展的资本主义国家如日本,曾在50年代后期到70年代保持过20年左右的高速增长,实现了经济起飞,成为经济大国。(文件名:\当代\报刊\1994年报刊精选\03.txt)

18 保存
(1)密封后置冰箱24小时后可启封取出食用,随吃随取,取后再密封放冰箱,可保存一周左右。(文件名:\当代\应用文\菜谱\菜谱集锦.txt)

(2)密封好放到通风、阴凉、避光的地方,保存一个月后,取出洗净,放在锅里煮熟,这便是非常馨香、特别好吃的咸鸭蛋了。(文件名:\当代\报刊\市场报\市场报1994年A.txt)

(3)阿兰布拉大夫指出,这种在玻璃器皿中培养出的人体活性皮肤一般可以冷冻保存一年以上。(文件名:\当代\报刊\新华社\新华社2001年11月份新闻报道.txt)

(4)科学家利用这种方法从每公斤血液中获得250万个干细胞,将这些干细胞在低温下保存一段时间后,再重新输回患者体内。(文件名:\当代\报刊\新华社\新华社2003年11月份新闻报道.txt)

(5)从小培养的志愿服务意识会在一个人的脑海里保存一辈子。(文件名:\当代\报刊\新华社\新华社2003年11月份新闻报道.txt)

(6)首先要将一米高的塑像放大十倍后翻模,再以3毫米厚的不锈钢锻造而成,可保存一万年,象征和平永恒不变。(文件名:\当代\报刊\新华社\新华社2004年4月份新闻报道.txt)

附　录　267

(7)印尼男队没有派第一单打阿尔比上场,显然是想保存一下实力,以利半决赛时先声夺人。(文件名:\当代\报刊\人民日报\1998年人民日报\1998年人民日报.txt)

(8)完整无缺地保存一笔人类遗产,何等不易！(文件名:\当代\报刊\人民日报\2000年人民日报\2000年人民日报.txt)

(9)列宁的遗体已保存了70年。(文件名:\当代\报刊\1994年报刊精选\12.txt)

(10)值得欣慰和庆幸的是,在陈勇进同志的古稀之年,贵州人民出版社迅速地出版了这本书,把他保存了半个世纪、浸透了深厚情感的历史纪录,把他对战争、历史的深刻反思,留给了我们。(文件名:\当代\报刊\人民日报\1996年人民日报\4月份.txt)

(11)我想,朋友的父亲与其是把一张纸片保存了大半生,不如说是把一种精神保持了几十年。(文件名:\当代\报刊\人民日报\1996年人民日报\4月份.txt)

(12)他说:"不啦,你保存了几十年,那就继续保存吧！"(文件名:\当代\报刊\人民日报\1998年人民日报\1998年人民日报.txt)

(13)公元12世纪拜占廷诗人泽泽斯的《千行卷汇编》中还保存了几句。(文件名:\当代\网络语料\网页\C000023.txt)

19 保护

(1)钢铁工人的失业会给政府带来极大压力,也会在短期中对经济有不利影响,不保护一下行吗？(文件名:\当代\CWAC\CEB0133.txt)

(2)建议为商者放弃这种高声叫喊的陈旧推销方式,保护一下自己的喉咙,也为市民留下一份清静,如何？(文件名:\当代\报刊\人民日报\1995年人民日报\2月份.txt)

(3)不过我们要问,国家对我国汽车工业可以保护一年、二年,甚至四年、五年,但不能保护一辈子。(文件名:\当代\报刊\1994年报刊精选\01.txt)

(4)但我认为,在如今的国际形势下,采用这种办法只能保护一时,保护不了长久。(文件名:\当代\报刊\人民日报\1995年人民日报\1月份.txt)

20 保留

(1)把那些泥保留一夜(最好还是别用白床单了),第二天早上再洗掉,你就会拥有均匀棕色的日晒肤色了。(文件名:\当代\应用文\健康养生\懒女孩的美丽指南.txt)

(2)在梳头时往梳子上滴一滴精油,然后慢慢梳理,使精油的味道渗透到发丝中,味道可以保留一整天,而且也不会给头发带来伤害哦。(文件名:\当代\应用文\健康养生\青花檀 柔美人,"强"秀发.txt)

(3)人们都说,一个人当心脏停止跳动后听觉还会保留一段时间,爸爸呀,你是否能听到女儿痛心疾首的尾悔?(文件名:\当代\报刊\1994年报刊精选\06.txt)

(4)她介绍说,记录下的这些画面要保留一个星期,以便发生意外时有案可查。(文件名:\当代\报刊\新华社\新华社2001年2月份新闻报道.txt)

(5)总是该有一些假设要保留一下吧;否则叫我怎么做人?(文件名:\当代\翻译作品\应用文\第五项修炼.txt)

(6)自美军进占巴格达后,所有的萨达姆雕像、画像均被毁坏,但惟一的贝克尔塑像被保留了一个多月。(文件名:\当代\报刊\新华社\新华社2003年5月份新闻报道.txt)